**Personalisierungsstrategien im E-Commerce**

# Informationsmanagement und strategische Unternehmensführung

Herausgegeben von
Prof. Dr. Franz Schober und Prof. Dr. Johannes Ruhland

**Band 10**

**PETER LANG**
Frankfurt am Main · Berlin · Bern · Bruxelles · New York · Oxford · Wien

Thomas Mayer

# Personalisierungsstrategien im E-Commerce

Die Webloganalyse als Instrument
der Personalisierung im Rahmen des eCRM

PETER LANG
Europäischer Verlag der Wissenschaften

**Bibliografische Information der Deutschen Nationalbibliothek**
Die Deutsche Nationalbibliothek verzeichnet diese Publikation
in der Deutschen Nationalbibliografie; detaillierte bibliografische
Daten sind im Internet über <http://www.d-nb.de> abrufbar.

Zugl.: Freiburg (Breisgau), Univ., Diss., 2006

Umschlagabbildung:
Die Darstellung umfaßt drei typische Verfahren der Datenanalyse:
neuronale Netze, Segmentierungsbaum und Assoziationsregeln.
© André Buchda

D 25
ISSN 1436-9494
ISBN-10: 3-631-56103-2
ISBN-13: 978-3-631-56103-4
© Peter Lang GmbH
Europäischer Verlag der Wissenschaften
Frankfurt am Main 2007
Alle Rechte vorbehalten.

Das Werk einschließlich aller seiner Teile ist urheberrechtlich
geschützt. Jede Verwertung außerhalb der engen Grenzen des
Urheberrechtsgesetzes ist ohne Zustimmung des Verlages
unzulässig und strafbar. Das gilt insbesondere für
Vervielfältigungen, Übersetzungen, Mikroverfilmungen und die
Einspeicherung und Verarbeitung in elektronischen Systemen.

www.peterlang.de

# Geleitwort

Im harten Wettbewerb um die ertragsreichen Kunden setzen heute viele Unternehmungen Methoden des Kundenbeziehungsmanagements (Customer Relationship Management – CRM) ein. Dabei versteht man unter CRM, anders als bei den traditionellen Programmen der Kundenpflege, die Verbindung von Beziehungsmanagement mit den Potenzialen der Informationstechnologie. Bekannte Beispiele hierfür sind die Meilenprogramme der Fluggesellschaften und die Kundenkarten im Einzelhandel. CRM zielt auf die langfristige Bindung der Kunden an die Unternehmung. Dabei bedient sich das CRM auch der Möglichkeiten, unter Einsatz der Informationstechnologie Produkte und Dienstleistungen kundenspezifisch zu differenzieren. Sind im traditionellen Marketing derartigen Personalisierungsstrategien noch Grenzen gesetzt, so bietet heute vor allem der Vertrieb über das Internet vielfältige Ansätze zur Personalisierung wie zum Beispiel die kundenspezifische Präsentation des Angebots, die individuelle Angebotskonfiguration und die individuellen Beratung im Zusammenhang mit dem originären Angebot.

Die Personalisierung setzt geeignete Informationen über den Kunden voraus. Zu ihrer Erhebung existieren verschiedene Möglichkeiten von der direkten Kundenbefragung bis hin zur Analyse des Kaufprozesses. Das Buch von Thomas Mayer ist vorwiegend im letztgenannten Bereich angesiedelt. Es geht um die Potenziale und Ausprägungen des CRM mit speziellem Blick auf die Analyse der Zugriffe eines Kunden auf das Internet (Webloganalyse) und auf die daraus ableitbaren kundenbezogenen Informationen. Als konkreten praktischen Beitrag legt der Verfasser zudem die prototypische Implementierung einer Webloganalyse im universitären Umfeld vor. „Kunden" im weitesten Sinn sind hier Studierende, Wissenschaftler und andere Personen, die auf die Inhalte der Webseiten des Lehrstuhls für Wirtschaftsinformatik an der Universität Freiburg zugreifen. Daraus werden vom Verfasser Empfehlungen für die Personalisierung der Webpräsentation des Lehrstuhls entwickelt.

In der vorgelegten Breite beschreitet das Buch weitgehend Neuland. Die meisten Publikationen auf dem Gebiet des CRM sind überwiegend technischer Natur und behandeln zudem oft Einzelfragen; die betriebswirtschaftlichen Aspekte des webbasierten Marketing sind dagegen noch sehr wenig untersucht. Insofern kommt dem Verfasser das Verdienst der Integration verschiedener Sichten auf das Thema zu. Dies ist ihm hervorragend gelungen. Die Darstellung ist umfassend, systematisch aufgebaut und stützt sich auf ein intensives Literaturstudium. Sehr schön werden dabei sowohl der Nutzen der Personalisierungsstrategien für Unternehmungen und Kunden aber auch die rechtlichen und psychologisch bedingten Barrieren herausgearbeitet.

Ein zweiter, ebenso wichtiger Beitrag des Buches liegt in der konkreten, prototypischen Implementierung eines Systems zur Webloganalyse. Dahinter steckt sehr viel Arbeit und programmiertechnische Kompetenz. Besonders hervorzuheben ist die Programmierung eines neuartigen Entscheidungsbaumverfahrens zur Kundensegmentierung, das auf die spezifischen Gegebenheiten der Webloganalyse ausgerichtet ist. Die Systemimplementierung stellt darüber hinaus den lobenswerten Versuch dar, in konstruktiver Form an die Thematik heranzugehen und experimentell Argumente für und gegen die Webloganalyse zu begründen. Damit liefert das Buch nicht nur einen gelungenen betriebswirtschaftlichen und informationstechnischen Beitrag, sondern versucht auch sehr schön die derzeit in der Wirtschaftsinformatik heftig diskutierte Polarisierung zwischen einer ökonomisch/verhaltenswissenschaftlichen und einer technischen Sicht des Faches zu überbrücken. Beide Richtungen aber sind für die weitere Entwicklung der Wirtschaftsinformatik gleichermaßen von essenzieller Bedeutung und in beide Richtungen gelingt es dem Verfasser, einen fundierten wissenschaftlichen und praktischen Beitrag zu liefern. Deshalb wünsche ich dem Buch von Thomas Mayer eine breite Leserschaft sowohl aus der Wissenschaft als auch aus der Praxis.

Freiburg im Breisgau                                      Professor Dr. Franz Schober

## Vorwort

Die vorliegende Arbeit entstand während meiner Assistentenzeit am Lehrstuhl für Wirtschaftsinformatik der Albert-Ludwigs-Universität Freiburg. Sie wurde von der Wirtschafts- und Verhaltenswissenschaftlichen Fakultät als Dissertation angenommen.

An erster Stelle möchte ich mich bei meinem Doktorvater Prof. Dr. Franz Schober, der mir die Gelegenheit zur Promotion gab und meine Arbeit wissenschaftlich betreute, für die mir zuteil gewordene Unterstützung bedanken. Herrn Prof. Dr. Dieter K. Tscheulin danke ich für die Übernahme des Zweitgutachtens.

Für die fachliche und menschliche Unterstützung möchte ich meinen Kolleginnen und Kollegen danken, die während meiner gesamten Zeit am Lehrstuhl für Wirtschaftsinformatik stets für ein offenes und kreatives Arbeitsklima sorgten. Insbesondere danke ich Frau Dipl.-Vw. Sandra Walter und Herrn Dipl.-Vw. Rouven Buchtala für die zahlreichen fachlichen Diskussionen, die mir den Weg zur Fertigstellung dieser Arbeit oftmals erleichterten. Frau Carla Li-Sai gilt mein Dank für die organistorische und administrative Unterstützung. Ein weiteres Dankeschön geht außerdem an Herrn Dipl.-Vw. Patrique Wolfrum für Problemlösungen in hard- und softwaretechnischen Fragen.

An dieser Stelle möchte ich auch dem Peter Lang Verlag und den Herausgebern der Reihe „Informationsmanagement und strategische Unternehmensführung" für die Aufnahme meiner Arbeit danken. Für einen Druckkostenzuschuss geht mein Dank an die Wissenschaftliche Gesellschaft in Freiburg im Breisgau.

Freiburg, im September 2006                             Thomas Mayer

# Inhaltsverzeichnis

Geleitwort .................................................................................................. V
Vorwort ..................................................................................................... VII
Abbildungsverzeichnis ........................................................................... XIII
Tabellenverzeichnis ................................................................................. XV
Abkürzungsverzeichnis ......................................................................... XVII

**1 Einleitung** ............................................................................................... 1
   1.1 Problemstellung und Zielsetzung ....................................................... 7
   1.2 Aufbau der Arbeit ............................................................................... 8

**2 Grundlagen des Customer Relationship Management** ................. 11
   2.1 Begriffe und Definitionen ................................................................. 13
   2.2 CRM im Kontext der Unternehmensstrategie .................................. 17
   2.3 CRM im Kontext von IT-Systemen .................................................. 27
   2.4 Teilbereiche des CRM ...................................................................... 29
       2.4.1 Analytisches CRM (aCRM) ..................................................... 29
       2.4.2 Operatives CRM (oCRM) ........................................................ 30
       2.4.3 Kommunikatives CRM (kCRM) .............................................. 30
   2.5 CRM im Electronic Commerce: eCRM ............................................ 33
       2.5.1 Besonderheiten von eCRM ...................................................... 36
       2.5.2 Spezielle (technische) Instrumente des eCRM ........................ 41

**3 Analytisches CRM** .............................................................................. 43
   3.1 Data Mining ...................................................................................... 43
       3.1.1 Klassifikation ........................................................................... 45
       3.1.2 Segmentierung ......................................................................... 46
       3.1.3 Abhängigkeitsanalyse .............................................................. 46
       3.1.4 Prognose ................................................................................... 47
   3.2 Web Mining ....................................................................................... 47
       3.2.1 Web Usage Mining .................................................................. 47
       3.2.2 Web Content Mining ............................................................... 48

3.2.3 Web Structure Mining.........................................................................49
3.3 OLAP..........................................................................................................49
3.4 Text Mining...............................................................................................49
3.5 CRM, Database Marketing und Data Mining.......................................50
3.6 Kundendatenbanken................................................................................51

**4 Webloganalyse im Kontext des Web Mining Prozesses.....................55**
    4.1 Datenquellen für Webloganalysen..........................................................58
        4.1.1 Implizite Informationen aus Weblogfiles.......................................60
            4.1.1.1 Common Logfile Format.....................................................61
            4.1.1.2 Combined Logfile Format..................................................63
            4.1.1.3 National Center for Supercomputing Applications (NCSA) Common Logfile Format..........................................................................64
            4.1.1.4 Microsoft® Internet Information Services (IIS) Logfile Format. 65
        4.1.2 Explizite Informationen aus Webformularen................................66
    4.2 Informationen aus Weblogfiles..............................................................68
    4.3 Probleme im Umgang mit Logfiles und deren Lösung........................72
    4.4 Datenverständnis und Aufbereitung der Daten...................................75
    4.5 Verfahren der Webloganalyse................................................................78
    4.6 Softwarelösungen zur Webloganalyse...................................................79
    4.7 Webloganalyse als Instrument des Webcontrolling..............................81
    4.8 Anforderungen an Logfiles aus Sicht der Kundenanalyse..................86

**5 Webloganalyse als Grundlage der Personalisierung im Rahmen des eCRM..............................................................................................................91**
    5.1 Personalisierung im Internet...................................................................91
    5.2 Personalisierung von Webseiten............................................................95
        5.2.1 Datenbasis zur Erstellung von Benutzer-, Benutzungs- und Umgebungsprofilen..................................................................................98
        5.2.2 Schlussfolgerungen aus Benutzerprofilen....................................105
        5.2.3 Möglichkeiten der Personalisierung von Websites.....................106
    5.3 Methoden der Personalisierung............................................................109
    5.4 Datenschutzrechtliche Aspekte von Weblogfiles im Rahmen des Web Mining und der Personalisierung....................................................................112
    5.5 Sicherheitstechnische Aspekte im Rahmen der Personalisierung.........119

5.6 Grenzen der Personalisierung ................................................................ 120

**6 Prototypische Konzeption eines Systems zur Unterstützung des Web Mining Prozesses zur Personalisierung** .......................................... **125**

    6.1 Anforderungen und Entwicklung eines Softwaresystems ................... 125
    6.2 Architektur des Systems ....................................................................... 128
        6.2.1 Entwicklungssprachen Java, PHP, SQL ....................................... 131
        6.2.2 Datenbankeinsatz und Aufbereitung der Logfiles ........................ 134
    6.3 Datengrundlage .................................................................................... 134
    6.4 Analysefunktionen und deren Umsetzung ........................................... 139
        6.4.1 Beschreibende Funktionen ............................................................ 140
            6.4.1.1 Absolute und relative Anzahl an Dokumentzugriffen ............ 141
            6.4.1.2 Absolute Anzahl an Visits ..................................................... 142
            6.4.1.3 Clickstreams ........................................................................... 142
            6.4.1.4 Dokumente pro Session ......................................................... 143
            6.4.1.5 Durchschnittliche Anzahl an Dokumenten pro Session ........ 144
            6.4.1.6 Clickstreamhäufigkeiten ........................................................ 144
            6.4.1.7 Einstiegsseiten ....................................................................... 146
        6.4.2 Analytische Funktionen ................................................................ 147
            6.4.2.1 Warenkorbanalyse ................................................................. 147
            6.4.2.2 Entscheidungsbaumverfahren ................................................ 151
            6.4.2.3 Clusteranalyse ........................................................................ 156
    6.5 Handlungsempfehlungen ..................................................................... 161

**7 Zusammenfassung und Ausblick** ......................................................... **167**

    7.1 Zusammenfassung ................................................................................ 167
    7.2 Schlussbemerkung und weitere Forschungsfragen ............................. 168

**Literatur** ........................................................................................................ **173**

**Internetlinks** .................................................................................................. **195**

**Anhang A – Softwareprodukte zur Webloganalyse** ................................. **197**

**Anhang B – PHP-Dokumente der Webpräsenz** ....................................... **199**

**Anhang C – Top50-Dokumentkombinationen der Assoziationsanalyse** ... **201**

**Anhang D – Source Code (Entscheidungsbaumverfahren)** ..................... **203**

# Abbildungsverzeichnis

Abbildung 1: Lernende Kundenbeziehung ..................................................... 3
Abbildung 2: Aufbau der Arbeit ..................................................................... 10
Abbildung 3: Teilaspekte des CRM ................................................................ 16
Abbildung 4: Formen der Individualisierung ................................................. 21
Abbildung 5: Auswirkungen der Kundenbindung ......................................... 23
Abbildung 6: Einzelkomponenten von Wechselkosten ................................. 25
Abbildung 7: Zusammensetzung des Gesamtkundenwerts ........................... 26
Abbildung 8: Kundeninformationen im CRM-System Sugar CRM .............. 28
Abbildung 9: Dimensionen der Kommunikation ........................................... 32
Abbildung 10: Teilbereiche des e-Commerce ................................................ 35
Abbildung 11: Maßnahmen zur Benutzerbindung auf Webseiten ................. 40
Abbildung 12: KDD-Prozess .......................................................................... 44
Abbildung 13: Kategorien des Data Mining .................................................. 45
Abbildung 14: Einteilung des Web Mining ................................................... 47
Abbildung 15: Schnittmengen der Teilbereiche einer kundenorientierten Unternehmensführung .......................................................... 51
Abbildung 16: Kundeninformationen einer Kundendatenbank ..................... 52
Abbildung 17: Web Mining Prozess .............................................................. 55
Abbildung 18: Einordnung der Webloganalyse in den Bereich des CRM .... 57
Abbildung 19: Datenquellen der Webloganalyse .......................................... 59
Abbildung 20: Auszug aus einem CLF Logfile ............................................. 62
Abbildung 21: Auszug aus einem Combined Logfile Format Logfile .......... 63
Abbildung 22: Auszug aus einem NCSA Logfile (ohne LogOption Combined) ............................................................................. 64
Abbildung 23: Auszug aus einem IIS Logfile ............................................... 65
Abbildung 24: Auszug aus dem Registrierungsvorgang bei gmx.de ............ 67
Abbildung 25: Auszug aus einer Onlinebefragung des EMNID-Instituts .... 68
Abbildung 26: Hierarchie der Webseitennutzung .......................................... 69
Abbildung 27: Verfahren der Webloganalyse ................................................ 78
Abbildung 28: Logfileanalyse mit Surfstats ................................................... 81
Abbildung 29: Informationsanforderungen aus Anwendungssicht ............... 87
Abbildung 30: Datenbankgestützte Informationssammlung .......................... 88
Abbildung 31: Personalisierungsmatrix ......................................................... 92
Abbildung 32: Entwicklungsmodell der Internetnutzung .............................. 94

Abbildung 33: Webseitenkategorien und -typologisierung ................................. 96
Abbildung 34: Personalisierung von Websites ................................................. 96
Abbildung 35: Personalisierungsprozess .......................................................... 98
Abbildung 36: Personalisierung durch Nutzungsdaten .................................. 105
Abbildung 37: Anpassungsebenen der Personalisierung ............................... 107
Abbildung 38: Methoden der Personalisierung .............................................. 110
Abbildung 39: Darstellung einer P3P-konformen Datenschutzrichtlinie mit dem MS® Internet Explorer 6 ................................................... 116
Abbildung 40: Phasen der Softwareentwicklung ........................................... 126
Abbildung 41: Screenshot der Benutzeroberfläche der Javamodule ............. 128
Abbildung 42: Systemarchitektur .................................................................. 130
Abbildung 43: Session-ID .............................................................................. 133
Abbildung 44: Anzahl der Sessions pro Monat ............................................. 136
Abbildung 45: Anzahl der Sessions pro Wochentag ..................................... 137
Abbildung 46: Registrierungsformular .......................................................... 137
Abbildung 47: Geschlechterverteilung und Alterszusammensetzung der registrierten Benutzer ............................................................. 138
Abbildung 48: Neu registrierte Benutzer ....................................................... 138
Abbildung 49: Screenshot der SQL-Umgebung ............................................ 140
Abbildung 50: Struktur der Warenkorbanalyse ............................................. 149
Abbildung 51: Struktur des Entscheidungsbaumverfahrens .......................... 154
Abbildung 52: Beispiel eines generierten Entscheidungsbaums ................... 156
Abbildung 53: Daten der Clusteranalyse ....................................................... 158
Abbildung 54: Clusterzerlegung .................................................................... 159
Abbildung 55: benutzergesteuerte Personalisierung ..................................... 164
Abbildung 56: Vorgehensmodell der Personalisierung ................................. 165
Abbildung 57: Anwendung des Vorgehensmodells ...................................... 165

# Tabellenverzeichnis

Tabelle 1: Identifikationsverfahren ................................................................. 71
Tabelle 2: Absolutzahlen ................................................................................ 83
Tabelle 3: Kombinationszahlen ..................................................................... 84
Tabelle 4: Zeitreihenwerte ............................................................................. 85
Tabelle 5: Integrierte Kennzahlen .................................................................. 86
Tabelle 6: Informationen über Analysedaten ............................................... 135
Tabelle 7: Dokumenttypen und Häufigkeiten .............................................. 139
Tabelle 8: Übersicht über die am häufigsten abgerufenen Dokumente ....... 142
Tabelle 9: Übersicht über Häufigkeiten unterschiedlicher Sessiontiefen .... 144
Tabelle 10: Übersicht über häufige Clickstreams ........................................ 145
Tabelle 11: Übersicht über Einstiegsseiten .................................................. 146
Tabelle 12: Übersicht über Dokumentkombinationen ................................. 150
Tabelle 13: Klassifikationsergebnisse .......................................................... 155

# Abkürzungsverzeichnis

| | |
|---|---|
| Abs. | Absatz |
| aCRM | analytisches Customer Relationship Management |
| Art. | Artikel |
| ASCII | American Standard Code for Information Interchange |
| AVI | Audio Video Interleaved |
| BDSG | Bundesdatenschutzgesetz |
| BMP | Bitmap |
| CBC | Customer Buying Cylce |
| CGI | Common Gateway Interface |
| CLF | Common Logfile Format |
| CLV | Customer Lifetime Value |
| CRISP-DM | Cross Industry Standard Process for Data Mining |
| CRM | Customer Relationship Management |
| CTP | Customer Touch Point |
| DIHK | Deutscher Industrie- und Handelskammertag |
| eCRM | electronic Customer Relationship Management |
| ELF | Extended Logfile Format |
| e-Commerce | electronic Commerce |
| e-Mail | electronic Mail |
| EMNID | Erforschung der öffentlichen Meinung, Marktforschung, Nachrichten, Informationen und Dienstleistungen |
| et al. | et alii |
| EU | Europäische Union |
| e. V. | eingetragener Verein |
| EXE | Portable Executable |

| | |
|---|---|
| FAQ | Frequently Asked Questions |
| FoeBud | Verein zur Förderung des öffentlichen bewegten und unbewegten Datenverkehrs |
| FTP | File Transfer Protocol |
| GG | Grundgesetz |
| GIF | Graphics Interchange Format |
| GIS | Geo-Informationssystem |
| GMT | Greenwich Mean Time |
| GPRS | General Packet Radio Service |
| GUI | Graphical User Interface |
| HTML | Hypertext Markup Language |
| HTTP | Hypertext Transfer Protocol |
| IP | Internet Protocol |
| ISP | Internet Service Provider |
| IT | Informationstechnologie |
| IVW | Informationsgemeinschaft zur Feststellung der Verbreitung von Werbeträgern e. V. |
| JDK | Java Development Kit |
| JPG | Joint Photographic Experts Group |
| JuSchG | Jugendschutzgesetz |
| kCRM | kommunikatives Customer Relationship Management |
| KDD | Knowledge Discovery in Databases |
| m-Commerce | mobile Commerce |
| oCRM | operatives Customer Relationship Management |
| OLAP | Online Analytical Processing |
| P3P | Platform for Privacy Preferences |
| PC | Personal Computer |
| PDA | Personal Digital Assistant |

| | |
|---|---|
| PDF | Portable Document Format |
| PHP | Hypertext Preprocessor (rekursives Akronym) |
| PID | Process Identification |
| PNG | Portable Network Graphics |
| PS | PostScript |
| RFID | Radio Frequency Identification |
| RFM | Recency, Frequency, Monetary Ratio |
| SMS | Short Message Service |
| SPSS | Statistical Package for the Social Sciences |
| SQL | Structured Query Language |
| TAM | Technology Acceptance Model |
| TDDSG | Teledienstedatenschutzgesetz |
| TDG | Teledienstegesetz |
| TDSV | Telekommunikations-Datenschutzverordnung |
| TKG | Telekommunikationsgesetz |
| UMTS | Universal Mobile Telecommunications System |
| URL | Uniform Resource Locator |
| W3C | World Wide Web Consortium |
| WAP | Wireless Application Protocol |
| XML | Extensible Markup Language |

# 1 Einleitung

*Kapitel 1 leitet in die dieser Arbeit zugrunde liegende Thematik ein und erörtert die Motivation für den gewählten Untersuchungsgegenstand.*

Auf der Suche nach erfolgreichen Konzepten der Unternehmensführung tritt in den 90er Jahren des letzten Jahrhunderts und den ersten Jahren dieses Jahrhunderts mehr und mehr eine kundenzentrierte Sicht in den Vordergrund der Diskussion. Dabei lässt sich das Ziel, das durch eine kundenzentrierte Unternehmensführung verfolgt wird, durch die folgende Wirkungskette beschreiben: Die Basis des finanziellen Erfolgs einer Unternehmung bildet die Kundenzufriedenheit. Diese ergibt sich durch das wiederholte Einhalten bzw. Übertreffen der Erwartungen der Kunden in Bezug auf Produkte oder Leistungen der Unternehmung. [vgl. Bruhn (2002), S. 38] Aus der Kundenzufriedenheit entwickelt sich aufgrund von wiederholten positiven Erfahrungen über einen längeren Zeitraum die Kundenloyalität, aus welcher sich im nächsten Schritt die Kundenbindung formen soll. Die längerfristige Bindung des Kunden soll schließlich in eine für das Unternehmen profitable Kundenbeziehung überführt werden, welche die Grundlage des finanziellen Erfolgs des Unternehmens darstellt. [vgl. Hippner (2004), S. 30] Die Forderung nach einer längerfristigen Bindung der Kunden erfolgt u. a. aus der Erkenntnis heraus, dass eine fünfprozentige Verringerung der Kundenabwanderung zu einer langfristigen Erhöhung des Gewinns um 25% - 85% führt. [vgl. Reichheld und Sasser (1990), S. 100] Diese Erhöhung des Gewinns lässt sich anhand dreier Faktoren erklären. Erstens: Durch die Bindung wichtiger (rentabler[1]) Kunden kann der Gewinn erhöht werden. Dies ergibt sich zum einen daraus, dass angenommen wird, dass loyale Kunden in der Regel weniger auf Preisveränderungen reagieren. Zum anderen stehen im Allgemeinen detailliertere Informationen über loyale Kunden zur Verfügung, da für diese eine längere Transaktions- und Kommunikationshistorie existiert. Somit kann eine kostengünstigere Befriedigung der Kundenwünsche erreicht werden. [vgl. Pritzl und Lauer (2003), S. 344] Zweitens werden Kosten gesenkt, da durch die stärkere Kundenbindung zum einen weniger Geld in die Akquise[2] neuer Kunden fließen muss und zum anderen das Halten von loyalen Kunden kostengünstiger durchzuführen ist. Und drittens geht mit der Verbesserung der Kundenzufriedenheit auch eine Erhöhung der Mitarbeiterbindung aufgrund einer gesteigerten Jobzufriedenheit einher, welche sich im Zirkelschluss wiederum positiv auf die

---

[1] Eine Vielzahl von Unternehmen erwirtschaftet mit 20% der Kunden 80% ihres Umsatzes. [vgl. Schwede (2000), S. 9]
[2] Dies ist auch verstärkt in der Internetökonomie von Interesse, da dort mit 1,5 bis 2,5 fachen Kosten der Kundenakquise, im Vergleich zur Old Economy, gerechnet werden muss. [vgl. Kenny und Marshall (2000), S. 119]

Kundenzufriedenheit auswirkt. [vgl. Reichheld / Markey / Hopton (2000), S. 135 oder Wittkötter und Steffen (2002), S. 76]

Kundenzufriedenheit ergibt sich, wie bereits ausgeführt, durch Leistungen des Unternehmens, welche die Erwartungen des Kunden in positiver Weise übertreffen. Durch eine Wiederholung dieser Erfahrungen entwickelt sich allmählich die Kundenloyalität. Loyalität zu einer Marke, einem Produkt oder einem Unternehmen entsteht dabei durch das Gefühl der Erfüllung der gleichen Werte, die auch die Grundlage einer zwischenmenschlichen Beziehung ausmachen [vgl. Smith (2001), S. 96]: das Bedürfnis, gemocht und geschätzt zu werden, das Gefühl, dass eine Beziehung das Leben bereichert, das Gefühl des Vertrauens[3] in eine andere Person und das Gefühl, respektiert zu werden. Die Kundenloyalität entsteht damit direkt bei dem einzelnen Kunden, ausgelöst durch Handlungen der Unternehmung. Die Kundenbindung hingegen umschreibt Maßnahmen des Unternehmens, welche darauf abzielen, Loyalität zu generieren bzw. zu erhalten. Dies entspricht einer inputorientierten Sicht der Kundenbindung[4]. [vgl. Giering (2000), S. 18] Zu diesen Maßnahmen zählen bspw. Kundenbindungsprogramme wie Miles & More oder Rabattkartensysteme wie Payback oder Happy Digits. Wichtig für die Unterscheidung zwischen Kundenloyalität und Kundenbindung ist folglich, dass es sich bei der Kundenbindung um aktive unternehmensseitige Maßnahmen handelt, während es sich bei der Kundenloyalität um eine kundenseitige Einstellung handelt. *Peppers, Rogers* und *Dorf* sprechen in diesem Zusammenhang von einer „Learning Relationship" zwischen Kunde und Unternehmen. [vgl. Peppers / Rogers / Dorf (1999, S. 3/4)] Der Kunde lehrt das Unternehmen, welche Bedürfnisse er hat und in welcher Form diese am besten durch das Unternehmen befriedigt werden können. *Wirtz* spricht hier auch von einer „interaktive[n], lernende[n] Kundenbeziehung" [Wirtz (2000), S. 159] (siehe Abbildung 1). Durch diese Investition des Kunden in die Beziehung wird die Gefahr eines Wechsels zu einem anderen Anbieter verringert, da er dort erst wieder die Lerninvestitionen aufbringen müsste. Bezogen auf Unternehmen, deren Geschäftsfeld – oder zumindest ein Teil ihres Geschäftsfeldes – im Bereich des Internets anzusiedeln ist, werden im Sinne der Transaktionskostentheorie [vgl. Coase (1937)] für den Kunden des Unternehmens somit die Transaktionskosten für kommende Besuche auf der Webseite verringert, da man von sinken-

---

[3] Für den Aufbau von Vertrauen ist es wichtig, zu verinnerlichen, dass sich Vertrauen erst langsam im Verlauf von vielen Kontakten und Interaktionen entwickelt. Auf der anderen Seite kann das Vertrauen jedoch durch eine einzige negative Erfahrung zerstört werden. [vgl. Moon (1999), S. 4]

[4] Der inputorientierten Kundenbindung steht die outputorientierte oder nachfragerbezogene Sicht der Kundenbindung gegenüber. Dazu zählen konkrete Kauf- und Wiederkaufakte sowie Empfehlungen eines Kunden. [vgl. Giering (2000), S. 18]

den Such- und Kommunikationskosten ausgehen kann. [vgl. Wirtz und Olderog (2002), S. 526] Diese Lerninvestitionen treten auch in dem Fall auf, in dem der Kunde keine expliziten Angaben über seine Präferenzen macht und diese nur indirekt aus seinem Verhalten abgeleitet werden, da hier bei einem Anbieterwechsel zuerst ein gewisser Zeitraum benötigt wird, über den die notwendigen Präferenzinformationen über den Kunden gesammelt und ausgewertet werden.[5] Durch die Bereitstellung individualisierter Leistungen kann grundsätzlich eine Verbesserung der Kundenbeziehung erreicht werden. [vgl. Krafft und Bromberger (2001), S. 173] Somit kann die Individualisierung von Produkten und Leistungen als unternehmensseitiges Mittel der Kundenbindung angesehen werden.

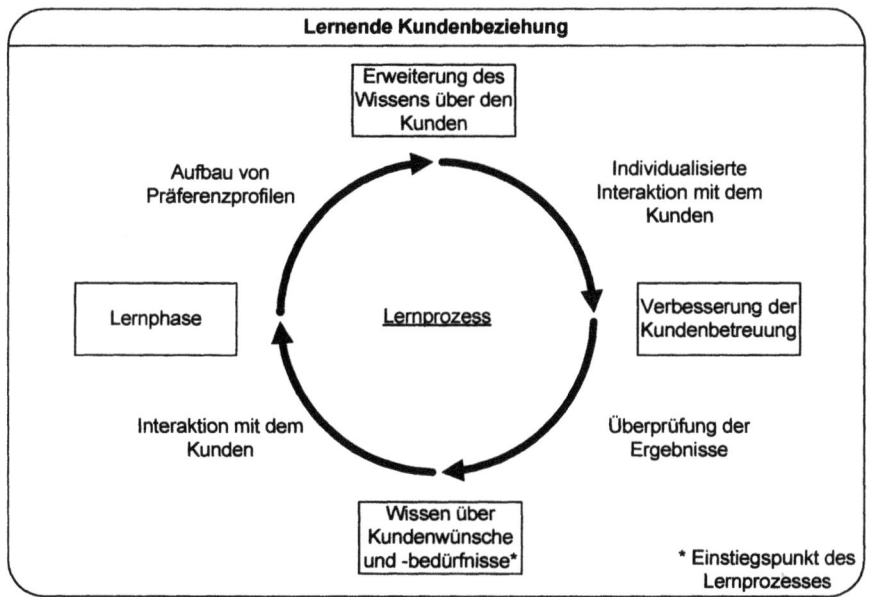

Abbildung 1: Lernende Kundenbeziehung [in Anlehnung an Wirtz (2000), S. 159]

Wenn man weiter davon ausgeht, dass durch Kundenbindungsmaßnahmen die Zufriedenheit der Kunden erhöht wird, und diese (die Kunden) sich positiv über das Unternehmen äußern, so kann dies als weiterer positiver Aspekt der Kundenbindungsmaßnahmen gesehen werden, da hier ein Teil der Neukundenakquise durch zufriedene Bestandskunden übernommen wird.

---

[5] Vgl. Kapitel 5.2.1. Durch die Schaffung von Lock-in Effekten versucht das Unternehmen, die Wechselkosten der Kunden zu erhöhen. [vgl. Wirtz und Lihotzky (2001), S. 300/301].

Während das Unternehmen danach strebt, die Loyalität der Kunden zu gewinnen und eine dauerhafte Beziehung mit diesem aufzubauen, muss aber auch gewährleistet sein, dass sich das Unternehmen loyal gegenüber den eigenen Kunden verhält. Bspw. müssen Vereinbarungen, die zwischen Kunden und Unternehmen getroffen wurden, eingehalten werden. Oft jedoch gestaltet sich die Beziehung zu einseitig und das Verhalten, das von der Kundenseite gewünscht und erwartet wird, wird von der Unternehmensseite nicht zurückgegeben. [vgl. Fournier / Dobscha / Mick (1998), S. 44] Auch sollte bedacht werden, dass die Loyalität von Kunden zwar durch langfristige Programme und Bemühungen von Seiten des Unternehmens erhöht werden kann, aber in manchen Fällen die Loyalität auch durch eine einzige Handlung erreicht werden kann. So konnte bspw. der Autovermieter Rent-A-Car in den Wirren des 11. Septembers 2001 durch den vorübergehenden Verzicht auf die Zuschläge für Einwegmieten für seine Fahrzeuge die Loyalität der Kunden, die aufgrund des Flugverbots in amerikanischem Luftraum auf heimatfremden Flughäfen festsaßen, gewinnen. [vgl. Rigby / Reichheld / Berez (2002), S. 33]

Als Synonym für die kundenzentrierte Unternehmensführung hat sich in den letzten Jahren der Begriff des Customer Relationship Management (CRM) etabliert. In Theorie und Praxis findet sich eine Vielzahl weiterer Begriffe, die allesamt den Grundgedanken der Kundenorientierung bzw. der Individualisierung der Kundenbeziehung umschreiben: One-to-One-Marketing, Enterprise Relationship Management, Customer Intimacy, Real-Time Marketing, Relationship Marketing, Continuous Relationship Management oder Technology-Enabled Relationship Marketing, wobei die drei letztgenannten nicht ausschließlich auf die Beeinflussung der Beziehung zum Kunden fokussieren, sondern in einem weiteren Verständnis die Beziehungen zu allen Geschäftspartnern, also bspw. auch zu den Lieferanten und Investoren, betrachten. [vgl. Peppers und Rogers (1999), S. 7] *Shani* und *Chalasani* beschreiben Relationship Marketing in diesem Zusammenhang als „an integrated effort to identify, maintain, and build up a network with individual consumers and to continuously strengthen the network for the mutual benefit of both sides, through interactive, individualized and value-added contacts over a long period" [Shani und Chalasani (1992), S. 34]. Trotz der unterschiedlichen Begrifflichkeiten steht stets die Identifizierung von geeigneten Maßnahmen zur Generierung von erfolgreichen Kundenbeziehungen als kritischem Erfolgsfaktor der Unternehmensführung im Vordergrund. Das Streben nach einer intensiven Beziehung zu den Kunden ist bereits länger im Business-to-Business-Bereich zu beobachten als in Bereichen, in denen sich der Kundenstamm überwiegend aus Konsumenten zusammensetzt (Business-to-Consumer). Dies lässt sich anhand der meist geringeren Anzahl, verglichen mit dem Business-to-Consumer-Bereich, von Kunden erklären, da hier eine Konzentration der Bemühungen auf einen kleineren Zielpersonenkreis vorgenommen werden kann. Der Business-to-Consumer-Bereich hingegen ist durch eine Vielzahl von Kunden gekennzeichnet, für die es lange Zeit unmöglich erschien, individualisierte Marketingkonzepte zu entwickeln bzw. diese umzusetzen. Diese Einschränkung resultierte vor allem aus dem Fehlen von Rechnerressourcen zur Speicherung und Analyse von Kundendaten sowie dem Fehlen von geeigneten Kommunikationskanälen, die eine individualisierte Ansprache der einzelnen Kunden zu ökonomisch vertretbaren Kosten ermöglichten. Durch die Entstehung des Internets und das starke Wachstum der Nutzung und Verbreitung dieses Mediums, wurde dieser fehlende Kanal geschaffen.

Das kundenzentrierte Konzept der Unternehmensführung lässt sich nur in solchen Bereichen sinnvoll einsetzen, in denen es zum einen möglich ist, einzelne Kunden bzw. Kundengruppen zu identifizieren und es zum anderen überhaupt wünschenswert ist, einzelne Kunden bzw. Kundengruppen individuell zu bedienen. So würde es beispielsweise für den Hersteller eines Massengutes wie Marmelade wenig Sinn machen, den einzelnen Kunden individuell anzusprechen. Auch sollte bei aller Euphorie, die mit CRM in den Anfangsjahren einhergeht, nicht vergessen werden, dass der Erfolg eines Unternehmens zu großen Teilen von den angebotenen Produkten oder angebotenen Dienstleistungen abhängt. Erfüllen diese nicht die Erwartungen oder Anforderungen des Kunden, dann kann auch ein gut geplantes und umgesetztes CRM kaum mehr korrigierend eingreifen und die grundlegenden Probleme wettmachen. *Hermanns* spricht hier von der Zweidimensionalität des Marketings mit den beiden Aspekten **Kundenorientierung** und **Absatzorientierung** als Ziele der Unternehmensführung. [vgl. Hermanns (1999), S. 88]

In einer Zeit, in der sich die angebotenen Produkte immer weniger über ihre eigentliche Funktionalität voneinander unterscheiden, werden neue Mittel und Wege benötigt, sich von den Mitbewerbern in einem positiven Sinn abzugrenzen. Zum einen kann dies beispielsweise durch das Angebot komplementärer Dienstleistungen oder durch das Vermitteln eines bestimmten Gefühls beim Konsum des Produkts erreicht werden. Zum anderen kann dies aber auch durch einen verbesserten Kundenservice oder eine individuelle Ansprache der Kunden erreicht werden. Die beiden letztgenannten Aspekte stellen klassische Mittel im Rahmen einer CRM-Strategie dar, womit auf eine grundlegende Daseinsberechtigung von CRM im Rahmen der Unternehmensführung geschlossen werden kann. Die Überlegung bzw. die Notwendigkeit, Kunden individuell zu behandeln, ergibt sich aus einer Veränderung der relevanten Zielgruppe(n). Während man in den 60er und 70er Jahren des letzten Jahrhunderts noch von relativ homogenen Zielgruppen ausgehen konnte (bzw. vom Vorhandensein dieser Homogenität ausging), für die eine einheitliche Ansprache ausreichend erschien, hat sich das Bild bis zum heutigen Zeitpunkt stark verändert. Aus homogenen

Verkäufermärkten wurden heterogene Käufermärkte, auf denen sich die Unternehmen einer Vielzahl unterschiedlicher Kunden gegenübersehen, die mit einem neuen Selbstbewusstsein ihre Wünsche und Bedürfnisse von den Unternehmen einfordern. Die Massenansprache von Kunden büßt damit Teile ihrer Wirksamkeit ein. Eine kundenindividuelle Interaktion soll diesem Manko entgegenwirken. Darüber hinaus geht mit dem allgemeinen Fortschreiten der Globalisierung eine Intensivierung des Wettbewerbs einher. Unternehmen stehen nun im Wettbewerb mit Konkurrenten, die neu auf den von ihnen bearbeiteten Märkten auftreten. Die sich so ergebende Lage für die Unternehmen entspricht der Situation, die sich aus dem Modell der Wettbewerbskräfte von *Porter* ableiten lässt: Die fünf stärksten Faktoren, welche die strategische Ausrichtung einer Unternehmung beeinflussen, stellen dabei der Wettbewerb innerhalb eines Marktes, die Bedrohung durch neue Konkurrenten (z. B. im Rahmen der Globalisierung), die Bedrohung durch Substitute, die stärkere Verhandlungsmacht der Kunden sowie die stärkere Verhandlungsmacht der Lieferanten dar. [vgl. Porter (1980), S. 4] Ein Weg für die Unternehmen, dieser neuen Situation zu begegnen, ist eine stärkere Kundenorientierung [vgl. Stauss (1999), S. 5] und in diesem Kontext die individuelle Anpassung der Güter und Leistungen an die jeweiligen (heterogenen) Kunden.

Mit dem Aufkommen des Internets in den 90er Jahren des letzten Jahrhunderts entwickelte sich die Möglichkeit, Transaktionen orts- und teilweise auch zeitunabhängig zu gestalten. Werden alle oder einzelne Phasen einer Transaktion durch elektronische Medien unterstützt, so spricht man von Electronic Commerce, kurz e-Commerce. [vgl. bspw. Wamser (2000b), S. 6] CRM, das sich auf den Bereich des e-Commerce bezieht, wird auch als eCRM bezeichnet. Im Rahmen des eCRM ergeben sich neue Möglichkeiten, auf die Beziehungen zu den einzelnen Kunden einzuwirken. Zum einen entstanden neue Kommunikationskanäle wie e-Mail oder Newsletter, zum anderen können im Rahmen einer Onlinepräsenz Informationen über Kunden gesammelt werden, die bisher nur schwer oder gar nicht zugänglich waren. Zu denken wäre hierbei bspw. an den Suchvorgang eines Kunden, der mit dem Auffinden eines Produkts und dem erfolgreichen Abschluss einer Transaktion endet. Es lassen sich Aussagen über das Suchverhalten der Kunden treffen, indem die Abfolge der Seitenaufrufe eines Kunden innerhalb der Webpräsenz untersucht wird. Doch neben der passiven Analyse des Kundenverhaltens lässt sich im Rahmen einer Webpräsenz auch aktiv in den Kaufvorgang eines Kunden eingreifen. Aufgrund des aktuellen Surfverhaltens des Kunden und seiner Kaufhistorie können Empfehlungen für weitere Käufe bereitgestellt werden, wie dies bspw. durch amazon.com praktiziert wird. Somit kann festgehalten werden, dass sich durch die Entstehung und Entwicklung des Internets als Transaktionsplattform neue Möglichkeiten für die individuelle Produkt- und Leistungserstellung ergeben haben. Diese wiederum spielen für die Umsetzung einer kundenzentrierten Unternehmensführung eine zentrale Rolle.

## 1.1 Problemstellung und Zielsetzung

Wie in der Einleitung ausgeführt, ist die individuelle Ansprache einzelner Kunden bzw. Kundengruppen eine Möglichkeit, für den Kunden einen zusätzlichen Nutzen zu generieren. Dieser erhöhte Nutzen stellt die Grundlage für eine zunehmende Kundenzufriedenheit im Sinne des CRM dar. Um den individuellen Umgang mit einzelnen Kunden bzw. Kundengruppen zu ermöglichen, bedarf es intensiver Kundenanalysen. Im Rahmen dieser Analysen gilt es bspw. das Verhalten der Kunden zu erforschen, Eigenschaften von profitablen Kunden zu identifizieren, Möglichkeiten zu finden, weniger profitable Kundenbeziehungen in profitable Kundenbeziehungen umzuwandeln oder die zukünftigen Bedürfnisse von profitablen Kunden vorherzusagen. Die Methoden der Kundenanalyse lassen sich verschiedenen Wissenschaftsbereichen zuordnen. Neben den statistisch orientierten Verfahren gehören auch Methoden der psychologischen Untersuchung in den Bereich der Kundenanalyse. Eine weitere Gruppe an Verfahren sind die datengetriebenen Verfahren des Data Mining. Diese lassen sich prinzipiell auch den statistischen Verfahren zuordnen, unterscheiden sich bei der Durchführung jedoch von diesen. Während den Verfahren des Data Mining eher ein induktives Vorgehen zugrunde liegt, sind statistische Analysen eher deduktiv geleitet. Ziel der Durchführung von Methoden des Data Mining ist das Auffinden von neuartigen interessanten Zusammenhängen in großen Datenbeständen mit dem Ziel, die gewonnenen Erkenntnisse im Rahmen betriebswirtschaftlicher[6] Entscheidungen zu verwenden. [Cabena et al. (1998), S. 12] Darüber hinaus wird häufig eingefordert, dass dieses Auffinden automatisiert ablaufen soll. Diese Annahme ist jedoch (noch) utopisch, da die vorhandenen Verfahren des Data Mining noch immer eine hohe Interaktion bei der Durchführung erfordern, insbesondere bei der Auf- und Vorbereitung der Daten für die eigentliche Analyse.

Die für die Kundenanalyse zu untersuchenden Datenbestände können unterschiedlicher Herkunft sein und entstammen den verschiedensten Unternehmensbereichen sowie unternehmensexternen Quellen. Zum einen liegen mit der Kundenhistorie Daten über die in der Vergangenheit getätigten Einkäufe vor. Diese Daten lassen sich häufig durch soziodemografische Merkmale des Kunden wie Alter, Gehalt, Geschlecht oder Wohnort ergänzen. Neben diesen Informationen, die im Wesentlichen in den Vertriebs- und Verkaufabteilungen erhoben werden,

---

[6] Diese Definition engt die Anwendung von Data Mining auf betriebswirtschaftliche Anwendungen ein. Darüber hinaus finden die Methoden des Data Mining jedoch auch in zahlreichen anderen Bereichen Anwendung, bspw. für medizinische oder militärische Zwecke.

können zum anderen aber auch weitergehende Angaben über einen einzelnen Kunden vorliegen, bspw. Daten über nachträgliche Reklamationen oder Daten über die Inanspruchnahme zusätzlicher Serviceleistungen der Unternehmung. Das datenmäßige Kundenprofil kann schließlich durch Informationen angereichert werden, die nicht in der eigenen Unternehmung anfallen. Zu denken wäre hierbei z. B. an Käufe eines Kunden bei Konkurrenzunternehmen oder auch soziodemografische Merkmale, die nicht im Rahmen des Kundenkontakts mit dem eigenen Unternehmen erhoben worden sind.

Bietet ein Unternehmen neben den herkömmlichen Kontaktmöglichkeiten auch eine Webpräsenz, eventuell gepaart mit einem Onlineshop, über den die Kunden die Produkte oder Dienstleistungen des Unternehmens erwerben können, eröffnen sich weitere Datenquellen für die Erstellung von Kundenprofilen und die generelle Kundenanalyse. Dabei können die zusätzlichen Informationen direkt in Form von Webformularen erhoben werden (was sich allerdings nicht sehr von der herkömmlichen Möglichkeit der zusätzlichen Datenerhebung in Form eines Fragebogens unterscheidet) oder die Datenerhebung kann indirekt erfolgen, indem die Logfiles des Webservers, auf dem die Webpräsenz gehostet ist, analysiert werden. Diese Logfiles können verschieden detaillierte Informationen bereitstellen. Es lassen sich bspw. die genauen Klickpfade eines Kunden innerhalb der Webpräsenz verfolgen. So kann ermittelt werden, auf welchem Weg ein Kunde auf ein bestimmtes Produkt aufmerksam geworden ist. Es lässt sich ebenso analysieren welche Produkte oder welche Produktkombinationen gekauft wurden. Auf diese Weise lassen sich Cross-Selling-Potenziale ermitteln. Eine weitere Möglichkeit, die sich durch die Analyse von Logfiles ergibt, ist die Personalisierung von Websites. Es werden aufgrund der aktuellen Nutzung einer Website die Struktur und die Inhalte für neu aufgerufene Seiten ermittelt und dem Kunden die aufgrund der Analyse ermittelten Inhalte dargeboten.

Im Rahmen dieser Arbeit soll das Potenzial von Serverlogfiles, in denen die Benutzerzugriffe auf die durch den Server bereitgestellten Dokumente festgehalten werden, für die Zwecke des CRM im Internet untersucht werden. Dabei spielt insbesondere die Betrachtung der Logfiles als Grundlage der Personalisierung von Leistungen im Bereich des e-Commerce im Sinne einer kundenindividuellen Leistung eine zentrale Rolle.

## 1.2 Aufbau der Arbeit
Die vorliegende Arbeit untersucht das Anwendungspotenzial der Logfileauswertung für Zwecke der Kundenanalyse im Sinne des CRM und für die Personalisierung von Websites.

Dazu wird zunächst im 2. Kapitel die Grundidee des CRM vermittelt. Dabei werden die zentralen Begriffe und Definitionen erarbeitet, welche die weitere Grundlage für diese Arbeit darstellen. Danach erfolgt eine Untergliederung des CRM in die Aspekte Unternehmensstrategie und IT-Systeme. Anschließend wird eine Untergliederung des CRM anhand der Teilbereiche der praktischen Umsetzung durchgeführt: analytisches CRM, operatives CRM und kommunikatives CRM. Das 2. Kapitel wird durch eine Betrachtung spezifischer Aspekte des CRM für den Bereich des e-Commerce abgeschlossen.

Das 3. Kapitel widmet sich tiefer gehend dem analytischen CRM. Dabei werden innerhalb des analytischen CRM vier Teilbereiche identifiziert: Data Mining, Web Mining, OLAP und Text Mining.

Das 4. Kapitel behandelt ausführlich die Webloganalyse. Dazu werden zu Beginn die verschiedenen Datenquellen für die Webloganalyse in Form der unterschiedlichen Logfileformate und Webformulare dargestellt, um darauf aufbauend die Informationen zu identifizieren, die aus Weblogfiles abgeleitet werden können. Es folgen eine Betrachtung der generellen Problematik der Verwendung von Logfiles und Lösungsvorschläge zur Behebung der festgestellten Defizite. Weiter wird dargestellt, wie eine sinnvolle Aufbereitung der erhobenen Daten im Sinne der zuvor aufgeführten Probleme im Umgang mit Logfiles aussehen könnte. Anschließend sollen bestehende Softwarelösungen zur Webloganalyse vorgestellt und miteinander verglichen werden. Neben der Funktion als Datengrundlage für die Kundenanalyse werden Logfiles als Basis für die Erstellung von Kennziffern des Web Controllings dargestellt. Abschließend werden die Anforderungen an Logfiles aus Sicht der Kundenanalyse im Rahmen des eCRM erörtert.

Das 5. Kapitel ordnet die Webloganalyse als Instrument und Grundlage der Personalisierung im Rahmen des eCRM ein. Dazu wird in einem ersten Schritt die Webloganalyse als Teil einer ganzheitlichen Kundenanalyse im Sinne der Personalisierung der Kundenbeziehung dargestellt. Der Gedanke der Personalisierung wird dann im Kontext des eCRM auf die Anwendung auf Webseiten fortgeführt. Dazu werden Methoden der Personalisierung dargestellt. Weiter werden datenschutzrechtliche Aspekte aus der Sicht des deutschen Gesetzgebers beleuchtet sowie notwendige Vorkehrungen und Maßnahmen im Umgang mit den aus der Webloganalyse resultierenden Kundendaten aus Sicht der Unternehmung dargestellt. Abschließend werden Grenzen der Personalisierung aufgezeigt.

Das 6. Kapitel stellt den Prototypen eines Systems zur Unterstützung der Logfileanalyse vor. Dabei gliedert sich die Präsentation in zwei Bereiche. Zum einen werden die Architektur und die Funktionalität des Systems beschrieben. Zum anderen werden Ergebnisse des Systems auf der Grundlage von Weblogfiles, die im Rahmen der Internetpräsenz des Lehrstuhls für Wirtschaftsinformatik erstellt wurden, dargestellt. Die Analyseergebnisse werden abschließend zur Erstellung von Handlungsempfehlungen herangezogen.

Das 7. Kapitel fasst die Ergebnisse der Arbeit zusammen und bietet einen Ausblick auf zukünftige Forschungsgebiete und –schwerpunkte. Abbildung 2 gibt einen Gesamtüberblick über den Aufbau der Arbeit.

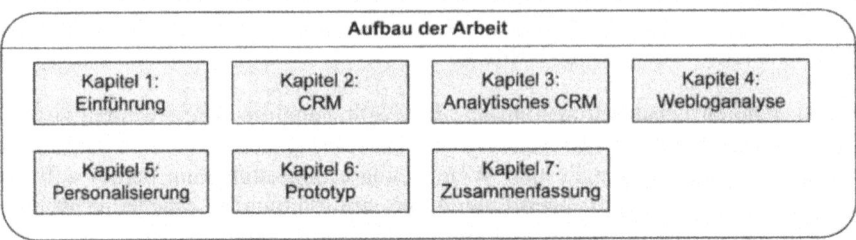

**Abbildung 2: Aufbau der Arbeit**

## 2 Grundlagen des Customer Relationship Management

*Das zweite Kapitel arbeitet die grundlegenden Ideen des Customer Relationship Management heraus. Dazu werden in Kapitel 2 zunächst der Grundgedanke und die angenommenen Zusammenhänge des CRM dargestellt. Es erfolgt eine Einordnung in das Gesamtunternehmensbild und es wird aufgezeigt, welche Bereiche des Unternehmens am stärksten an CRM-Maßnahmen beteiligt bzw. von diesen betroffen sind. Nachdem die wesentlichen Inhalte des CRM erläutert sind, wird in Kapitel 2.1 eine Definition für CRM herausgearbeitet. Aufbauend auf der Definition werden die beiden CRM-Teilaspekte Unternehmensstrategie und IT-Systeme identifiziert. Kapitel 2.2 vertieft den Teilaspekt der Unternehmensstrategie, während Kapitel 2.3 auf den Aspekt der IT- und CRM-Systeme fokussiert. Kapitel 2.4 wendet sich den drei Teilbereichen des CRM aus praktischer Sicht zu: analytisches CRM, operatives CRM und kommunikatives CRM. Kapitel 2.5 behandelt CRM aus der Perspektive des e-Commerce und betrachtet auf der einen Seite Besonderheiten, die sich aus der Verwendung einer Webpräsenz ergeben und auf der anderen Seite rein technische Aspekte des CRM im e-Commerce.*

Der Begriff Customer Relationship Management bezeichnet eine kundenorientierte Unternehmensstrategie mit dem Ziel des Aufbaus und der Pflege von profitablen Kundenbeziehungen. CRM fokussiert auf einen beziehungsorientierten Austausch von Gütern und Leistungen. Im Gegensatz zu einer transaktionsorientierten Sicht steht damit die langfristige Bindung zwischen zwei Transaktionspartnern im Vordergrund. [vgl. Frost (1999a), S. 100] Die Kundenorientierung drückt sich zumeist in einer Anpassung der Marketingbemühungen auf die Bedürfnisse des einzelnen Kunden aus. Im Extremfall der absoluten kundenindividuellen Beziehung zwischen Unternehmen und Kunde[7] spricht man auch von One-to-One-Marketing. In der Praxis sind jedoch noch häufiger Strategien vorzufinden, die auf einen durchschnittlichen Kunden ausgerichtet sind und nicht die individuellen Bedürfnisse der einzelnen Kunden in die Wahl der Unternehmensaktivitäten einbeziehen. [vgl. Peppers / Rogers / Dorf (1999), S. 2] Zur Erreichung des Ziels der kundenorientierten Unternehmensführung setzt CRM auf eine starke IT-Komponente, die jedoch nicht als Allheilmittel zur Umsetzung eines erfolgreichen CRM verstanden werden darf. Vielmehr stellen IT-Systeme eine notwendige, jedoch nicht eine hinreichende Bedingung für die erfolgreiche Umsetzung von CRM dar. Mit dem Begriff des CRM wird somit allgemein eine kundenorientierte Unternehmensstrategie bezeichnet, deren zentrales Ziel die Schaffung von profitablen Kundenbeziehungen darstellt. Im Ziel des Aufbaus einer profitablen Kundenbeziehung findet sich die Erkenntnis wieder,

---

[7] D. h. die Beziehung zu jedem einzelnen Kunden wird individuell gestaltet.

dass der wiederholte Verkauf von Gütern und Leistungen an den selben Kunden nicht eine voneinander unabhängige Aneinanderreihung von Kaufakten darstellt, sondern vielmehr eine auf Vertrauen basierte Entscheidung im Rahmen einer Beziehung zwischen Kunden und Unternehmen repräsentiert. [vgl. Jolson (1997), S. 76] Die Fokussierung der Unternehmenstätigkeit auf die Pflege von Kundenbeziehungen spiegelt den Paradigmenwechsel im Marketing weg vom Streben nach einem hohen Marktanteil hin zum Streben nach der langfristigen Bindung der Kunden mit einem hohen Kundenwert wider. Um die Entscheidungsfindung eines Unternehmens im Hinblick auf die Kundenorientierung zu verstehen, müssen das Umfeld und die Situation, in denen ein Unternehmen agiert, begutachtet werden.

Um Kundenbindung im Rahmen der Unternehmenstätigkeit einzuordnen, gilt es zu klären, auf welche Bereiche des Unternehmens spezielle Handlungen der Kundenbindung ausgerichtet sind. Ein bestimmtes (strategisches) Vorgehen eines Unternehmens lässt sich durch eine nähere Betrachtung der Rahmenbedingungen, durch welche die Entscheidungen beeinflusst werden, erklären. Generell handelt es sich bei Unternehmen um Einrichtungen, die das Ziel verfolgen, einen möglichst hohen langfristigen finanziellen Gewinn zu erzielen.[8] Auf dem Weg zur Erreichung dieses Hauptziels wird das Unternehmen von verschiedenen Seiten beeinflusst bzw. muss sich an Gegebenheiten anpassen, auf die keine direkte Einflussnahme durch das Unternehmen möglich ist: Erstens auf die Situation auf den Absatz- und Beschaffungsmärkten, zweitens auf die Wettbewerbssituation auf den relevanten Märkten der Branche und drittens auf die allgemeinen Rahmenbedingungen. Betrachtet man die prinzipielle Positionierung eines Unternehmens im gesamtwirtschaftlichen Ablauf, so kann festgestellt werden, dass im Allgemeinen der Wertschöpfung eines Unternehmens ein oder mehrer Beschaffungsmärkte vorgelagert und ein oder mehrer Absatzmärkte nachgelagert sind. Auf dem Beschaffungsmarkt werden die zur Wertschöpfung benötigten Rohstoffe eingekauft, während auf dem Absatzmarkt die Produkte oder Dienstleistungen, die erstellt oder erbracht werden, an das nächste Glied in der Wirtschaftskette weiterverkauft werden. Dabei kann es sich sowohl um den Endverbraucher als auch um einen nächsten „Wertschöpfer" handeln, der das Produkt oder die Dienstleistung für die eigene Wertschöpfung benötigt. Neben der allgemeinen Situation auf den Absatz- und Beschaffungsmärkten wird das Unternehmen auch durch die Wettbewerbssituation auf den relevanten Märkten beeinflusst. Gemäß *Porter* lassen sich fünf vorrangige Wettbewerbskräfte inner-

---

[8] Davon ausgenommen sind Non-Profit-Organisationen, die dem finanziellen Gewinn ein andersartiges Ziel überordnen. Dies bedeutet jedoch nicht, dass die Konzepte des CRM für Non-Profit-Organisationen weniger Bedeutung besitzen, da auch hier die angestrebten Ziele durch Kundenorientierung unterstützt werden können.

halb einer Branche identifizieren, die auf das Unternehmen und dessen Entfaltungsmöglichkeiten einwirken: die direkten Mitbewerber innerhalb einer Branche, die Bedrohung durch mögliche, neu in den Markt eintretende, Konkurrenten, die Verhandlungsmacht der Zulieferer, die Verhandlungsmacht der Käufer sowie die Bedrohung durch Substitute. [Porter (1990), S. 34-36] Schon hier lässt sich eine Überschneidung der verschiedenen Einflussfaktoren erkennen, da die Verhandlungsmacht der Zulieferer und Kunden in hohem Ausmaß die allgemeine Situation auf den Beschaffungs- und Absatzmärkten bestimmt. Zusätzlich wirken die allgemeinen Rahmenbedingungen auf das Unternehmen ein. Zu diesen Bedingungen zählen sowohl die geltenden gesetzlichen Bestimmungen (bspw. Steuerrecht, Arbeitsrecht, Datenschutzregelungen[9] oder Umweltrecht) als auch infrastrukturelle Bedingungen. Auch hier ergeben sich wiederum Schnittmengen mit den anderen Einflussfaktoren und es wird deutlich, dass die einzelnen Faktoren nicht isoliert betrachtet werden dürfen, sondern vielmehr die Wechselwirkungen zwischen den einzelnen Bereichen beachtet werden müssen. Beispielsweise beeinflusst der Ausbildungsstand einer Region oder auch einer gesamten Branche die Situation auf dem Personalbeschaffungsmarkt.

Die Maßnahmen des CRM betreffen in erster Betrachtung vor allem Bereiche des Unternehmens, die im direkten Kontakt mit den Kunden stehen, also bspw. Verkauf und Service, und sind somit vordergründig auf den Absatzmarkt gerichtet.[10] Jedoch sind auch weite andere Teile des Unternehmens, in denen kein direkter Kundenkontakt besteht, durch CRM betroffen. Dies kann der Produktionsbereich sein, wenn Produkte individuell gefertigt werden sollen, aber auch die Personalabteilung, die CRM-Systemschulungen plant und durchführen muss.

## 2.1 Begriffe und Definitionen
Um weiterführende Aspekte des CRM zu betrachten, gilt es als erstes, den eigentlichen Begriff des Customer Relationship Management zu definieren. Untersucht man die umfangreiche Literatur zum Kundenmanagement, so lässt sich feststellen, dass eine Vielzahl ähnlicher Begriffe zum CRM existiert, die jedoch nicht immer eindeutig voneinander abgegrenzt werden. Eine erste Unterscheidung der verschiedenen Begriffe kann anhand der Verwendung des Ausdrucks Management bzw. Marketing vorgenommen werden. Während sich gegen Mitte

---

[9] Datenschutzregelungen beeinflussen den Aktionsspielraum des CRM, da eine allumfassende Speicherung und Auswertung von Kundendaten nur im Zusammenhang mit der Zustimmung der Kunden möglich ist (siehe auch Kapitel 5.4).
[10] Bei einer weiteren Auslegung des Begriffs CRM, in welcher der Schwerpunkt auf dem Beziehungsmanagement (Relationship Management) liegt, kann hier auch der Bezug zu den Beschaffungsmärkten hergestellt werden. In diesem Fall steht die Beziehungsorientierung zu allen Interaktionspartnern im Mittelpunkt der Unternehmensstrategie.

der 80er Jahre des letzten Jahrhunderts noch überwiegend die Verwendung von Marketing wieder finden lässt [vgl. bspw. Berry (1983) S. 25], so ist in neueren Veröffentlichungen überwiegend die Verwendung des Begriffs Management anzutreffen [vgl. bspw. Diller (1995a), S. 42]. Wie bereits in der Einführung zum zweiten Kapitel erläutert, handelt es sich bei CRM um eine kundenzentrierte Form der Unternehmensführung. Dabei handelt es sich nicht um eine neues Konzept, da gleichartige Ansätze bereits in den 60er Jahren des letzten Jahrhunderts aufzufinden waren. Was diesen frühen Ansätzen jedoch fehlte, war die praktische Umsetzbarkeit. Erst mit der Fortentwicklung und der verstärkten Verbreitung von Informationstechnologie (IT) ergab sich die Möglichkeit, eine in starkem Maße kundenzentrierte Unternehmensführung umzusetzen. Insbesondere die kostengünstige Speicherung von kundenbezogenen Daten sowie deren effiziente und ortsunabhängige Abfrage und Auswertung verschafften dem kundenzentrierten Ansatz die notwendige praktische Umsetzbarkeit und somit ein gestiegenes Interesse an Themen des Kundenmanagements. Für die Definition der Rolle, die der IT im Rahmen des CRM zukommt, muss festgehalten werden, dass IT kundenzentrierte Konzepte lediglich unterstützt bzw. als Enabler diese Konzepte umsetzbar macht, jedoch nicht gleichzusetzen ist mit dem Konzept der Kundenzentrierung. Ohne eine zugrunde liegende Strategie und deren begleitende Umsetzung auf der gesamten Unternehmensebene (z. B. Prozessneugestaltung[11] oder Schulung und Motivation der Mitarbeiter) können die IT-Konzepte nicht zu einem Erfolg führen. [vgl. Homburg und Sieben (2000)] Als wichtige Faktoren für den erfolgreichen Einsatz von IT im CRM können somit eine geeignete Strategie sowie die darauf ausgerichtete Anpassung der Geschäftsprozesse identifiziert werden. [vgl. Brynjolfsson und Hitt (2000)] Damit besteht eine der Aufgaben des CRM auch darin, ein Gleichgewicht zwischen dem menschlichen und dem technischen Faktor in der Interaktion mit dem Kunden herzustellen. [vgl. Gummesson (2001), S. 117-120] Zusammenfassend muss IT als notwendige aber nicht als hinreichende Bedingung für ein erfolgreiches CRM angesehen werden. Für jede Unternehmung und für jeden Bereich einer Unternehmung sollte individuell geprüft werden, inwieweit eine technische Unterstützung der kundenorientierten Prozesse sinnvoll und möglich ist, womit es in Einzelbereichen auch möglich sein kann, dass keine gesonderte IT-Unterstützung notwendig ist. [vgl. Gillies / Rigby / Reichheld (2002), S. 74] Eine Einengung der Betrachtung von CRM auf die informationstechnischen Aspekte, wie dies bspw. bei *Schwetz* vorgenommen wird [vgl. Schwetz (2000)], sollte vermieden werden. Jedoch muss aber auch die Wichtigkeit von IT für das CRM erkannt werden, und eine reine Fokussierung auf den strategischen Aspekt des CRM sollte im Gegenzug ebenso unterlassen werden. Unter Berücksichti-

---

[11] *Vogt* bspw. bezeichnet CRM auch als „prozesszentriertes Managementsystem" [Vogt (1998), S. 170].

gung der angeführten Bedingungen für ein umfassendes CRM-Verständnis, soll in dieser Arbeit die folgende Definition verwendet werden:

*Mit CRM wird eine unternehmensweite und bereichsübergreifende, durch Informationstechnologie unterstützte Unternehmensstrategie bezeichnet, die durch die Pflege, den Ausbau und die Herbeiführung von gewinnbringenden Kundenbeziehungen positiv auf das primäre Unternehmensziel – die Erzielung eines monetären Erfolgs – einwirkt.*

Customer Relationship Management lässt sich, den vorangehenden Überlegungen folgend, in verschiedene, komplementäre Teilaspekte untergliedern (siehe Abbildung 3). Der erste Teilaspekt umfasst die unternehmensweite und bereichsübergreifende Unternehmensstrategie. Im Rahmen dieser Strategie muss festgelegt werden, in welchem Umfang die Kundenbeziehungen zu einzelnen Kunden bzw. Kundengruppen gestaltet werden sollen und ob die bestehenden Geschäftsprozesse diese Gestaltung erlauben oder ob eine Neugestaltung einzelner Prozesse erforderlich ist. Eine reine Neugestaltung der Prozesse ist jedoch nicht ausreichend, da es ebenso notwendig ist, dass die Mitarbeiter die neuen Prozesse verinnerlichen, annehmen und auch die Absicht, die hinter der kundenzentrierten Strategie steht, verstehen und umsetzten. [vgl. Homburg und Stock (2000), S. 5] Nur so kann gewährleistet werden, dass die neue Strategie auch umgesetzt wird. Die generelle Wichtigkeit der ständigen unternehmensorientierten Weiterbildung der Mitarbeiter spiegelt sich in einer Studie des DIHK (Deutscher Industrie- und Handelskammertag) wider, in der neun von zehn Unternehmen angeben, in die Weiterbildung ihrer Mitarbeiter investieren zu wollen. [vgl. DIHK (2005), S. 1] Somit lassen sich innerhalb des Teilaspekts der Strategiebildung wiederum mehrere Unteraspekte identifizieren. Zum einen beinhaltet die strategische Planung die Festlegung von Zielen, die durch die Kundenzentrierung zu erreichen sind. Zum anderen erfordert die Erreichung diese Ziele eventuell (unter Beachtung der gegebenen Situation) eine Umstrukturierung und Neugenerierung von Geschäftsprozessen, welche wiederum durch ein intensives Changemanagement begleitet werden müssen, um die erfolgreiche Umsetzung der Maßnahmen und die Akzeptanz innerhalb des Personals zu gewährleisten. Im Rahmen der Personalentwicklung gilt es dabei, verschiedene Aspekte im Kontext des CRM zu beachten. Zum einen muss sichergestellt werden, dass den Mitarbeitern die Kenntnisse vermittelt werden, um die neuen IT-Systeme bedienen zu können. Zum anderen muss den Mitarbeitern dargelegt werden, welche Vorteile die kundenzentrierte Unternehmensführung mit sich bringt. Da es sich vordergründig um monetäre Erfolgsgrößen des Unternehmens handelt, ist es umso wichtiger, auch die individuellen Vorteile für den einzelnen Mitarbeiter herauszuarbeiten, um bspw. Ängste vor veränderten Arbeitsabläufen, die sich im Rahmen einer Umstrukturierung von Geschäftsprozessen ergeben können, abzubauen. Auch sollte bedacht werden, dass durch die Umstellung eine höhere Verantwortung bei den Mitarbeitern liegen kann. Es sollte versucht werden, diese durch vergrößerte Freiheiten oder durch monetäre Anreize auszugleichen. [vgl. Kiefer und Winkler (1997), S. 138/139] Parallel zur Kundenzufriedenheit soll mit einem solchen Vorgehen die Mitarbeiterzufriedenheit erhöht werden, mit dem Ziel, loyale Mitarbeiter für das eigene Unternehmen zu gewinnen und zu halten. Dies geht mit der Ansicht von *Reichheld* konform, dass die wichtigsten Assets eines erfolgreichen Unternehmens loyale Kunden, loyale Mitarbeiter sowie loyale Investoren sind. Das Vorhandensein aller drei Gruppen in einem Unternehmen stellt die wichtige Grundlage für eine langfristig erfolgreiche Unternehmensführung dar. [vgl. Reichheld (1996), S. 4/5]

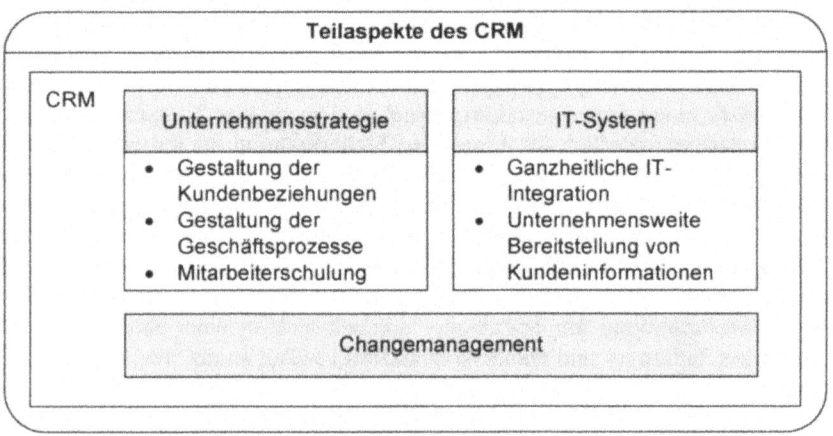

**Abbildung 3: Teilaspekte des CRM**

Den zweiten Teilaspekt des CRM stellt die informationstechnische Unterstützung dar. Dabei wird darauf abgezielt, ein integriertes, die gesamte Unternehmung umspannendes IT-System aufzubauen und möglichst die Errichtung von einzelnen Insellösungen zu umgehen. Durch die Integration der kundenbezogenen Daten aus allen relevanten Teilbereichen der Unternehmung in ein zentrales IT-System kann für Entscheidungen in jedem Unternehmensbereich auf aktuelle Information bezüglich eines Kunden bzw. einer Kundengruppe zurückgegriffen werden. *Hippner, Rentzmann* und *Wilde* heben dabei hervor, dass durch die Integration der Systeme zum einen innerhalb der Unternehmung ein einheitliches Bild des Kunden entsteht („one face of the customer") und zum anderen auch die Unternehmung als eine einheitliche Institution dem Kunden gegenüber tritt („one face to the customer"). [vgl. Hippner / Rentzmann / Wilde (2004), S.

32/33] Auch für die Einführung eines IT-Systems gilt, dass sie von einem umfassenden Changemanagement begleitet werden sollte, um eine durchgehende Systemverfügbarkeit im Zeitraum des Übergangs von den alten Systemen zum neuen System zu gewährleisten.

Die Teilaspekte des CRM fügen sich in die Gesamtsicht des von *Weihofen* entwickelten CRM-Modells ein, das den Einsatz von CRM in drei Ebenen untergliedert. Die oberste Ebene definiert die erfolgreiche Kundenbeziehung als angestrebtes Ziel des CRM. Die zweite Ebene widmet sich der strategischen Sicht. Hier wird auf den Aufbau von Wettbewerbsvorteilen fokussiert. Die letzte Ebene bildet die Umsetzung der in Ebene zwei festgelegten Ziele durch den Einsatz näher zu bestimmender CRM-Instrumente. [vgl. Weihofen (2004), S. 92-95] Der in dieser Arbeit identifizierte Teilaspekt der Unternehmensstrategie kann *Weihofens* Ebenen der Ziel- und Strategiesetzung zugeordnet werden während der informationstechnische Aspekt in erster Linie den Instrumenten zur Umsetzung zuzuordnen ist.

## 2.2 CRM im Kontext der Unternehmensstrategie

Das Management der Kundenbeziehung basiert auf der Idee, jeden einzelnen Kunden bzw. einzelne Kundengruppen (oder besser: jeden für das Unternehmen interessanten und rentablen Kunden[12] bzw. Kundengruppe) individuell zu behandeln und ihm das Gefühl zu geben, etwas „Besonderes" und nicht nur einer unter vielen zu sein. Dahinter steht der marketingpolitische Trend, von der Fokussierung auf die Gewinnung von Neukunden umzuschwenken auf die langfristige Bindung von Kunden. [vgl. Bruhn (1998), S. 271] Die Individualisierung der Kundenbeziehung ist dabei geprägt durch unterschiedliche Aspekte des persönlichen Kontakts des Unternehmens mit dem Kunden. Zum einen kann der persönliche Kontakt aus einer personalisierten Ansprache bestehen. Die Ansprache des Kunden kann über unterschiedlichste Kanäle erfolgen: persönlicher Kontakt durch Verkaufspersonal in einer lokalen Filiale, persönlicher Kontakt durch einen Außendienstmitarbeiter, postalischer Kontakt per Brief, Kontakt über Wurfsendungen, telefonischer Kontakt, Kontakt per Email oder Kontakt über das Internet in Form der Unternehmenswebsite. Neben der Personalisierung der Kommunikation zwischen Unternehmen und Kunde steht das Angebot von an die Bedürfnisse des Kunden angepassten Produkten und Dienstleistungen als Mittel der Individualisierung zur Verfügung. Die Möglichkeiten der Individualisierung der Kundenbeziehung können mit der Größe einer Unternehmung und einem damit angenommenen wachsenden Kundenstamm jedoch geringer wer-

---

[12] Das Interesse eines Unternehmens an einem Kunden kann sich auch erst durch die indirekte Rentabilität ergeben, d. h. der Kunde ist nicht durch seine eigenen Käufe rentabel, sondern wird dies erst durch zusätzliche Funktionen, die er erfüllt, bspw. durch das Aussprechen von Kaufempfehlungen oder durch das Innehaben einer Vorbildfunktion für andere Kunden.

den, da der Kunde in einem solchen Massenkundenszenario nur schwer als Individuum mit speziellen Interessen wahrgenommen werden kann. [vgl. Reichardt (2000), S. 131] Durch die Entwicklung des Internet und der damit einhergehenden Automatisierung der personalisierten Kundenkommunikation werden die unterschiedlichen Formen der Personalisierung jedoch auch für den Massenmarkt interessant. [vgl. Wehrmeister (2001), S. 9]

Die Anpassung von Produkten und Dienstleistungen an die Bedürfnisse des Kunden kann als der momentane Stand der Entwicklung des Produktangebotes über die letzten 100 Jahre angesehen werden. Zu Beginn des 20. Jahrhunderts war das Produktangebot geprägt durch die Massenproduktion. Diese Form der Produkterstellung ermöglichte es, standardisierte Güter zu geringen Preisen anzubieten, was jedoch dazu führte, dass die spezifischen Wünsche der einzelnen Kunden in den Hintergrund traten (bzw. treten mussten).[13] Nach dem zweiten Weltkrieg folgte ein Umdenken in der Art der Produktion. Das standardisierte Produkt musste Produktlinien mit unterschiedlichen Produktvarianten weichen, welche jeweils für einen speziellen Zielmarkt produziert wurden. Somit wurde es möglich, durch das Angebot von verschiedenen Varianten die unterschiedlichen Bedürfnisse der Kunden besser zu bedienen. Spezielle Wünsche der Kunden konnten in diesem Stadium der Wertschöpfung zumeist jedoch nicht berücksichtigt werden. Dem Marketing kam in dieser Situation in erster Linie die Aufgabe zu, den Absatz eines in seinen Eigenschaften fertig produzierten Gutes anzuregen. [vgl. Wehrli und Wirtz (1997), S. 126] Als konsequente Fortentwicklung dieser Produktionsart kann schließlich die Personalisierung von Produkten angesehen werden. [vgl. Hanson (2000), S. 186/187]

Bei einem personalisierten Produkt handelt es sich um ein Produkt, dessen Eigenschaften genau auf die Bedürfnisse eines einzelnen Individuums abgestimmt sind. Eine Produktionsweise, welche diese Anpassung der Produkte ermöglicht, ist die so genannte Mass Customization. Darunter versteht man „die Produktion von Gütern und Leistungen für einen (relativ) großen Absatzmarkt, welche die unterschiedlichen Bedürfnisse jedes einzelnen Nachfragers dieses Produktes treffen, zu Kosten, die ungefähr denen einer Massenfertigung vergleichbarer Standardgüter entsprechen. Die Informationen, die im Zuge des Individualisierungsprozesses erhoben werden, dienen dem Aufbau einer dauerhaften, individuellen Beziehung zu jedem Abnehmer" [Piller (1998), S. 65]. Der Kunde selbst

---

[13] Die Einführung von standardisierten Gütern muss somit als Rückschritt angesehen werden, wenn man den Vergleich mit handwerklichen Maßanfertigungen der vorindustriellen Zeit zieht. Mit dem Aufkommen der industriellen Fertigung und dem Anwachsen des Kundenstammens ging auch die Kenntnis über die genauen Bedürfnisse des Kunden verloren und Güter wurden für den allgemeinen Gebrauch eines durchschnittlichen Kunden gefertigt.

kann wählen und bestimmen, welche Eigenschaften das von ihm gekaufte Produkt besitzen soll. Der Einsatz von Mass Customization wird durch zwei Treiber ermöglicht. Zum einen sind dies moderne Fertigungstechnologien, die eine Produktion von kleinen Gütermengen erlauben, ohne dass der Preis durch hohe Rüstkosten für den Kunden unattraktiv wird, und zum anderen ist es der Einsatz von Informations- und Kommunikationstechnologie, der eine schnelle Präferenzübermittlung durch den Kunden und somit eine frühzeitige Einbindung in den Produktions- bzw. Leistungserstellungsprozess ermöglicht. [vgl. Wirtz (2000), S. 175/176] Im Bereich des Internets findet dabei der Einsatz so genannter Produktkonfiguratoren statt, mit deren Hilfe der Kunde das Produkt nach seinen Wünschen gestalten kann.[14] Der Kunde wird im Rahmen der Produkterstellung zum so genannten Prosumer (Kunstwort, erstellt aus den beiden Begriffen Producer und Consumer), der aktiv an der Erstellung beteiligt ist. [vgl. Wehrli und Heiniger (2002), S. 211] Somit ist zum einen das Produkt selbst Teil der individuellen Beziehung zu einem Kunden, und zum anderen kann aufgrund der Daten, die ein Nutzer im Rahmen der Anpassung des Produktes preisgibt, ein Kundenprofil erstellt werden, welches wiederum als Grundlage für eine weitergehende Individualisierung der Kundenbeziehung (z. B. in Form einer angepassten Kommunikation) genutzt werden kann. Die Personalisierung der Kundenbeziehung wird zu einer konsequenten Fortentwicklung der kundenindividuellen Produkt- und Leistungsbereitstellung. Es kann folglich von einem fortwährenden Kreis der Beziehungsintensivierung zwischen einem Kunden und dem Unternehmen gesprochen werden. Durch den verstärkten Kontakt werden dem Unternehmen zusätzliche Informationen zur Verfügung gestellt, welche wiederum die Grundlage für eine weitere Verbesserung der Beziehung darstellen (vergleiche dazu das Konzept der lernenden Kundenbeziehung in Kapitel 1). Führt man gedanklich die Entwicklung der Produkterstellung fort, so wäre ein nächster denkbarer Schritt ein Szenario, in dem der Kunden nicht nur die Eigenschaften seines Produktes selbst wählt, sondern dieses darüber hinaus auch selbst in Zusammenarbeit mit dem Unternehmen produziert.

Das Auftreten neuer Denkweisen in der Produktion und im Angebot von Gütern und Leistungen muss als eine Fortentwicklung verstanden werden, wobei die alten Ansätze neben den neuen parallel existieren. Denn nicht für alle Produkte und Leistungen muss es sinnvoll sein, verschiedenen Varianten oder gar perso-

---

[14] Produktkonfiguratoren finden sich bspw. auf den Internetseiten der meisten Automobilhersteller. Auch der Computerdirektvertreiber Dell bietet seinen Kunden die Möglichkeit, sich den Wunsch-PC selbst online zusammenzustellen. Bei den Konfiguratoren handelt es sich zumeist um regelbasierte Systeme, durch welche das Wissen eines Verkäufers abgebildet und bei der Zusammenstellung eines Produktes die Kompatibilität zwischen gewählten Produktkomponenten überprüft wird.

nalisierte Versionen bereitzustellen, wenn auch ein starker Trend in diese Richtung zu beobachten ist. In manchen Fällen ist das Angebot von einigen wenigen Produktvarianten genügend, um die unterschiedlichen Bedürfnisse der Kunden zumindest in einem ausreichenden Maße zu decken, so dass sich der Mehraufwand der Personalisierung des Produktes nicht lohnen würde. Generell muss geklärt werden, ob sich auf der einen Seite für den Kunden ein zusätzlicher Nutzen aus der Personalisierung ergibt, der den zusätzlichen Aufwand der dafür notwendigen Schritte rechtfertigt. Darüber hinaus muss evaluiert werden, ob sich die Personalisierung für das Unternehmen rechnet, oder ob es nicht kostengünstiger ist, nur einige (nicht weiter anpassbare) Varianten eines Produkts anzubieten und auf die zusätzlichen Kunden, die durch die Möglichkeit der Personalisierung neu hinzugekommen wären, zu verzichten. Erst wenn diese beiden Voraussetzungen erfüllt sind, kann eine Personalisierung von Gütern und Leistungen ökonomisch sinnvoll durchgeführt werden.

Die Veränderung des Angebots von Gütern und Leistungen wird durch *Kotler*, *Jain* und *Maesincee* durch den Wandel der „Old Economy"[15] hin zur „New Economy"[16] beschrieben. Dabei lässt sich der Wandel durch neun markante Veränderungen beschreiben wie bspw. die Veränderung der Informationsverteilung. Die Informationsasymmetrie, die zwischen Unternehmen und Kunden existierte, vollzieht im Rahmen der digitalen Revolution eine Ausgleichsbewegung, in der die Kunden mehr und mehr über die gleichen Informationen wie das Unternehmen verfügen. Ein weiterer CRM-relevanter Wechsel lässt sich durch die Veränderung der Unternehmensstrategie von einer Pushstrategie hin zu einer Pullstrategie beobachten. Dabei wird ein durch das Unternehmen forciertes Güterangebot durch ein nachfrageinduziertes Güterangebot ersetzt. [vgl. Kotler / Jain / Maesincee (2001), S. 18/19]

Die Personalisierung von Gütern und Leistungen macht es notwendig, den Kontakt mit den Kunden zu intensivieren. Denn nur dieser Kontakt ermöglicht es, die für eine Anpassung und Individualisierung notwendigen Informationen zu erhalten. In traditionellen Geschäftsfeldern ist dieser erhöhte Kundenkontakt jedoch verbunden mit erhöhten Kosten, bspw. durch eine Steigerung des Personalbedarfs im Servicebereich. Anders stellt sich die Situation im Onlinebereich dar. Die Intensivierung des Kundenkontakts ist hier gleichzusetzen mit einer Steigerung der Nutzung des Onlineangebots. Diese vermehrte Nutzung führt

---

[15] Die „Old Economy" umschreibt im Wesentlichen die durch Fertigung geprägte Form der Industrie.
[16] Die „New Economy" ist gekennzeichnet durch den Umgang und das Management von Informationen mit neuen digitalen Technologien als wichtigem Bestandteil der Leistung der Unternehmung.

jedoch nicht zu einer relevanten Erhöhung der Kosten. Es muss lediglich sichergestellt werden, dass das System nicht durch die erhöhte Nutzerverwendung überlastet wird, da ein langsames oder nicht zu erreichendes System einen Grund darstellt, den Kontakt mit dem Unternehmen (zumindest für den Moment) abzubrechen. Bei der Intensivierung des Kontakts mit dem Kunden ist es ebenfalls von Bedeutung, nicht die Intensitätsgrenze zu überschreiten, ab welcher der einzelne Kunde den Kontakt als aufdringlich empfindet und ihn aus diesem Grund vollständig abbricht.[17] Somit kann festgehalten werden, dass sich aus Sicht der Unternehmung drei Bereiche identifizieren lassen, die generell als geeignet für den Einsatz individualisierender Maßnahmen angesehen werden können: Produkte, Dienstleistungen und Kommunikation (siehe Abbildung 4).

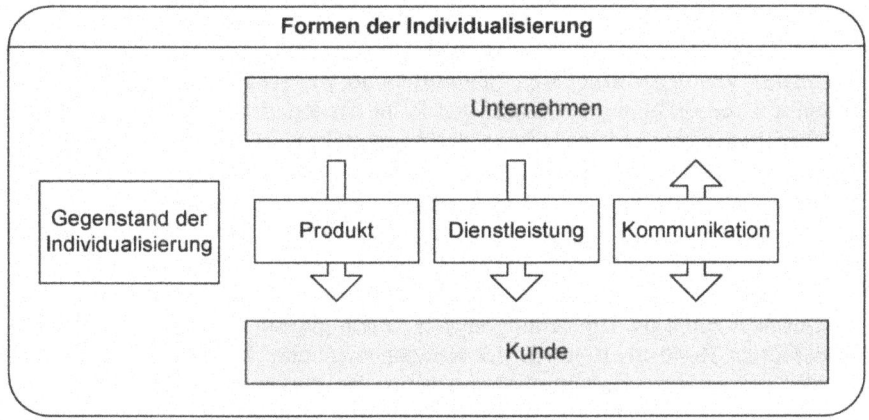

**Abbildung 4: Formen der Individualisierung**

Als Gegenpole im Rahmen des Kundenbeziehungsmanagements können nach *Kotler* und *Bliemel* das Massenmarketing und das One-to-One-Marketing aufgefasst werden, die sich anhand von zwölf Charakteristiken gegenüberstellen lassen. Mit dem Fokus auf die Kundenbeziehung sind dabei besonders die fünf Ausprägungspaare[18] Durchschnittskunde vs. individueller Kunde, anonymer Kunde vs. Kundenprofil, Massenwerbung vs. individuelle Kommunikation, alle Kunden vs. profitable Kunden und Kundengewinnung vs. Kundenbindung von Interesse. In ihnen spiegelt sich der Wandel von einer marktorientierten hin zu einer kundenorientierten Sicht wider. [vgl. Kotler und Bliemel (1998), S. 1122]

---

[17] Vergleiche hierzu auch Kapitel 5.6.
[18] Der erste Teil des Paares repräsentiert die Ausprägung des Massenmarketings, der zweite Teil die Ausprägung des One-to-One-Marketings.

Das Ausprägungspaar **Kundengewinnung vs. Kundenbindung** verdient dabei unter dem Kostenaspekt sowie dem Aspekt der Einstellung des Kunden gegenüber dem Unternehmen besondere Aufmerksamkeit. Im Allgemeinen wird davon ausgegangen, dass die Kosten, die anfallen, um einen neuen Kunden zu gewinnen etwa fünfmal so hoch sind wie die Kosten, die benötigt werden, um einen Bestandskunden zu halten. [Buchanan und Gillies (1990), S. 524] Darüber hinaus wird der Break-Even-Point für einen Kunden je nach Wirtschaftszweig erst nach mehreren Jahren erreicht, wodurch sich per se die Forderung nach einer langfristigen Bindung der Kunden an das Unternehmen ergibt. [vgl. Reichheld und Schefter (2000), S. 111] Problematisch wird dieser Aspekt, wenn Unternehmen, die ausschließlich über ein Internetangebot verfügen, in den ersten Jahren ihrer Existenz mit den Kunden keine Gewinne erzielen und somit in erster Linie in die Bereiche der Kundenakquisition und Kundenbindung investieren müssen. [vgl. Fritz (2004), S. 162/163] Das Überleben dieser Unternehmen hängt damit von den verfügbaren Geldmitteln ab, die bis zu dem Zeitpunkt ausreichen müssen, in dem der Break-Even-Point der Kundenbeziehungen erreicht ist. Betrachtet man die Entwicklung der Internetökonomie, so kann beobachtet werden, dass zu Beginn das vorrangige Ziel von Start-Up Unternehmen deren Etablierung in Form von Neukundengewinnung und Erzielung eines First-Mover-Advantage[19] war. [vgl. Evans und Wurster (1999), S. 85] Mit schrumpfenden Zuwachsraten und der verstärkten Konkurrenzsituation tritt nun jedoch das Streben nach langfristigen Kundenbeziehungen in den Vordergrund. Neben dem Kostenaspekt spielt die Einstellung eines Kunden gegenüber dem Unternehmen eine wichtige Rolle im Rahmen der Kundenbeziehung. Kunden, die sich (auf freiwilliger Basis) an das Unternehmen gebunden fühlen, stehen diesem positiver gegenüber, was in erster Linie aus zufrieden stellenden Erfahrungen mit dem Unternehmen resultiert. Diese optimistische Haltung wiederum wird durch Mund-zu-Mund-Propaganda an andere (potenzielle) Kunden herangetragen. Dieser direkte Kontakt zwischen Individuen kann nicht durch Werbemaßnahmen des Unternehmens ersetzt werden, denn Werbemaßnahmen stellen lediglich Information dar, während der Kontakt zwischen Personen Kommunikation darstellt. Kommunikation vermittelt Erfahrungswerte, welche häufig als vertrauenswürdiger eingestuft werden als direkte Informationen von einem Unternehmen. [vgl. McKenna (1985), S. 85-87] Dies ergibt sich aus der Annahme, dass andere Konsumenten eines Produktes oder einer Dienstleistung in der Regel keine eigenen kommerziellen Interessen verfolgen. [vgl. Kroeber-Riel und Weinberg (1999), S. 500] Durch das Teilen eines positiven Erlebnisses mit anderen potenziellen Kunden übernimmt der zufriedene Kunde eine wichtige Ak-

---

[19] Auch wenn das Bestehen eines First-Mover-Advantage teilweise kritische hinterfragt wurde. [vgl. bspw. Porter (2001), S. 68/69, zu einer kritischen Betrachtung des First-Mover-Advantage aufgrund einer Erhöhung der Switching Costs]

quiseaufgabe, die für das Unternehmen darüber hinaus kostenlos ist. Zusätzlich lässt sich beobachten, dass Kunden, die aufgrund einer Kundenempfehlung mit einem Unternehmen in Kontakt treten, bei auftretenden Problemen sich eher mit demjenigen, der die Empfehlung ausgesprochen hat als mit dem Unternehmen selbst in Verbindung setzen.[20] [vgl. Reichheld und Schefter (2000), S. 106] Damit werden Teile der Kundenbetreuung durch die Kunden selbst übernommen, was für das Unternehmen zusätzliche Einsparungspotenziale offenbart, welche jedoch nicht direkt gesteuert und beeinflusst werden können.

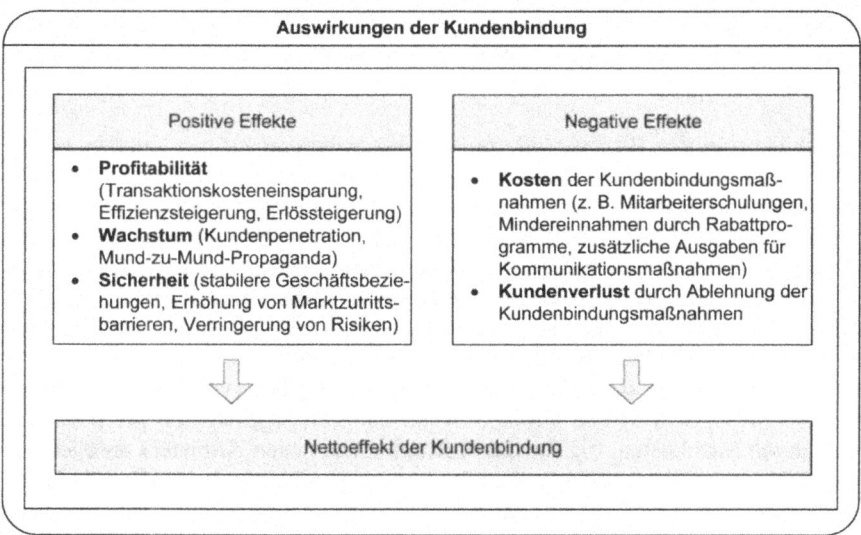

**Abbildung 5: Auswirkungen der Kundenbindung**

Nachdem eine Erhöhung der Kundenbindung aufgrund der geführten Überlegungen als ein wesentliches Ziel der Unternehmung angesehen werden kann, muss geklärt werden, inwieweit die Kundenbindung in positiver Weise auf das übergeordnete Ziel der Gewinnerreichung einwirkt. Allgemein wird angenommen, dass sich die Kundenbindung positiv auf die **Profitabilität**, das **Wachstum** sowie die **Sicherheit** einer Unternehmung auswirkt. Die positiven Effekte, die sich dabei ergeben, lassen sich im Bereich der Profitabilität den Transaktionskosteneinsparungen, der Effizienzsteigerung sowie der Erlössteigerung, im Bereich des Wachstums der Kundenpenetration und der Kundenempfehlung und im Bereich der Sicherheit der wachsenden Stabilität der Geschäfsbeziehung, der

---

[20] Dieses Kundenverhalten wurde bspw. vom Onlineauktionshaus Ebay beobachtet. [vgl. Reichheld und Schefter (2000), S. 107]

Erhöhung der Markzutrittsbarrieren für Wettbewerber sowie der Verringerung von Risiken zurechnen. [vgl. Diller (1996), S. 81/82] Auf der negativen Seite müssen die Kosten angerechnet werden, die für den Aufbau und den Betrieb eines effektiven Kundenbindungsmanagements anfallen und den positiven Effekten im Sinne einer ganzheitlichen Betrachtung gegenübergestellt werden müssen. [vgl. Diller (1995b), S. 49] Zusätzlich zu den direkt monetären Kosten müssen weitere negative Effekte von Kundenbindungsmaßnahmen betrachtet werden. Durch eine starke Ablehnung der Kundenbindungsmaßnahmen, z. B. aufgrund der Befürchtung, persönliche Informationen über sich preis zu geben und damit zum gläsernen Kunden zu werden, kann es zu einem Rückzug des Kunden kommen, der in einer Aufgabe der Beziehung zu dem Unternehmen enden kann (siehe Abbildung 5).

Verschiebt man den Blickwinkel von der Unternehmung auf den Kunden, so gilt es zu klären, welches Entscheidungskalkül den einzelnen Kunden zum Verbleib bei einem Unternehmen bzw. zum Wechsel zu einem Konkurrenten bewegt. Der Kunde erzielt zum einen einen Nutzen aus dem Produkt oder der Dienstleistung eines Unternehmens bzw. seiner Konkurrenten.[21] Zum anderen muss der Kunde jedoch auch die Wechselkosten tragen, die im Falle eines Anbieterwechsels anfallen. Die gesamten Wechselkosten lassen sich durch vier Einzelaspekte erklären: direkte Wechselkosten[22], Lernkosten, künstliche und vertragliche[23] Wechselkosten sowie sozio-psychologische Kosten. [vgl. Pippow / Eifert / Müller (2003), S. 6-8] Die direkten Wechselkosten ergeben sich im Wesentlichen durch Suchkosten, die für das Auffinden des neuen Anbieters anfallen sowie den eingesetzten zeitlichen Aufwand, um bspw. bei einem anderen Anbieter einen neuen Benutzeraccount einzurichten. Lernkosten treten durch die Notwendigkeit auf, sich mit der Funktion und dem Gebrauch eines anderen Produktes vertraut zu machen. Im Rahmen des e-Commerce könnte dies bspw. die Navigation auf der Webseite des neuen Anbieters sein. Durch vertragliche Bindung an einen Anbieter entstehen bei einem Wechsel Kosten aus der Auflösung dieses Vertrages. Künstliche Wechselkosten entstehen aus dem Verzicht auf monetäre und nicht-monetäre Vergünstigungen, die sich aus der Bindung an einen bestimmten Anbieter ergeben. Beispiele für solche Vergünstigungen sind

---

[21] Bei dieser Betrachtung bleibt der Nutzen ausgeklammert, der einem Konsumenten durch einen Markenwechsel selbst entsteht (dieses Phänomen wird auch als „Variety-seeking-behavior" bezeichnet). [vgl. Givon (1984), S. 2/3]
[22] Die direkten Wechselkosten werden auch als Transaktionskosten des Wechsels bezeichnet. [vgl. bspw. Klemperer (1987), S. 375]
[23] Vertragliche Wechselkosten können auf Seite der Kunden zu einem Gefühl der unfreiwilligen Bindung führen. Dieser Zustand kann als negativ empfunden werden, weshalb es das Ziel eines Unternehmens sein sollte, eine Bindung auf freiwilliger Basis zu erreichen. [vgl. Stolpmann (2000), S. 41]

Rabattkartensysteme wie Happy Digits oder Miles & More. Sozio-psychologische Kosten schließlich entstehen daraus, dass der Kunde durch den Anbieterwechsel erst wieder Vertrauen zu dem neuen Anbieter aufbauen muss. Abbildung 6 fasst die Einzelkomponenten der Wechselkosten zusammen. Kundenbindung kann somit in einem strategischen Kontext als Mittel der Erhöhung von Wechselkosten gesehen werden, um die Gefahr eines Anbieterwechsels zu verringern.

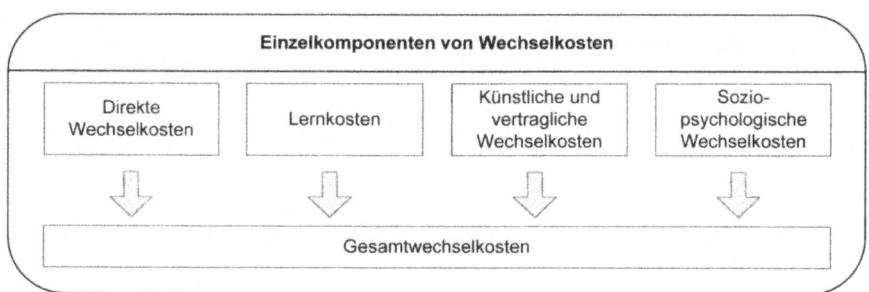

**Abbildung 6: Einzelkomponenten von Wechselkosten**

Wie gezeigt, steht im CRM die Entwicklung der Beziehung zwischen den Kunden und der Unternehmung im Mittelpunkt der strategischen Unternehmensführung Es wurde jedoch bereits darauf hingewiesen, dass der Aufbau und der Erhalt von kundenindividuellen Beziehungen nicht als Ziel für jeden Kundenkontakt definiert werden kann. Vielmehr ist es die Aufgabe das Marketing, diejenigen Kunden zu identifizieren, die langfristig wertvoll für die Unternehmung sind. Als Entscheidungskriterium dafür, wann ein Kunde die Eigenschaft „wertvoll" besitzt, kann der Kundenwert herangezogen werden. Der Wert eines Kunden setzt sich im Wesentlichen aus drei Größen zusammen: dem informatorischen Wert, dem akquisitorischen Wert sowie dem Rentabilitätswert (siehe Abbildung 7). Der informatorische Wert beschreibt die Informationen, die einem Unternehmen durch den Kunden übermittelt werden und die für das weitere Vorgehen des Unternehmens relevant sind. Darunter fallen bspw. Beschwerden oder Anregungen des Kunden. Beschwerden können als Indikator für schlecht strukturierte Prozesse oder aber auch für Qualitätsprobleme bei Produkten und Leistungen dienen, Anregungen können bspw. hilfreich in die Produktentwicklung einfließen. Der akquisitorische Wert eines Kunden ergibt sich durch Informationen, die ein Kunde an dritte Personen weitergibt. Im Falle von positiven Aussagen kann der akquisitorische Wert den Gesamtkundenwert erhöhen, im Falle von negativen Aussagen kann der Gesamtkundenwert jedoch auch gesenkt werden. Der Rentabilitätswert gibt an, wie rentabel (im monetären Sinn) ein Kunde ist. Dabei werden die Kosten der Kundenbeziehung (z. B. Akquisitionskosten, Kommunikationskosten, zurechenbare Produkt- und/oder Leistungsbereitstellungskosten) den Einnahmen aus dem Verkauf von Gütern und Leistungen gegenüber gestellt. Im Allgemeinen stellt der Rentabilitätswert eines Kunden den wichtigsten Teil des Gesamtkundenwerts dar. [vgl. Schleuning (1997), S. 146/147]

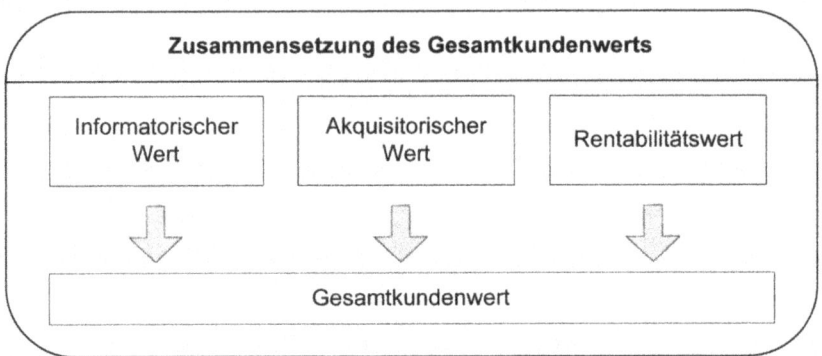

**Abbildung 7: Zusammensetzung des Gesamtkundenwerts**

Für die Bestimmung des Kundenwerts lassen sich unterschiedliche Analysemethoden heranziehen, die sich in die beiden Klassen der statischen und der dynamischen Methoden der Kundenwertermittlung aufteilen lassen. Die statischen Methoden wählen einen gewissen Betrachtungszeitraum und ordnen über diesen Zeitraum den einzelnen Kunden die ihnen zurechenbaren Kosten und Umsätze zu. Dabei kann es sich um eine Teilkosten-, Vollkosten oder Prozesskostenkalkulation handeln. [vgl. Homburg und Sieben (2005), S. 443/444] Den statischen Verfahren stehen die dynamischen Verfahren der Kundenwertermittlung gegenüber. Dabei spielt insbesondere die Berechnung des Customer Lifetime Value (CLV) eine bedeutende Rolle. Hier wird versucht, den Wert eines Kunden über den gesamten Interaktionszeitraum mit der Unternehmung (Kundenlebenszyklus) zu ermitteln. Dazu werden sämtliche, durch den Kunden ausgelösten, monetären und nicht-monetären Zu- und Abflüsse im Sinne einer dynamischen Investitionsrechnung auf den Betrachtungszeitpunkt diskontiert. Eine nicht-monetäre Größe stellt bspw. das Referenzpotenzial[24] eines Kunden dar, das jedoch in Form von induzierten Transaktionen anderer Kunden im Endeffekt wieder als monetäre Größe in die Berechnung einfließt. Der Methodik des CLV wohnt die

---

[24] Als Referenz wird in diesem Zusammenhang der kommunikative Austausch von Informationen über einen Anbieter zwischen Kunden und (potenziellen) Kunden verstanden. Diese Informationen können positiver, negativer oder auch neutraler Natur sein. [vgl. Cornelsen (2001), S. 4]

Problematik inne, dass zur Berechnung auf zukünftige Werte zurückgegriffen werden muss, um den gesamten Lebenszyklus eines Kunden zu erfassen. Die Prognose dieser Werte ist mit Unsicherheit behaftet bzw. ist in manchen Fällen nicht durchführbar. Aus diesem Grund werden zur dynamischen Kundenwertermittlung häufig Scoringmodelle eingesetzt, bei denen bspw. im Falle der RFM-Methode (Recency, Frequency, Monetary Ratio) die Zeit, die seit dem letzten Kauf vergangen ist, die Häufigkeit von Einkäufen sowie die Einkaufswerte zur Bewertung der einzelnen Kunden herangezogen werden. [vgl. Cornelsen (1996), S. 25]

Neben der Identifizierung der profitablen Kunden muss generell überprüft werden, ob die durch die Implementierung einer kundenorientierten Unternehmensstrategie angestrebten Ziele mit den gewählten Mitteln erreicht werden. Zu Controllingzwecken kann hier bspw. in Anlehnung an die Balanced Scorecard [vgl. Kaplan und Norton (1996)] eine Customer Management Scorecard [vgl. Wiedmann / Buxel / Siemon (2004)] entwickelt werden, in der Kennzahlen für die Determinanten eines erfolgreichen Kundenmanagements abgeleitet und bereitgestellt werden.

## 2.3 CRM im Kontext von IT-Systemen

Zur informationstechnischen Unterstützung von operativen und strategischen Aufgaben im Rahmen einer kundenorientierten Unternehmensstrategie existiert eine Vielzahl von Softwareprodukten. Auf der CRM-Expo 2005[25], der europäischen Leitmesse für Kundenbeziehungsmanagement, offerierten 162 Aussteller ihr Produkt- und Dienstleistungssortiment rund um CRM, darunter die Branchenriesen SAP®, Oracle®, SAS®, Siebel® sowie Microsoft®. Die mit den einzelnen Produkten angesprochenen Zielgruppen reichen von kleinen und mittelständischen Unternehmen bis hin zu Softwarelösungen für Großunternehmen. Ebenso variiert der Funktionsumfang der einzelnen Softwarelösungen. Eine grobe Unterglederung der Funktionen kann anhand der Unterstützung von operativen und strategischen Prozessen im Rahmen des CRM vorgenommen werden. Eine der Hauptaufgaben von CRM-Systemen besteht momentan in der Unterstützung der Mitarbeiter im operativen Geschäft. Dabei liegt der Schwerpunkt auf der lückenlosen Bereitstellung von Kundendaten, so dass es jedem Mitarbeiter einer Unternehmung ermöglicht wird, jederzeit auf prozessnotwendige Kundendaten zuzugreifen, idealerweise ortsunabhängig, d. h. auch mobil, wenn ein Mitarbeiter sich nicht an seinem Büroarbeitsplatz befindet, bspw. über UMTS, WAP oder GPRS. Falls in einem Prozess Kundeninformationen benötigt werden und ein Mitarbeiter, der an diesem Prozess beteiligt ist, über die not-

---

[25] Weitere Informationen über die CRM-Expo 2005 finden sich online unter: www.crm-expo.com. (Stand: 14.11.2005).

wendigen Rechte verfügt, um auf die Kundendaten zugreifen zu dürfen, so ermöglichen die CRM-Systeme den Zugriff. Die Kundendaten, die von den Mitarbeitern aufgerufen werden, beinhalten bei den meisten CRM-Systemen die vollständige Kontakthistorie der einzelnen Kunden. Dazu gehören bspw. die elektronische Kommunikation mit dem Kunden via e-Mail oder Telefon, persönliche Kontakte mit dem Kunden oder zugesandte Produkte oder Informationsmaterial (Abbildung 8 zeigt die erhältlichen Informationen über einen spezifischen Kunden wie sie mit dem Open Source CRM-System Sugar CRM[26] dargestellt werden). Vielfach lassen sich von CRM-Systemen die Telefonanlagen von Unternehmen ansprechen, so dass der telefonische Kundenkontakt direkt aus dem System heraus gestartet werden kann.

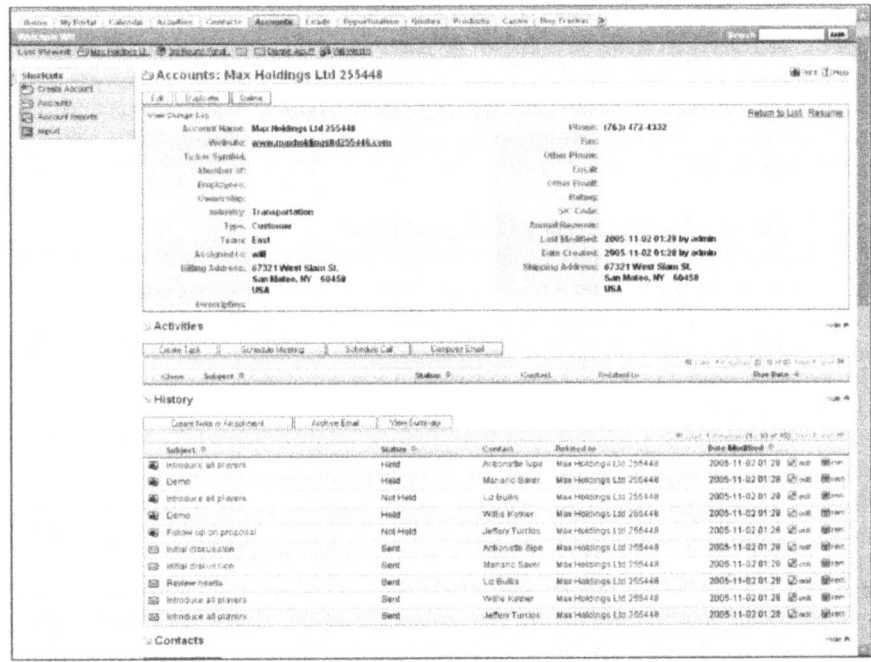

**Abbildung 8: Kundeninformationen im CRM-System Sugar CRM**

Analytische Funktionen im Sinne des analytischen CRM (siehe Kapitel 2.4.1) sind zumeist in eigene Module bzw. eigenständige Programme ausgelagert, was aus zweierlei Sicht sinnvoll erscheint. Zum einen obliegt die Analyse zumeist

---

[26] Für weitere Informationen über das Open Source CRM-System Sugar siehe auch www.sugarcrm.com (Stand: 15.11.2005).

speziellen Abteilungen und eine Vielzahl der Mitarbeiter wird somit die analytischen Funktionen in ihrem vollen Umfang kaum nutzen bzw. besitzt nicht das Wissen und die Ausbildung, sie sinnvoll einzusetzen. Zum anderen existiert der Kostenaspekt der Lizenzierung. Durch eine dezidierte Bereitstellung von analytischen Verfahren für diejenigen Mitarbeiter, deren Aufgabe die Analyse von Kundedaten darstellt, kann diese Kostenart gesenkt werden.

Einen tieferen Einblick in die unterschiedlichen CRM-Systeme und ihre Funktionalitäten liefert die Marktstudie „CRM 2005". In ihr geben *Hippner*, *Wilde* und *Englbrecht* einen aktuellen Überblick über Anbieter von CRM Software. Die verschiedenen Systeme werden anhand eines Funktionskatalogs verglichen. Die einzelnen Funktionen werden dabei einer der folgenden acht Kategorien zugeordnet: Marketing, Vertrieb, Service, Kontaktmanagement, Customer Interaction Center, eCRM & Internetfunktionalität, Analyse & Reporting sowie übergreifende Funktionen. [vgl. Hippner / Wilde / Englbrecht (2005), S. 103-303]

## 2.4 Teilbereiche des CRM

In Kapitel 2.1 wurde eine Aufteilung des CRM anhand der beiden Teilaspekte Unternehmensstrategie und IT-Systeme (begleitet von einem umfassenden Changemanagement) vorgenommen. Anhand der durchgeführten Aufgaben innerhalb der Geschäftsprozesse eines Unternehmens kann eine weitergehende funktionale und praxisorientierte Aufteilung des CRM erfolgen. Dabei lassen sich drei Teilbereiche identifizieren: analytisches CRM (aCRM), operatives CRM (oCRM) sowie kommunikatives CRM (kCRM).

### 2.4.1 Analytisches CRM (aCRM)

Unter analytischem CRM lassen sich alle Tätigkeiten zusammenfassen, die sich mit der systematischen Speicherung und Auswertung von kundenbezogenen Daten beschäftigen. Die Auswertungsergebnisse sollen der Verbesserung der kundenbezogenen Geschäftsprozesse dienen und stellen ebenso die Grundlage für weitergehende strategische Entscheidungen dar. [vgl. Hippner / Rentzmann / Wilde (2004), S. 17]

Die Speicherung der Kundendaten für die Analyse erfolgt im Allgemeinen in einem Customer Data Warehouse (siehe auch Kapitel 3.6). Aus diesem zentralen Datenaufbewahrungspunkt werden die einzelnen Analysesysteme bedient. Eine der wichtigsten Datengrundlagen für das aCRM stellen transaktionsbezogene Daten dar. Hieraus lassen sich Schlüsse über das Kaufverhalten einzelner Kunden bzw. Kundengruppen ableiten, die wiederum als Grundlage für Entscheidungen für die Bereiche des operativen und kommunikativen CRM dienen.

## 2.4.2 Operatives CRM (oCRM)

Unter dem Oberbegriff des operativen CRM werden all jene Prozesse zusammengefasst, die den direkten Kundenkontakt beinhalten. Dazu zählen im Wesentlichen Prozesse aus den Bereichen Marketing, Sales und Service. Da die zugehörigen Prozesse zumindest teilweise durch die zugrunde liegenden Systeme automatisiert sind, spricht man in diesem Zusammenhang auch von Marketing, Sales und Service Automation. [vgl. Buck-Emden (2001), S. 33] Während im aCRM das Customer Data Warehouse die Grundlage der zugehörigen Tätigkeiten bildet, basieren die Prozesse des oCRM in erster Linie auf operativen Kundendatenbanken, in denen die Daten in Echtzeit verarbeitet werden. [vgl. Hippner / Rentzmann / Wilde (2004), S. 16].

Das zentrale Interesse des oCRM gilt dem Customer Buying Cycle (CBC). Dieser beschreibt den wiederkehrenden Prozess des Erwerbs eines Produktes bzw. einer Dienstleistung mit den Teilschritten Akquisition, Verkauf und Service. [vgl. Kugeler (2002), S. 470] Im Mittelpunkt steht dabei die Gestaltung der direkten Kundenkontakte: Auf der einen Seite mit dem Ziel, dem Kunden als homogene Institution gegenüberzutreten („one face to the customer"), und auf der anderen Seite mit dem Ziel, innerhalb der Unternehmung ein einheitliches Bild des Kunden zu generieren, in dem die Informationen, die entlang des CBC erfasst werden, zu einem ganzheitlichen Kundenprofil zusammengefügt werden, das für alle relevanten Mitarbeiter zugänglich ist („one face of the customer"). [vgl. Hettich / Hippner / Wilde (2000), S. 1346]

## 2.4.3 Kommunikatives CRM (kCRM)

Das kommunikative CRM umfasst die Auswahl und den Einsatz der Kommunikationskanäle zum Kunden. Dabei ergeben sich für das kCRM drei wesentliche Aufgaben: Zum einen die Auswahl eines für den verfolgten Zweck geeigneten **Kommunikationskanals**, zum anderen die Gestaltung der über den Kanal übermittelten **Inhalte** und als drittes die **Art der Kommunikationsrichtung**. Wird kCRM in einem weiteren Sinn verstanden, so kann zusätzlich die Auswahl der geeigneten Adressaten als Aufgabe des kCRM angeführt werden, wobei die Auswahl im Wesentlichen auf den Ergebnissen der Analysen des aCRM basiert. Diese Untergliederung des kCRM erfolgt in Anlehnung an die Systematisierung von Kommunikationswegen und -formen in Kommunikationsmodellen [vgl. bspw. Hoffman und Novak (1996), S. 52-54]. Kommunikationsmodelle werden definiert durch die beteiligten Personen und deren Anzahl, die übermittelten Inhalte, die Richtung der übermittelten Inhalte, den Sender und den Empfänger der Inhalte sowie die Medien, die zur Übermittlung verwendet werden. Anhand der Richtung der Kommunikation sowie der Bestimmung von Sender und Empfänger lassen sich drei unterschiedliche Kommunikationsmodelle identifizieren [vgl. Diller (2001), S. 80]: das Modell der klassischen Einwegkommunikation, das Dialogmodell und das Community Modell. Das Modell der klassischen Einwegkommunikation zeichnet sich durch einen einzelnen Sender aus, der an eine Vielzahl von Empfängern Informationen übermittelt. Die Flussrichtung der Information ist dabei einseitig. Erweitert man das Modell der klassischen Einwegkommunikation durch die Möglichkeit, dass auch die Empfänger Informationen an den Sender leiten können, so erhält man das Dialogmodell. Wird dieses wiederum durch die Annahme erweitert, dass jede beteiligte Person (wobei gilt, dass alle Personen sowohl die Sender- als auch die Empfängerfunktion erfüllen) mit jeder beliebigen anderen Person kommunikativ in Kontakt treten kann, so ergibt sich das Community Model.

*Kommunikationskanäle*: Zur Übermittlung von Informationen, Unterbreitung von Angeboten und zur allgemeinen Kommunikation mit den Kunden stehen dem Unternehmen unterschiedliche Kanäle zur Verfügung. Dabei können Kanäle unterschieden werden, bei denen das Unternehmen, vertreten durch einen Mitarbeiter, direkt mit den Kunden in Kontakt tritt und Kanäle, bei denen kein persönlicher Kontakt zwischen einem Mitarbeiter des Unternehmens und den Kunden stattfindet. Zu den Kanälen mit persönlichem Kontakt zählen: Besuche von Außendienstmitarbeitern, Telefonate durch das Call Center oder andere Mitarbeiter des Unternehmens, direkter Kontakt mit dem Verkaufspersonal in Verkaufsräumen, Kontakt mit Mitarbeitern des Unternehmens via Chat oder Instant Messaging. Kanäle, die nicht auf dem persönlichen Kontakt zwischen Mitarbeitern und Kunden basieren sind: Briefe, Faxe, e-Mails (Newsletter), SMS. Bei Betrachtung der unterschiedlichen Kommunikationskanäle kann erkannt werden, dass sich das Internet während des letzten Jahrzehnts als zusätzlicher Kanal für die Kommunikation zwischen Unternehmen und Kunden etabliert hat, sowohl in Bereichen mit persönlichem Kontakt als auch in Bereichen ohne persönlichen Kontakt, und ihm in diesen Bereichen eine zunehmend bedeutendere Rolle zukommt.

*Übermittelte Inhalte*: Die übermittelten Inhalte lassen sich untergliedern anhand des Kriteriums der **Individualität**, d. h. übermittelte Inhalte können in einem Extrem für alle Kunden gleich oder im anderen Extrem für jeden einzelnen Kunden individuell zusammengestellt sein. Dazwischen existieren Mischformen, bei denen bspw. für unterschiedliche Kundensegmente verschiedene Inhalte übermittelt werden, die Kunden innerhalb eines Segments jedoch die gleichen Mitteilungen erhalten.

*Art der Kommunikationsrichtung*: Die Art der Kommunikationsrichtung wird dadurch bestimmt, ob durch die Kommunikation mit einem Kunden ein Dialog (d. h. es existiert ein Kommunikationsfluss vom Kunden zum Unternehmen) angeregt werden soll oder ob es sich nur um eine einseitige Informationsübermittlung vom Unternehmen zum Kunden handelt. Es lassen sich somit die beiden Formen **Übermittlung** und **Dialog** unterscheiden, oder wie von Diller bezeichnet [vgl. Diller (2001), S. 68]: Einwegkommunikation und Dialogkommunikation. Die Möglichkeit der Rückkopplung für einen Kunden in der Kommunikation mit einer Unternehmung wird im Rahmen des Marketings als Dialogmarketing bezeichnet.

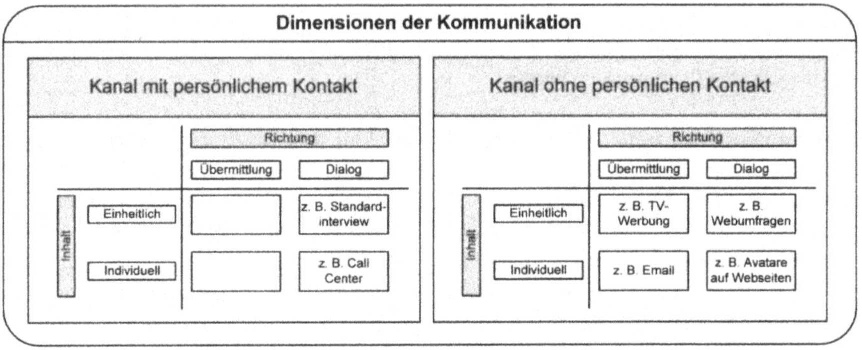

| Dimensionen der Kommunikation | | | | | | |
|---|---|---|---|---|---|---|
| Kanal mit persönlichem Kontakt | | | Kanal ohne persönlichen Kontakt | | | |
| | Richtung | | | | Richtung | |
| | Übermittlung | Dialog | | | Übermittlung | Dialog |
| Einheitlich | | z. B. Standardinterview | | Einheitlich | z. B. TV-Werbung | z. B. Webumfragen |
| Individuell | | z. B. Call Center | | Individuell | z. B. Email | z. B. Avatare auf Webseiten |

**Abbildung 9: Dimensionen der Kommunikation**

Zusammenfassend kann somit eine Dreidimensionalität der Kommunikation eines Unternehmens mit seinen Kunden festgestellt werden, wobei sich jede der drei Dimensionen Kanalform, Richtung und Inhalt anhand zweier Extremausprägungen kategorisieren lässt (siehe Abbildung 9).

Als wichtige Aufgabe im Rahmen des kCRM kann der Einsatz eines effektiven Multi-Channel-Managements gesehen werden, dessen Aufgabe die Koordinierung der verschiedenen Kommunikationskanäle und -formen darstellt. Ziel ist es, die einzelnen Kanäle so einzusetzen, dass zum einen dieselben Informationen nicht gleichzeitig oder in kurzer Abfolge über unterschiedliche Kanäle an den Kunden herangetragen werden – im schlimmsten Falle handelt es sich hierbei sogar um widersprüchliche Informationen – und zum anderen die Kanäle bedarfsgerecht und auf die jeweiligen Kundenpräferenzen abgestimmt eingesetzt werden, so dass die Kommunikation mit den Kunden in der für sie angenehmsten Weise durchgeführt wird. [vgl. Sonntag (2001), S. 66/67]

## 2.5 CRM im Electronic Commerce: eCRM

Durch die Entwicklung des Internets als zusätzlicher Vertriebs- und Kommunikationsschnittstelle[27] mit den Kunden stellt sich die Frage, in welcher Form sich die Konzepte des CRM auf den Bereich des e-Commerce übertragen lassen und in wieweit spezifische Aspekte des e-Commerce in die Überlegungen mit einbezogen werden müssen. Was genau soll aber im Folgenden unter dem Begriff des e-Commerce verstanden werden? In der Literatur finden sich unterschiedlich weite Definitionen des Begriffes e-Commerce. In einem weiteren Sinn können darunter alle wirtschaftlich motivierten Handlungen verstanden werden, welche mittels elektronischer Verbindungen durchgeführt werden. Dabei muss es sich nicht zwingend um Vorgänge handeln, an denen Kunden teilnehmen. Auch unternehmensinterne Prozesse, die durch Informations- und Kommunikationstechnologie unterstützt werden, fallen somit unter das weite Verständnis des Begriffs e-Commerce. [vgl. bspw. Picot / Reichwald / Wigand (2003), S. 337] In einem engeren Verständnis werden durch den Begriff des e-Commerce Transaktionen auf digitalem Wege bezeichnet. Dabei werden die Anbahnung, die Aushandlung und im Falle von digitalen Gütern[28] auch die Abwicklung auf elektronischem Wege durchgeführt. Demnach bezieht sich e-Commerce im engeren Sinn lediglich auf direkt transaktionsrelevante Aspekte während andere Prozesse und Bereiche ausgeklammert bleiben. [vgl. bspw. Clement / Peters / Preiß (2001), S. 56] Die Abwicklung von Transaktionen auf digitalem Wege beschreibt vor allem die Abwicklung über öffentliche und private Netzwerke wie bspw. das Internet. Für die vorliegende Arbeit soll der Begriff des e-Commerce in seinem engeren Sinne verstanden werden. Eine weitere Eingrenzung soll in dem Sinne vorgenommen werden, dass in erster Linie (elektronische) Transaktionen zwischen einem Unternehmen und seinen Kunden untersucht werden. Die Betrachtung von (elektronischen) Transaktionen zwischen einem Unternehmen und seinen Zulieferern (e-Procurement) soll hingegen ausgeklammert bleiben. Somit erfolgt einer Fokussierung der Betrachtung dieser Arbeit auf den Absatzmarkt, während der Beschaffungsmarkt nicht Teil der Untersuchung ist. Die Anwen-

---

[27] Diese Betrachtungsweise ist überwiegend die Sichtweise der Unternehmen, jedoch nicht zwingend die Sichtweise der Kunden bzw. privaten Internetbenutzer. Eine Studie der Boston Consulting Group kommt zu dem Ergebnis, dass das Internet von Privatnutzern in erster Linie als Kommunikationsmittel und nicht primär als Einkaufsort angesehen wird, während die Unternehmen überwiegend auf die Möglichkeit des Onlineverkaufs fokussieren. [vgl. BCG (2000), S. 9] Mit der kundenseitigen Akzeptanz des Internets als Kommunikationsmittel steht zumindest der Nutzung des Internets als Mittel der Kundenkommunikation im Rahmen des eCRM nichts im Wege.

[28] In der Literatur existiert keine einheitliche Definition des Begriffes des digitalen Gutes. In Anlehnung an *Choi*, *Stahl* und *Whinston* werden Güter als digital bezeichnet, wenn die Möglichkeit besteht, sie über Netze (bspw. das Internet) zu versenden. [vgl. Choi / Stahl / Whinston (1997), S. 62]

dung von CRM gemäß der Definition in Kapitel 2.1 im Rahmen des e-Commerce soll somit im Folgenden als electronic Customer Relationship Management (eCRM) bezeichnet werden.

Da in dieser Arbeit der Schwerpunkt auf der Betrachtung des eCRM liegen soll, gilt es an dieser Stelle, den für die weitere Betrachtung relevanten Bereich des e-Commerce abzugrenzen. Allgemein kann eine Unterteilung der Bereiche anhand der Kombination des Anbieters und des Empfängers einer Leistung durchgeführt werden (siehe Abbildung 10). Die möglichen Transaktionsparteien lassen sich sowohl auf Seite der Anbieter als auch auf Seite der Empfänger durch die Oberbegriffe Unternehmen, Konsumenten und Administration beschreiben. Im Folgenden soll der Schwerpunkt der Betrachtung auf den Bereich des Business-to-Consumer gelegt werden und somit der Kunde im Rahmen des eCRM als Endverbraucher aufgefasst werden. Diese Einschränkung der Betrachtung lässt sich anhand einer Untersuchung der grundsätzlichen Art der einzelnen Beziehungen zwischen Anbieter und Empfänger einer Leistung in den unterschiedlichen Bereichen begründen. Für die Fälle, in denen der Endverbraucher als Leistungsanbieter auftritt (Consumer-to-Business, Consumer-to-Consumer, Consumer-to-Administration) kann im Allgemeinen davon ausgegangen werden, dass es sich bei den angebotenen Dienstleistungen oder Produkten nicht um größere Handelsvolumina handelt und es sich häufig lediglich um ein einmaliges Auftreten als Leistungsanbieter handelt. Damit entfällt die Motivation, eine langfristige Bindung zu den Leistungsempfängern aufzubauen. Tritt die Administration als Leistungsanbieter auf (Administration-to-Business, Administration-to-Consumer, Administration-to-Administration), so existiert für die angebotene Leistung in der Regel kein Substitut und kein alternativer Anbieter. Da für die Administration darüber hinaus nicht das Gewinnstreben als primäres Ziel definiert ist, kann – verglichen mit Unternehmen – von einer geringeren Motivation von Bindungsmaßnahmen ausgegangen werden, insbesondere da den Leistungsempfängern die Ausweichmöglichkeiten zu anderen Dienstleistungen und Produkten fehlen und somit eine Art natürliche Bindung zwischen Anbieter und Empfänger besteht. Aus den Fällen, in denen Unternehmen als Leistungsanbieter auftreten (Business-to-Businesss, Business-to-Consumer, Business-to-Administration), zeichnet sich der Bereich des Business-to-Consumer durch besondere Merkmale aus. Während in den Bereichen Business-to-Business und Business-to-Administration in der Regel nur eine geringe Anzahl an Empfängern für die Leistung existiert, sieht sich ein Unternehmen im Bereich des Business-to-Consumer einer Vielzahl von Endverbrauchern gegenüber, für welche die Option eines Anbieterwechsels besteht. Zwar gilt die Problematik des Anbieterwechsels in allen Bereichen, in denen Unternehmen als Leistungsanbieter auftreten, jedoch kann angenommen werden, dass sich die Mittel, die zur Bindung der Abnehmer eingesetzt werden, im Bereich des Business-to-Consumer wegen der größeren Anzahl an Endverbrauchern im Vergleich zu den anderen beiden Fällen unterscheiden. Hier muss ein Instrumentarium gewählt werden, das eine Verstärkung der Bindung zwischen Leistungsanbieter und –abnehmer auch dann erlaubt, wenn es sich auf Seite der Abnehmer um eine große Anzahl an Individuen handelt. Der Frage, wie unter diesen Voraussetzungen (also im Bereich des Business-to-Consumer) eine Bindung der Konsumenten an das Unternehmen erreicht werden kann, soll in den folgenden Ausführungen näher untersucht werden. Insbesondere wird dabei der Fokus auf dem Instrument der Personalisierung liegen, wobei angemerkt werden muss, dass die Betrachtung der Funktionalitäten der Personalisierung über das reine Verständnis des e-Commerce (Anbahnung, Aushandlung, Abwicklung von Transaktionen auf elektronischem Wege) hinausgeht und weiterführende Aspekte der Beziehung zu den Kunden einer Unternehmung umfasst.

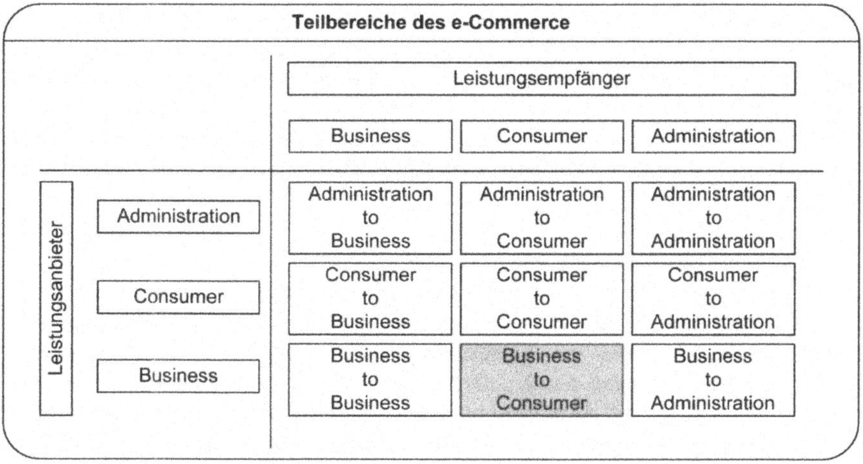

|  |  | Teilbereiche des e-Commerce | | |
|---|---|---|---|---|
|  |  | Leistungsempfänger | | |
|  |  | Business | Consumer | Administration |
| Leistungsanbieter | Administration | Administration to Business | Administration to Consumer | Administration to Administration |
|  | Consumer | Consumer to Business | Consumer to Consumer | Consumer to Administration |
|  | Business | Business to Business | Business to Consumer | Business to Administration |

**Abbildung 10: Teilbereiche des e-Commerce [in Anlehnung an Wirtz (2000), S. 30]**

Generell lassen sich unterschiedliche Medien und Kommunikationswege identifizieren, die einzelne oder mehrere Phasen einer Transaktion auf digitalem Wege - im Sinne des e-Commerce im engeren Sinne - unterstützen. Das Internet stellt hierbei das wichtigste Medium dar. Allerdings kommt dem Mobilfunk mit seiner hohen Verbreitung [vgl. Dholakia et al. (2002a), S. 2] eine immer größer werdende Bedeutung zu, insbesondere da auch Mobiltelefone den Zugriff auf Angebote des Internets ermöglichen. Jedoch sind Mobilfunkgeräte nicht auf die reine Nutzung des Internets für e-Commerce-Zwecke eingeschränkt. Vielmehr existieren weitere Dienste, wie bspw. SMS, die eine digitale Abwicklung von Transaktionen ermöglichen. Wirtschaftliche Vorgänge, die auf der Nutzung von mobilen Endgeräten beruhen, werden als mobile Commerce (m-Commerce) bezeichnet. [vgl. bspw. Gerpott (2002), S. 51] Im Verlauf dieser Arbeit soll eine Einschränkung auf die Betrachtung der Nutzung des Internets für Zwecke des eCRM vorgenommen werden.

Spricht man vom Internet als zusätzlichem Vertriebs- und Kommunikationsweg für Unternehmen, so muss differenziert werden, ob das Internet die einzige Schnittstelle zwischen Unternehmen und Kunden darstellt oder ob es nur als weiterer Berührungspunkt zu bereits bestehenden eingesetzt wird. Da eine der Hauptaufgaben im heutigen Internetgeschäft der Aufbau von Vertrauen zwischen Kunden und Unternehmen darstellt, haben es Unternehmen, die sich bereits in der „Offline-Welt" etabliert haben, leichter, da diese ihren Bekanntheitsgrad und ihren Ruf in das Internetgeschäft übertragen können, während es Unternehmen, die ausschließlich online agieren zumindest zu Beginn schwerer haben, bei den Kunden das benötigte Vertrauen aufzubauen. Allerdings müssen etablierte Unternehmen beachten, dass sich ihr Verhalten im Internetgeschäft auch auf den Gesamtruf und das –vertrauen auswirken kann. So kann ein nicht wohl durchdachter Internetauftritt das Vertrauen in das gesamte Unternehmen nachhaltig schädigen. Auf der anderen Seite kann sich ein gelungen umgesetztes Onlinegeschäft fördernd auf das Gesamtgeschäft auswirken und bspw. neue Kundengruppen anziehen.

### 2.5.1 Besonderheiten von eCRM

Durch die Verwendung des Internetkanals für das Angebot von Produkten und Dienstleistungen ergeben sich neue Möglichkeiten, Informationen über das Verhalten der Kunden bei der Kaufentscheidung zu erfassen. [vgl. Schneider (2004), S. 183] Während des Kaufvorgangs mit den einzelnen Phasen Anbahnung, Aushandlung und Abwicklung lässt sich eine Vielzahl detaillierter Daten erfassen, welche bei einem herkömmlichen Kaufvorgang nicht für den Entscheidungsträger in der Unternehmung zur Verfügung stehen. Durch die genaue Aufzeichnung, welche Seiten einer Webpräsenz ein Kunde vor dem Kauf betrachtet oder nach welchen Begriffen er mit einer vorhandenen seiteninternen Suchmaschine sucht, können tiefere Erkenntnisse über das Verhalten eines spezifischen Kunden, aber auch über die Gesamtheit der Kunden gewonnen werden. Somit ergeben sich im Rahmen des eCRM neue Datenquellen, die für Analysezwecke im Sinne des aCRM herangezogen werden können. Stellt das Internet nicht den einzigen Kontaktpunkt zu den Kunden dar, d. h. werden auch herkömmliche Angebots- und Vertriebswege eingesetzt, so können im Rahmen einer Hybridstrategie [vgl. Armbruster Reif (2005), S. 107-117] Kundeninformationen aus allen Kanälen verknüpft und analysiert werden.

Als weitere Eigenschaft des eCRM kann die Kundennähe betrachtet werden, d. h. dass im Falle eines Internetangebotes meist der direkte Kontakt zu den eigenen Kunden im Sinne eines Endabnehmers von Produkten oder Leistungen hergestellt werden kann. Somit beschreiben die im Rahmen der Webpräsenz erhobenen Daten direkt den relevanten Personenkreis. Dies gilt dann, wenn durch den Betrieb einer eigenen Webseite Intermediäre umgangen werden, die sonst eine vermittelnde Funktion zwischen dem eigentlichen Erzeuger eines Produktes oder einer Leistung und dem Verbraucher einnehmen. Treten absatzseitig Intermediäre auf, so können Daten über die relevanten Kunden und Kundengruppen häufig nur unter der Voraussetzung der Kooperation der Intermediäre erhoben werden, wodurch der autonome Handlungsspielraum des eigentlichen Produzenten eingeengt wird. Beispiele für derartige Abhängigkeitsverhältnisse sind pharmazeutische Unternehmen, deren Medikamente in erster Linie durch Apotheken vertrieben werden[29] oder Versicherungsgesellschaften, deren Policen häufig über freie Versicherungsmakler an die Kunden verkauft werden.[30]

Neben den Möglichkeiten, die sich für das Management der Kundenbeziehung durch das Internet eröffnen, dürfen aber auch nicht die negativen Aspekte, die sich für das Unternehmen ergeben können, unbeachtet bleiben. Hervorgehoben werden muss insbesondere die Bedrohung durch konkurrierende Unternehmen im Internet. Da sich diese nur einen Mausklick entfernt befinden, ist der Wechsel zu diesen Konkurrenten für den Kunden, unabhängig von den Gründen für diesen Wechsel, besonders einfach. Besteht darüber hinaus nur über den Onlineshop (das Internet) Kontakt zu einem Kunden und gibt es keinen persönlichen Ansprechpartner, so fällt der Wechsel für den Kunden wiederum leichter. [vgl. Dholakia und Dholakia (1999), S. 31] Eine empirische Studie von *Johnson et al.* deutet allerdings auf das Gegenteil hin. Untersucht wurde das Informationssuchverhalten von Onlinekäufern in den Bereichen Bücher, CDs und Reiseangeboten. Dabei konnte kein Wechselverhalten zwischen unterschiedlichen e-Commerce-Webseiten festgestellt werden. Der durchschnittliche Onlinekäufer besuchte 1,2 Webseiten auf der Suche nach Büchern, 1,3 Webseiten auf der Suche nach CDs und 1,8 Webseiten auf der Suche nach Reiseangeboten. [vgl. Johnson et al. (2004), S. 299] Dies deutet darauf hin, dass Kunden bei der Suche nach

---

[29] Darüber hinaus hängt der Absatz von verschreibungspflichtigen Medikamenten von Ärzteentscheidungen ab, wodurch in diesen Fällen erst noch geklärt werden muss, welches die relevante Kundengruppe ist – Patienten, die als Endabnehmer des Produktes auftreten oder Ärzte, durch die der Absatz erst ermöglicht wird.
[30] Auf dem Versicherungsmarkt lässt sich in den letzten Jahren jedoch beobachten, dass mehr und mehr Versicherer Policen direkt über das Internet an die Kunden verkaufen, ohne Makler oder eigene Agenten für den Verkauf einzusetzen. Ein Beispiel für einen solchen Direktversicherer ist die HUK24 AG (siehe www.huk24.de, Stand 6.3.2006).

Produkten im Internet tendenziell auf die ihnen bekannten Seiten zurückgreifen und sich nicht auf die Suche nach neuen Anbietern machen.

Trotzdem muss es das Ziel eines Websitebetreibers sein, für den Besucher ein Umfeld zu schaffen, in dem er sich zum einen wohl fühlt und zum anderen gerne bereit ist, wieder dorthin zurückzukehren. Dabei muss jedoch beachtet werden, dass die Gründe für den wiederholten Besuch einer Webseite in erster Linie die Vertrautheit mit dem Aufbau einer Seite und die komfortable Bedienung der Seite sind. *Johnson et al.* vertreten die These, dass die Suchkosten für den Besucher durch die zunehmende Vertrautheit mit den Navigationsfunktionen einer Seite über die Zeit abnehmen. [vgl. Johnson et al. (2004), S. 307] In der User Skills Theory wird dieses Phänomen als „Cognitive Lock-In" bezeichnet. [vgl. Murray und Häubl (2002)] Durch den Wechsel zu einer anderen Website (also den Wechsel zu einem anderen Anbieter) entstehen dem Nutzer Transaktionskosten aus dem Erlernen des Umgangs mit dem neuen Umfeld. Die generelle Akzeptanz von IT-Systemen und somit auch die Akzeptanz von Internetauftritten kann durch das **Technology Acceptance Model** (TAM) von *Davis* erklärt werden. Als Maß für die Akzeptanz wird dabei die gegenwärtige Verwendung des betrachteten Systems angesehen. Diese wird stark beeinflusst durch die wahrgenommene Benutzerfreundlichkeit sowie den wahrgenommenen Nutzen, der durch die Verwendung des Systems erzielt wird. [vgl. Davis (1989), S. 320, vgl. Davis / Bagozzi / Warshaw (1989), S. 985-989] Werden die Erkenntnisse des TAM auf den Einsatz von Webpräsenzen übertragen, so verstärkt sich die Forderung zum einen nach einer einfach zu bedienenden Webseite (Benutzerfreundlichkeit im Sinne des TAM) und zum anderen nach einem Mehrwert für den Besucher der Seite (Nutzen im Sinne des TAM). Um die Entscheidung des Benutzers, auf die Seite zurückzukehren bzw. sie nicht zu verlassen, zu beeinflussen, muss versucht werden, die Bindung zur Seite zu erhöhen. Dies kann erreicht werden, indem für den Benutzer ein zusätzlicher Nutzen aus dem Besuch der Seite generiert wird. Die verstärkte Benutzer-Webseiten-Verbindung lässt sich dabei auf drei Wegen erreichen: Personalisierung, Aufbau einer Community und Aufbau eines Dialogs zwischen Benutzer und Website [vgl. BCG (2000), S. 26] (siehe Abbildung 11):

*Personalisierung*: Durch die Bereitstellung von individuell an den Benutzer angepassten Informationen und Angeboten, basierend auf Erkenntnissen über diesen Benutzer, soll der Anreiz des erneuten Besuchs verstärkt werden, indem Suchkosten verringert und für den Besucher passendere Angebote entwickelt werden können.

*Community*[31]: Aus dem Aufbau einer Community innerhalb einer Webpräsenz können mehrere Vorteile abgeleitet werden. Durch den Aufbau von sozialen Kontakten zu anderen Mitgliedern der Community wird der Benutzer immer wieder dazu veranlasst, auf die Webseite zurückzukehren. Darüber hinaus bieten bspw. Benutzerforen die Möglichkeit des (technischen) Supports innerhalb der Kundschaft, wodurch das Unternehmen einen Teil dieser Leistung reduzieren kann. Auf der anderen Seite muss allerdings auch bedacht werden, dass ein Kundenforum eine Plattform bietet, auf der Kritik am Unternehmen und dessen Produkten und Dienstleistungen geübt werden kann. [vgl. Wirtz (2000), S. 172] Somit ist es notwendig, die Geschehnisse innerhalb der Community zu beobachten und wenn nötig regulierend in Form der Moderation einzugreifen. Neben der reinen Beobachtung der Beiträge der Benutzer bieten Diskussionsforen für ein Unternehmen aber auch die Möglichkeit, Informationen zu verbreiten, bspw. die Richtigstellung von Fehlmeldungen in anderen Medien. [vgl. Meyer (1997), S. 169-172] Die Kommunikation innerhalb einer Community lässt sich im Bereich des Internets in drei unterschiedliche Kommunikationsformen einteilen: Echtzeitkommunikation in Form von Chats, zeitunabhängige Kommunikation über Diskussionsforen und gezielt adressierte Nachrichten zwischen einzelnen Benutzern der Community. Damit stehen dem „Anbieter" einer Community verschiedene Arten zur Verfügung, mit der Informationen in die Community eingebracht werden können. Durch die Bereitstellung der Infrastruktur für eine Onlinecommunity wird den Kunden eine Möglichkeit der Kommunikation untereinander eröffnet, die in der Form nur im Onlinebereich umsetzbar ist und somit einen Vorteil gegenüber stationären Geschäften bietet.

*Dialog*: Es sollte versucht werden, einen Dialog zwischen Benutzer und Webseite zu gestalten, d. h. der Benutzer sollte nicht ausschließlich auf Seiten stoßen, auf denen die einzige Kommunikation die Anforderung von Informationen darstellt. Vielmehr sollte versucht werden, eine Interaktion zwischen Benutzer und Webseite zu generieren, bei welcher der Benutzer Einfluss auf den gesamten Interaktionsprozess nehmen kann und er auch in Kontakt mit dem Websitebetreiber treten kann, um Fragen, Kritik und Anregungen äußern zu können. Erst durch das Vorhandensein eines Dialogs kann eine Beziehung aufgebaut werden, da eine Beziehung immer die Interaktion zwischen zwei Parteien voraussetzt. [vgl. Smith (2001), S. 96] Somit kann der Dialog in enger Verbindung mit der Personalisierung gesehen werden, da Dialog zwischen Benutzer und Webseite eine der Voraussetzungen für eine erfolgreiche Umsetzung der Personalisierung darstellt. Im Falle der Personalisierung durch Anpassung durch den Benutzer (siehe Kapitel 5.2.1) ist der Dialog sogar zwingend notwendig.

---

[31] Eine Community kann verstanden werden als „...a set of on-going social relations bound together by a common interest or shared circumstance." [Smith (1992), S. 10].

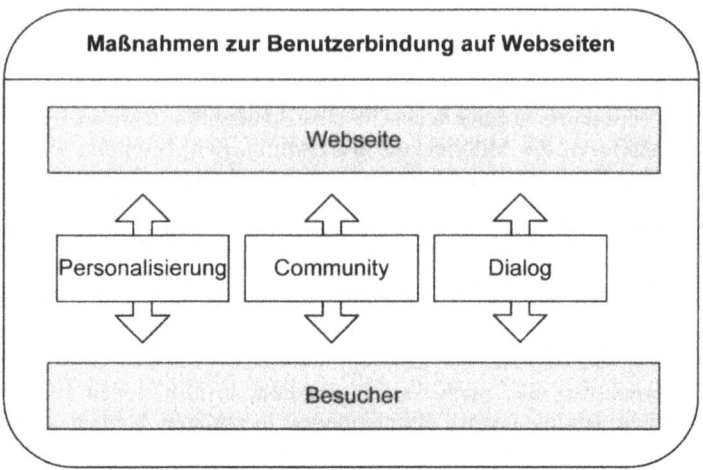

**Abbildung 11: Maßnahmen zur Benutzerbindung auf Webseiten**

Eine feinere Untergliederung von Aktionsparametern eines Anbieters zur Beeinflussung der Kundenzufriedenheit[32] im Rahmen des Business-to-Consumer im e-Commerce bietet *Lihotzky*. Er identifiziert die Größen kostenlose Angebote, Personalisierung, Community, Vertrauensbildung, Convenience, Vertragsvereinbarungen, Anreize, technische Integration und Kommunikation. Im Rahmen einer empirischen Untersuchung wird dabei für alle Aktionsparameter ein positiver Einfluss auf die Stärke der Kundenbindung ermittelt. [vgl. Lihotzky (2003), S. 122-226]

Die Forderung nach einer Onlineumgebung, in der sich die Besucher wohl fühlen, wird unterstützt durch Untersuchungen von *Reichheld* und *Schefter*. Sie identifizieren drei Gruppen von Kunden im Onlinebereich: Kunden, denen die bequeme Benutzung einer Webseite am wichtigsten ist und die auch bereit sind, für diesen Komfort mehr zu bezahlen bzw. überhaupt etwas zu bezahlen. Die bequeme Nutzung ergibt sich dabei für die Kunden aus dem wiederholten Besuch von bekannten Seiten, auf denen sie sich sofort zu Recht finden und sie bspw. bereits mit dem Vorgang des Produktsuchens und des Einkaufens vertraut sind. Die zweite Kundengruppe zeichnet sich durch Markentreue aus, d. h. hier ist der direkte Bezug zur Funktionalität und zum Aufbau einer Seite nicht gegeben. Die Bindung bezieht sich vielmehr auf das zugrunde liegende Produkt. Die dritte Kundengruppe ist die Gruppe der Preisbewussten. Mitglieder dieses Segments sind auf der Suche nach dem billigsten Angebot für ein Produkt und emp-

---

[32] Im Sinne der Generierung eines zusätzlichen Nutzens durch den Besuch einer Webseite.

finden somit keine Bindung zu einer speziellen Seite. Überraschend ist, dass das größte Segment nicht durch die preisbewussten Kunden gebildet wird, sondern aus den Kunden mit einer Präferenz zu einer komfortablen und bekannten Seitennutzung besteht. [vgl. Reichheld und Schefter (2000), S. 110] Maßnahmen, welche die Seitennutzung für den Besucher einfacher und komfortabler machen, sind somit generell positiv zu beurteilen.

Mit der zunehmenden Bedeutung des Internets für alle Unternehmen, also auch solche, deren primäres Geschäftsfeld nicht im Onlinebereich anzusiedeln ist, kann erwartet werden, dass mit dem Lauf der Zeit die Unterscheidung zwischen den Begriffen des CRM und des eCRM nicht mehr vorgenommen wird, sondern ein einheitlicher Begriff des Customer Relationship Management gewählt werden wird. In diesem Verständnis des Managements der Kundenbeziehungen wird das Internet als zusätzlicher Kommunikations- und Vertriebskanal zu den bestehenden etablierten Kanälen eingesetzt. [vgl. Gentsch (2002), S. 305]

### 2.5.2 Spezielle (technische) Instrumente des eCRM

Werden im Rahmen des Kundenbeziehungsmanagements Funktionalitäten des Internets und internetbasierter Dienste in die Unternehmenstätigkeiten eingebunden, so lassen sich zur Informationsbereitstellung im Sinne einer Kundenunterstützung zwei Arten von Instrumenten identifizieren: Instrumente zur Bereitstellung von allgemeinen Informationen (On Stock Informationen) und Instrumente zur Bereitstellung von individuell angeforderten Informationen (On Demand Informationen). [vgl. Englbrecht / Hippner / Wilde (2004b), S. 437]

Bei On Stock Informationen handelt es sich um Informationen, die - in der dem Kunden vorgelegten Form - bereits vor dem Besuch eines Kunden auf der Internetseite bereit stehen bzw. auf gleichem Wege für alle Kunden zusammengestellt werden. Zu den Instrumenten, die die Bereitstellung solcher Informationen unterstützen gehören bspw. FAQ, Newsletter, Avatare, Produktkonfiguratoren und Order Tracking Systeme. FAQ beinhalten eine Liste mit Fragen und Antworten zu häufig auftauchenden Problemstellungen. Im Kontext von Webseiten kann es sich dabei sowohl um Fragen zur Bedienung der Seite handeln als auch um Fragen bezüglich des Inhalts der Seite (bspw. Fragen zu den angebotenen Produkten oder zu Einzelheiten des Ablaufs einer Bestellung oder Lieferung). Newsletter sind e-Mails, die an Kunden verschickt werden, die sich für aktuelle Informationen rund um ein Themengebiet bzw. ein Unternehmen interessieren. Im Allgemeinen wird die Zustimmung für die Zusendung eines Newsletters aus datenschutzrechtlichen Gründen benötigt. In regelmäßigen Abständen können den Kunden auf diese Weise Informationen zu bspw. neuen Produkten oder speziellen Angeboten zugesendet werden. Avatare sind computergenerierte Abbilder von Personen, die dem Kunden Informationen über ein bestimmtes Themengebiet näher bringen und dabei den Eindruck eines persönlichen Ansprechpartners erzeugen. Durch die Kommunikation mit einem menschlichen Abbild soll das Auffinden von Antworten gegenüber FAQ vereinfacht werden. Produktkonfiguratoren vereinfachen die Zusammenstellung von Produkten, die aus einzelnen Komponenten bestehen, aus denen der Kunde auswählen kann. Order Tracking Systeme erlauben es dem Kunden zu überprüfen, in welchem Stadium sich seine Bestellung befindet. [vgl. Englbrecht / Hippner / Wilde (2004b), S. 437-443] Je nach Detailtiefe eines Order Tracking Systems kann eine unterschiedliche Anzahl an Einzelschritten innerhalb einer Bestellung vom Kunden eingesehen werden, bspw. im Fall von Amazon die Schritte „Bestellung eingegangen", „verschickt", „wird von Bank bearbeitet" etc.

Unter On Demand Informationen versteht man Informationen, die nicht in einer Standardform für den Abruf durch den Kunden bereitgehalten werden. Vielmehr sind darunter Informationen zu verstehen, die individuell zum Anforderungszeitpunkt bereitgestellt werden. Instrumente zur Bereitstellung von On Demand Informationen sind bspw. Call Back Button, Voice over IP, Shared Browsing, Kundenforen und –chats. Über Call Back Buttons übermittelt der Kunde den Wunsch, von einem Mitarbeiter des Unternehmens zu einem bestimmten Zeitpunkt telefonisch zurück gerufen zu werden. Mit dieser Funktion wird das Internet als Kommunikationsbasis verlassen. Die Sprachkommunikation zwischen Kunden und Unternehmen kann jedoch auch über das Internet vollzogen werden mittels der Voice over IP Technologie, bei der das Gespräch über ein Computernetzwerk abgewickelt wird. Die Shared Browsing Funktion ermöglicht es dem Mitarbeiter eines Unternehmens direkt auf den Computer eines Kunden zuzugreifen. Er hat somit die Möglichkeit, Probleme, die bei einem Kunden auftauchen, direkt zu beheben, ohne dem Kunden den exakten Lösungsweg beschreiben zu müssen. Über Kundenforen und –chats können die Kunden Probleme und Erfahrungen online diskutieren. Die Ansprechpartner in solchen Foren und Chats sind andere Kunden aber auch Moderatoren des Unternehmens, die auf die Anfragen der Kunden eingehen und die sich entwickelnden Diskussionen moderieren. [vgl. Englbrecht / Hippner / Wilde (2004b), S. 443-446] Zusammenfassend muss angemerkt werden, dass die erzeugte Information im Bereich der On Demand Information fast ausschließlich durch menschliches Personal erzeugt und nicht durch programmierte Automatismen bereitgestellt wird. Das elektronische Medium dient hier meist nur als Kommunikationsmittler und -kanal zwischen Kunden und Unternehmen.

# 3 Analytisches CRM

*Inhalt des dritten Kapitels ist die systematische Unterteilung des analytischen CRM in die Teilbereiche Data Mining, Web Mining, OLAP und Text Mining. Der Schwerpunkt der Darstellung liegt dabei auf den Bereichen Data Mining und Web Mining. Zusätzlich werden in diesem Kapitel die Begriffe des CRM, des Database Marketing sowie des Data Mining in einen inhaltlichen Zusammenhang gebracht. Den Abschluss des dritten Kapitels bildet eine Betrachtung der Thematik der Kundendatenbank als Datengrundlage für eine analytische Auswertung von Kundendaten.*

Wie bereits in Kapitel 2.4.1 beschrieben, handelt es sich bei aCRM um diejenigen Tätigkeiten, die sich mit der Speicherung und Analyse von kundenbezogenen Daten befassen. Die Ergebnisse des aCRM dienen als Entscheidungsgrundlage für die Umgestaltung der kundenbezogenen Prozesse sowie das Auftreten des Unternehmens gegenüber seinen Kunden (sowohl gegenüber Bestandskunden als auch gegenüber potenziellen Neukunden). Bei den Analysen im Rahmen des aCRM handelt es sich um einen fortschreitenden, sich wiederholenden Prozess, der es ermöglicht, aktuelle Erkenntnisse aus den bestehenden Datenbeständen zu extrahieren. Durch die Anpassung und Wiederholung der Analysen wird sichergestellt, dass die Unternehmung auf veränderte Gegebenheiten rechtzeitig und angemessen reagieren kann. Bei der systematischen Analyse von Datenbeständen werden gewöhnlich vier verschiedene Analysebereiche unterschieden, die sich durch die Art der Daten, auf welche die Methoden angewandt werden und durch den Grad der Automatisierung unterscheiden: Data Mining, Web Mining, OLAP (Online Analytical Processing) und Text Mining. [Hippner / Rentzmann / Wilde (2004), S. 17-22]

Die Verfahren des Text Mining beschäftigen sich mit der Analyse von Textdokumenten. Im Bereich des CRM ist dabei vor allem an die Analyse des Schriftverkehrs, im Rahmen des eCRM insbesondere des e-Mailverkehrs zwischen Kunden und Unternehmen zu denken. OLAP-Systeme ermöglichen es, in multidimensional strukturierten Datenbeständen betriebswirtschaftliche Kennziffern abzubilden. Data Mining ist die Anwendung von Verfahren aus den Bereichen der Statistik, der künstlichen Intelligenz und des maschinellen Lernens auf große Datenbestände, mit dem Ziel, neues, nicht-triviales, handlungsrelevantes Wissen zu extrahieren. Web Mining schließlich ist die Anwendung von Verfahren des Data Mining auf Daten, die im Kontext des Internets generiert wurden (bspw. Logfiles von Webservern).

## 3.1 Data Mining

Die Analyse von großen Datenbeständen untergliedert sich in fünf Einzelschritte, deren Ziel die Transformation der ursprünglichen Datensammlung in verwendbares Wissen darstellt. Die Auswahl der Analysedaten aus dem zur Verfügung stehenden Datenpool stellt den ersten Schritt des Gesamtprozesses, der als Knowledge Discovery in Databases (KDD) bezeichnet wird, dar (siehe Abbildung 12). Die ausgewählten Daten werden in einem zweiten Schritt aufbereitet. Dabei werden bspw. nicht relevante Felder aus den Datensätzen eliminiert oder inkonsistente Datensätze gelöscht. Die Transformation der erhaltenen Daten in ein Format, das sich für das gewählte Analyseverfahren eignet, stellt den dritten Schritt des KDD-Prozesses dar. Vom zeitlichen Aufwand betrachtet, stellen diese ersten drei Schritte, die im Wesentlichen die Vorbereitung der Daten für die Analyse abdecken, den Hauptteil des KDD-Prozesses dar. In der eigentlichen Analyse – dem vierten Schritt – auch als Data Mining im engeren Sinn bezeichnet, werden geeignete (statistische) Verfahren auf die vorbereiteten Daten angewandt, mit dem Ziel neue relevante Muster aufzudecken. [vgl. Berry und Linoff (1997), S. 5] Den Abschluss des KDD-Prozesses bilden die Interpretation der Ergebnisse und die praktische Umsetzung der so gewonnen Erkenntnisse. Die ständige Überprüfung des Erfolges der einzelnen Schritte und die mögliche Wiederholung einzelner Phasen oder auch des gesamten Prozesses lassen den KDD-Prozess zu einem nicht zwangsweise linear verlaufenden Prozess werden. [vgl. Fayyad / Piatetsky-Shapiro / Smyth (1996a), S. 29-31]

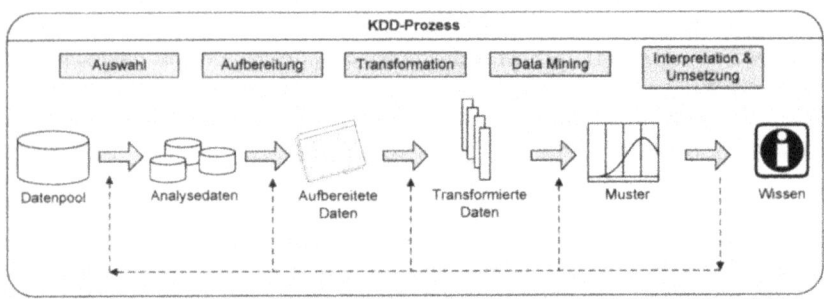

**Abbildung 12: KDD-Prozess [in Anlehnung an: Fayyad / Piatetsky-Shapiro / Smyth (1996b), S. 10]**

Im Folgenden soll die Betrachtung auf den Schritt der Datenanalyse (also dem Data Mining im engeren Sinn) eingeschränkt werden. Die Phasen der Datenauswahl und -vorbereitung sowie die Interpretation und Umsetzung der Ergebnisse sollen ausgeklammert bleiben.[33] Im Rahmen der Datenanalyse kann eine Vielzahl unterschiedlicher Methoden und Algorithmen eingesetzt werden. Diese lassen sich je nach Art der Zielsetzung einer von vier Kategorien zuordnen:

---

[33] In Kapitel 4 werden im Rahmen der detaillierten Beschreibung der Webloganalyse Aspekte der Datenaufbereitung im Kontext des Web Mining aufgegriffen.

Methoden zur Klassifikation, Methoden zur Segmentierung, Methoden zur Abhängigkeitsanalyse und Prognosemethoden. Anhand der Kategorienaufteilung lassen sich die beiden Hauptzielfelder des Data Mining erkennen: Vorhersage und Beschreibung. [Fayyad / Piatetsky-Shapiro / Smyth (1996c), S. 12]

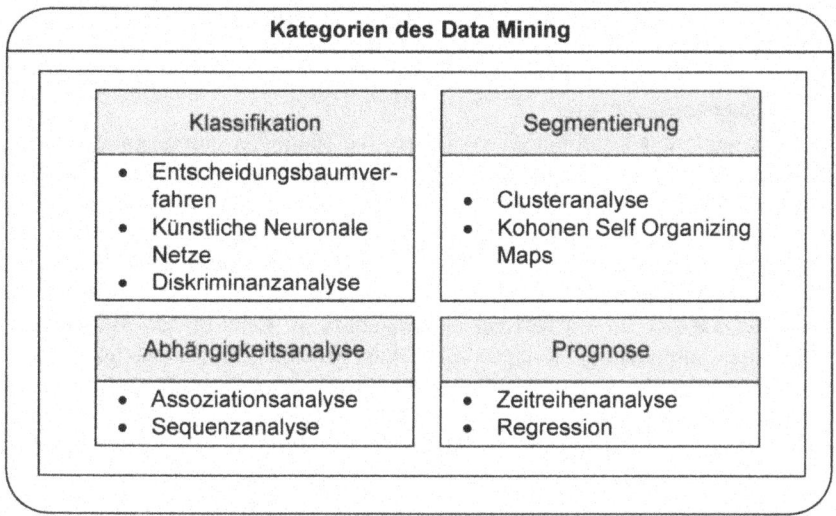

Abbildung 13: Kategorien des Data Mining

### 3.1.1 Klassifikation

Methoden der Klassifikation[34] ermöglichen es, Objekte einer von mehreren möglichen – a priori bekannten - Klassen zuzuordnen. [vgl. Agrawal et al. (1996), S. 308] Die Zuordnung erfolgt anhand der Merkmalsausprägungen der Objekte. Die Klassen, denen die Objekte zugeteilt werden können, unterscheiden sich durch die Ausprägung einer Zielgröße, bspw. kreditwürdiger Kunde und nicht kreditwürdiger Kunde als Ausprägungen der Zielgröße Kreditwürdigkeit. Anhand von Objekten, deren Klassenzugehörigkeit bereits bekannt ist, lassen sich Kombinationen von Merkmalsausprägungen identifizieren, die eine Zuordnung zu einer Klasse ermöglichen. Diese Informationen bilden im weiteren Verlauf die Grundlage der Klassenzuordnung der Objekte, die noch keiner Klasse zugeordnet sind. Dabei werden die bereits klassifizierten Objekte in der Regel in einer Trainings- und eine Testmenge unterteilt. Die Objekte der Trainingsmenge werden bei diesem Vorgehen zur Identifizierung der relevanten

---

[34] Kapitel 6.4.2.2 beschreibt die Implementierung eines Entscheidungsbaumverfahrens zur Klassifikation von Webseitenbenutzern.

Merkmalsausprägungen eingesetzt. Um zu überprüfen, in wieweit die so gewonnen Ergebnisse auf andere Objekte anwendbar sind, wird die Testmenge herangezogen. Für deren Elemente wird eine Klassifikation durchgeführt und mit der bekannten Klassenzugehörigkeit verglichen. Zur Durchführung einer Klassifikation stehen unterschiedliche Methoden zur Verfügung wie bspw. die Diskriminanzanalyse, die Regression, Entscheidungsbäume oder Künstliche Neuronale Netze.

### 3.1.2 Segmentierung

Im Gegensatz zur Klassifikation versuchen die Methoden der Segmentierung[35], eine Menge von Objekten in a priori unbekannte Gruppen einzuteilen. Das dabei verfolgte Ziel ist die Erstellung von Gruppen, die in sich möglichst homogen sind, sich aber von den anderen Gruppen durch eine möglichst hohe Heterogenität abgrenzen. Die Begriffe der Homo- und Heterogenität beziehen sich dabei auf die Ausprägungen der Attribute, durch welche die einzelnen Objekte charakterisiert werden. Im Vorfeld der Untersuchung ist nicht nur die Bezeichnung der Gruppen unbekannt, sondern auch ihre Anzahl. Die Bezeichnung einer Gruppe ergibt sich erst aus der Interpretation der vorhandenen Merkmalsausprägungen und –kombinationen innerhalb einer Gruppe. Die Segmentierung kann bspw. verwendet werden, um die Nutzer einer Webseite in unterschiedliche Gruppen zu teilen und innerhalb der Menge der Gruppen diejenigen zu identifizieren, die potenziell von Interesse sind für den Anbieter der Webseite. So beschäftigten sich bspw. bereits mehrere Studien mit der Frage, welche unterschiedlichen Typen von Internetnutzern existieren und anhand welcher Kriterien sich eine Zuordnung zu den einzelnen Typen durchführen lässt. [vgl. Fritz (2004), S. 100-108] Methoden der Segmentierung sind bspw. die Clusteranalyse oder Kohonen Self Organizing Maps.

### 3.1.3 Abhängigkeitsanalyse

Ziel der Abhängigkeitsanalyse ist es, Abhängigkeiten zwischen einzelnen Objekten aufzudecken. Beispielsweise werden Produkte identifiziert, die häufig gemeinsam gekauft werden oder – bezogen auf den Webbereich – Seiten, die häufig in Kombination aufgerufen werden. Methoden zur Abhängigkeitsanalyse sind bspw. die Assoziationsanalyse (auch Warenkorbanalyse genannt)[36] und die Sequenzanalyse, wobei für die Assoziationsanalyse nur das gemeinsame Auf-

---

[35] Kapitel 6.4.2.3 beschreibt mit der Clusteranalyse die Umsetzung eines segmentierenden Verfahrens.
[36] Kapitel 6.4.2.1 beschreibt die Implementierung einer Warenkorbanalyse, mit der Dokumente identifiziert werden, die häufig gemeinsam innerhalb eines Besuchs einer Webseite aufgerufen werden.

treten, für die Sequenzanalyse auch die Reihenfolge des gemeinsamen Auftretens relevant ist.

### 3.1.4 Prognose
Aufgabe der Prognose ist die Vorhersage von zukünftigen Werten einer abhängigen Variable aufgrund der Ausprägung einer oder mehrerer erklärender Variablen. Methoden der Prognose sind beispielsweise die Zeitreihenanalyse sowie die Regression.

## 3.2 Web Mining
Werden die Methoden und Konzepte des Data Mining auf Daten angewandt, die im Kontext des Internet bereitgestellt werden, so spricht man von Web Mining. Je nach Ziel der Untersuchung lässt sich das Web Mining in die drei Bereiche Web Usage Mining, Web Content Mining und Web Structure Mining einteilen. [vgl. Säuberlich (2001), S. 105] Die unterschiedlichen Zielsetzungen der Analyse der Webdaten sind: Analyse des Vorgehens bei der Verwendung von angebotenen Inhalten (Web Usage Mining), inhaltliche Analyse der im Web angebotenen Informationen (Web Content Mining) sowie die strukturelle Analyse der angebotenen Inhalte (Web Structure Mining) (siehe Abbildung 14). Eine einfachere Strukturierung des Web Mining nehmen *Cooley, Mobasher* und *Srivastava* vor. Sie unterscheiden lediglich die Ausprägungen Web Usage Mining und Web Content Mining. [vgl. Cooley / Mobasher / Srivastava (1997), S. 558-560]

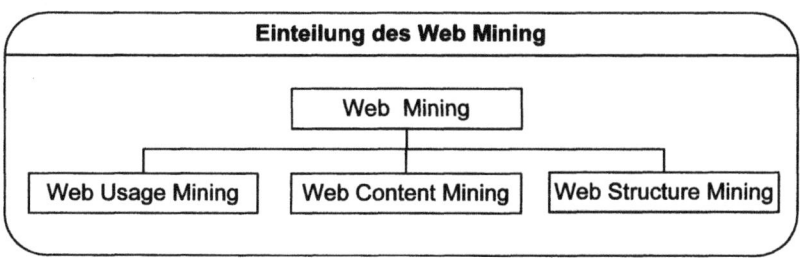

Abbildung 14: Einteilung des Web Mining [vgl. Zaïane (1999), S. 17]

### 3.2.1 Web Usage Mining
Web Usage Mining beschäftigt sich mit der Analyse des Verhaltens von Benutzern einer Webseite. Je nachdem, ob nur die Einträge aus Weblogfiles oder zusätzlich Informationen aus weiteren Datenquellen, insbesondere Kundendatenbanken die Grundlage für die Analyse bilden, spricht man von Web Log Mining oder von Integrated Web Log Mining. [vgl. Bensberg und Weiß (1999), S. 426] Das gemeinsame Ziel bleibt jedoch die Untersuchung des Nutzerverhaltens. Da-

bei sollen entscheidungsrelevante Informationen über allgemeine Nutzungsmuster sowie über Nutzungsmuster einzelner Kunden bzw. Kundengruppen gewonnen werden. Die reine Auswertung von Weblogfiles (Web Log Mining) wird in erster Linie für die Erstellung von deskriptiven Statistiken über die allgemeine Nutzung einer Webseite genutzt. Häufig werden die Daten aus Weblogfiles für eine weitere, CRM-bezogene Analyse erst dann relevant, wenn weitere Informationen hinzugezogen werden (Integrated Web Log Mining). Dabei spielt insbesondere das (Wieder)Erkennen von einzelnen Besuchern einer Webseite eine zentrale Rolle, welches sich jedoch nur in unzureichenderweise aus den reinen Logfiles ohne weitere Vorkehrungen realisieren lässt (siehe hierzu Kapitel 4). Erst dann, wenn ein Benutzer wieder erkannt wird, können Handlungen in Bezug auf den Aufbau einer langfristigen Kundenbeziehung sinnvoll eingesetzt werden. Die Erweiterung der Logfiles um Daten aus Kundendatenbanken und erweiterte Informationen aus dem Besuch einer Webseite (bspw. durch Logininformationen) ermöglicht ein weites Spektrum an Analysen, das über die rein beschreibende Funktion der Nutzung der Internetseite hinausgeht.

### 3.2.2 Web Content Mining

Web Content Mining beschäftigt sich mit der Suche nach und der Analyse von im Web angebotenen Inhalten. Nach *Cooley*, *Mobasher* und *Srivastava* lassen sich dabei der datenbankbasierte und der agentenbasierte Ansatz unterscheiden. Der datenbankbasierte Ansatz fokussiert auf das Auffinden von Informationen im Web. Es handelt sich somit in erster Linie um verschiedene Möglichkeiten, bestimmte im Web gespeicherte Dokumente zu finden. Im agentenorientierten Ansatz hingegen werden Agenten eingesetzt, um spezielle Aufgaben wie bspw. die Kategorisierung von Dokumenten oder das Filtern von Dokumenten nach nutzerspezifizierten Vorgaben durchzuführen. [vgl Cooley / Mobasher / Srivastava (1997), S. 559/560] *Zaïane* unterscheidet im Rahmen des Web Content Mining zwischen zwei unterschiedlichen Vorgehensweisen: dem Zusammenfassen von Webseiteninhalten und dem Zusammenfassen von Suchmaschinenergebnissen. Für die Zusammenfassung von Webseiteninhalten spielt dabei insbesondere XML eine entscheidende Rolle. XML erlaubt die standardisierte Beschreibung des Inhalts und der Semantik von elektronischen Dokumenten und bildet somit die Grundlage für eine effiziente Inhaltssuche. Das Zusammenfassen von Suchmaschinenergebnissen engt den Raum, in dem nach Inhalten gesucht wird, von vorneherein auf die Suchmaschinenergebnisse ein. Die Suchmaschinenergebnisse werden inhaltlich geclustert. [vgl. Zaïane (1999), S. 18-20] Da es sich bei der zu untersuchenden Datenbasis im Web Content Mining um bereits zur Verfügung gestellte Informationen handelt und lediglich deren Strukturierung und das Auffinden von speziellen Dokumenten zum Ziel hat, es sich jedoch nicht um die Bereitstellung von kundenbeziehungsbeeinflussenden

Informationen handelt, soll die ausführlichere Betrachtung des Web Content Mining nicht Teil dieser Arbeit sein. Allerdings sollte angemerkt werden, dass Verfahren des Web Content Mining durchaus auch im Sinne des CRM eingesetzt werden können, indem als Datenbasis bspw. der Schriftverkehr zwischen Kunden und Unternehmen gewählt wird (siehe Kapitel 3.4).

### 3.2.3 Web Structure Mining

Das Web Structure Mining beschäftigt sich mit der Analyse des Aufbaus des Internets. Dabei wird jedoch nicht auf den technischen Aufbau abgezielt, sondern vielmehr auf die inhaltliche Vernetzung der im Rahmen des Internets bereitgestellten Dokumente. Es wird analysiert, wie verschiedene innerhalb des Internets bereit gestellte Seiten untereinander verknüpft sind. Im einfachen Fall handelt es sich um eine Analyse der Linkstruktur einer einzelnen Website. Im Falle einer komplexeren Analyse werden die Verknüpfungen zwischen verschiedenen Websites evaluiert. Die Analyse von Linkstrukturen kann bspw. genutzt werden, um die Wichtigkeit einzelner Dokumente zu messen.[37] Da es sich bei Web Structure Mining ebenso wie bei Web Content Mining um die Analyse von Vorhandenem geht und in erster Linie nicht um die Neugestaltung, ist auch hier keine tiefere Betrachtung im Rahmen dieser Arbeit vorgesehen.

## 3.3 OLAP

Unternehmensweite Data Warehouses bieten eine Vielzahl von Daten und Informationen an. Der Zugriff und die Extraktion entscheidungsrelevanter Informationen erfordern den Einsatz spezieller Werkzeuge, die für Zugriffe auf die multidimensionalen Datenbestände ausgelegt sind. Die unterschiedlichen Dimensionen in einem OLAP-System repräsentieren verschiedene betriebswirtschaftliche Gliederungskriterien anhand derer betriebswirtschaftlich relevante Kennziffern dargestellt werden. OLAP Werkzeuge dienen somit in erster Linie dazu, sich einen Überblick über aktuelle, entscheidungsrelevante Kennziffern zu verschaffen.

## 3.4 Text Mining

Im Rahmen des Text Mining bilden Textdokumente die Datengrundlage der Analyse, d. h. inhaltlich zusammengehörende Textbereiche werden nach wiederkehrenden Mustern durchsucht. Einsatzgebiet des Text Mining im Kontext des CRM ist bspw. die Analyse des eingehenden Schriftverkehrs im Rahmen von Churn-Analysen. Dabei wird versucht, Kunden zu identifizieren, für die ein besonders hohes Risiko eines Wechsels zur Konkurrenz besteht. Neben der Feststellung der Veränderung des allgemeinen Verhaltens des Kunden gegen-

---

[37] Das Page Rank Verfahren von Google™ nutzt bspw. die Häufigkeit, mit der eine Seite von anderen Seiten verlinkt wird, um den Platz in der Ergebnisliste einer Suche zu bestimmen.

über des Unternehmens (geringere Kauffrequenz, geringerer Umsatz) kann durch Anwendung von Analyseverfahren des Text Mining für eingehende Beschwerdeschreiben deren Dringlichkeit und Grund der Beschwerde automatisch herausgefunden werden und eine möglichst schnelle Weiterleitung an einen zuständigen Mitarbeiter veranlasst werden. [vgl. Hettich / Hippner / Wilde (2000), S. 1352] Da ein Großteil der Informationen über Kunden in Form von Brief- und e-Mailkommunikation in unstrukturierter Form vorliegt, besteht ein hohes Interesse daran, die Verfahren des Text Mining weiter zu entwickeln, um bessere Ergebnisse bei der automatisierten Auswertung dieser Dokumente zu erzielen.

## 3.5 CRM, Database Marketing und Data Mining

Parallel zum Gedanken des CRM existiert der Begriff des Database Marketing. Die Idee, Kundendaten zu sammeln und strukturiert in einer Kundendatenbank abzulegen, um damit die Grundlage für eine Analyse der Kundenwünsche und –bedürfnisse mit dem Ziel der Schaffung eines geeigneten Produkt- und Dienstleistungsangebot sowie einer adäquaten Form der Kommunikation mit dem Kunden zu schaffen, ist dabei Hauptbestandteil des Database Marketing. Somit fokussiert Database Marketing in erster Linie auf die Auswertung von Kundendaten im Hinblick auf ein kundenindividuelles Marketing, während CRM das Blickfeld auf den gesamten Unternehmensbereich erweitert und Umstrukturierungen innerhalb der Unternehmung, die im Rahmen einer kundenorientierten Unternehmensstrategie und –führung notwendig werden können, thematisiert. Nach *Link* und *Hildebrand* ist es Aufgabe des Database Marketing, „...dem **richtigen** Kunden zum **richtigen** Zeitpunkt mit den **richtigen** Argumenten ein **maßgeschneidertes** Angebot zu machen" [Link und Hildebrand (1997), S. 19]. In dieser Zieldefinition des Database Marketing lassen sich Schnittmengen zu den Bereichen des CRM und des Data Mining identifizieren (siehe Abbildung 15). Wie im CRM so wird auch im Database Marketing versucht, den einzelnen Kunden eine individuelle Behandlung zukommen zu lassen (Abbildung 15, Bereich A). Dazu gilt es selbstverständlich, diejenigen Kunden zu identifizieren, für die es für das Unternehmen ökonomisch sinnvoll erscheint, eine solche Individualisierung durchzuführen. Analytische Methoden, die eine solche Identifizierung ermöglichen können ebenso wie Methoden, welche die Auswahl von kundenindividuellen Leistungen unterstützen, dem Bereich des Data Mining zugeordnet werden (Abbildung 15, Bereich B). Für den reinen Schnittbereich zwischen CRM und Data Mining (Abbildung 15, Bereich C) existieren Analysemethoden des Data Mining, die eine Unterstützung bei spezifischen Problemstellungen des CRM ermöglichen.

Database Marketing fokussiert somit in erster Linie auf die Speicherung individueller Kundendaten in einer Kundendatenbank und deren Analyse zum Zwecke des Marketings. Ausgeklammert bleiben hingegen weitgehend Aspekte der Umstrukturierung des Unternehmens im Hinblick auf eine kundenorientierte Prozessgestaltung. Diese Umgestaltung ist jedoch Teil des CRM im Verständnis dieser Arbeit. Somit erschließt CRM ein weiteres Feld im Bereich des Kundenbeziehungsmanagements, während es gleichzeitig die Ideen des Database Marketing als Teilbereich integriert. Die eingesetzten analytischen Methoden zur Auswertung der Kundendatenbank sind in beiden Bereichen die gleichen, da hier die verfolgten Ziele übereinstimmen: Auswertung von Kundendaten zur individuellen Ansprache der Kunden, die über den Beziehungszeitraum einen hohen Kundenwert aufweisen.

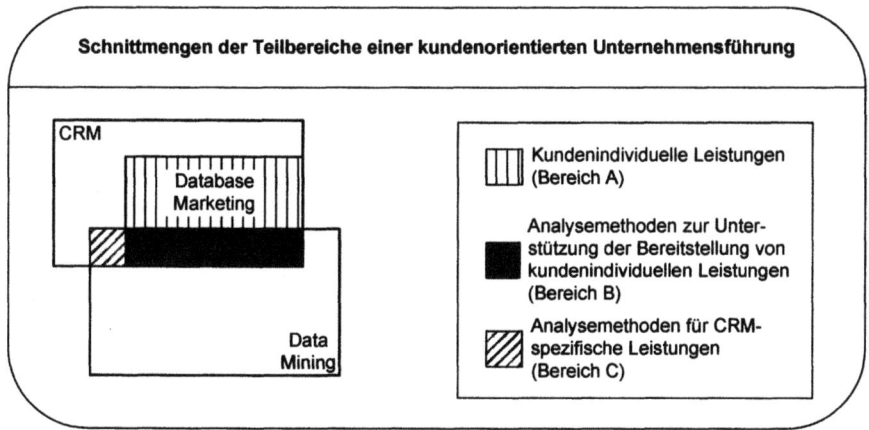

Abbildung 15: Schnittmengen der Teilbereiche einer kundenorientierten Unternehmensführung

## 3.6 Kundendatenbanken

Die Veränderung des Umgangs mit den Kunden in den 90er Jahren des letzten Jahrhunderts, weg von einer einheitlichen Massenansprache, hin zu einem individuellen Kundendialog, wurde erst ermöglicht durch die umfassende und detaillierte Speicherung von Kundendaten auf individueller Ebene, kombiniert mit der Fähigkeit, diese zielgerichtet zu analysieren. Derartige Kundendatenbanken können eingesetzt werden, um einige der wichtigsten Ziele des CRM zu unterstützen: die Gewinnung von Neukunden, die Bindung von Bestandskunden, die Steigerung des Kundenwertes sowie die Kundenrückgewinnung. [vgl. Hippner / Leber / Wilde (2004), S. 153]

Zur Unterstützung dieser Ziele wird eine Vielzahl von Angaben über die einzelnen Kunden in der Kundendatenbank abgespeichert. Diese Informationen lassen sich in drei Kategorien unterteilen: Identifikationsdaten, Deskriptionsdaten und

Daten zur Kontakthistorie. [vgl. Hippner / Leber / Wilde (2004), S. 164] Identifikationsdaten enthalten Angaben, über die ein spezieller Kunde eindeutig identifiziert und kontaktiert werden kann. Dazu gehören bspw. der Name, die Adresse, die Telefonnummer oder die Bankverbindung. In Verbindung mit Identifikationsdaten spielen zunehmend auch Geo-Informationssysteme (GIS) eine bedeutendere Rolle bei Marketingentscheidungen (Geo-Marketing). Die Adressen von Kunden werden dabei als raumbezogene Informationen angesehen und es besteht somit bspw. die Möglichkeit, das Wohngebiet als Entscheidungskriterium bei der Auswahl von Kunden für Marketingaktionen heranzuziehen. [vgl. Ruhland und Kirchner (2003), S. 1250] Um eine verbesserte Entscheidungsgrundlage zu generieren, werden weitere Angaben über die Lebenssituation und das –umfeld der Kunden in den Deskriptionsdaten gesammelt. Dazu zählen bspw. demografische und soziografische Angaben wie Geschlecht, Familienstand, Einkommen oder Nationalität, psychografische Daten wie bspw. Hobbies, Präferenzen oder Einstellungen sowie Daten zur Haushaltstruktur wie bspw. Art des Haushalts oder Anzahl der Mitglieder eines Haushalts. Die dritte Kategorie der Kundendaten stellen Angaben zur Kontakthistorie dar, also Daten, die im Laufe des Kontakts zwischen Kunden und Unternehmen festgehalten wurden. Dazu zählen Informationen über getätigte Transaktionen, wie bspw. Produkte, Mengen oder vereinbarte Liefer- und Zahlungsbedingungen sowie Informationen bezüglich der Kundenkommunikation wie bspw. Zeitpunkt und gewählter Kanal der letzten Kommunikation, Ansprechpartner auf Seiten des Unternehmens oder Initiator der letzten Kommunikation.

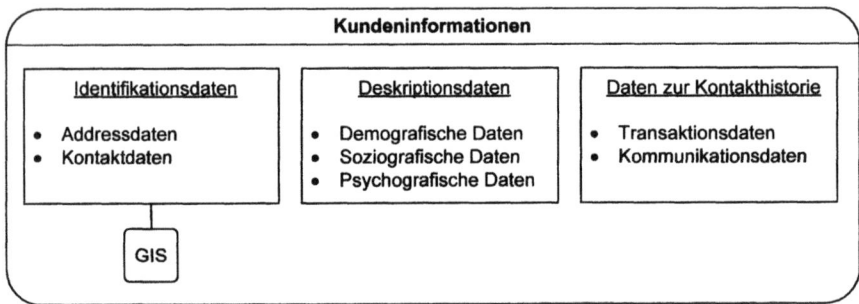

**Abbildung 16: Kundeninformationen einer Kundendatenbank**

Eine Übersicht über die aufgeführten Informationen einer Kundendatenbank liefert Abbildung 16. Die dargestellten Kundeninformationen beziehen sich hierbei auf ein Anbieter-Konsument-Verhältnis. Für den Fall von gewerblichen Kunden wäre das gespeicherte Informationsspektrum entsprechend zu modifizieren und zu erweitern. So müssten bspw. allgemeine Daten über das Unternehmen wie Ansprechpartner, Unternehmensgröße oder Entscheidungsträger gespeichert werden, während demo-, sozio- und psychografische Daten nicht erhoben werden würden.

Eine Erweiterung der klassischen Kundendatenbank, in der nur Informationen über bestehende bzw. ehemalige Kunden abgelegt sind, stellt die „marktabdeckende, globale Kundendatenbank" [Steinke (1997), S. 119] dar. Neben den Daten der bestehenden Kunden werden in einer solchen Datenbank auch Informationen über potenzielle Kunden in den für eine Unternehmung relevanten[38] Märkten gespeichert. Somit erweitert sich die Menge der (potenziellen) Kunden, die von einem Unternehmen aufgrund der Analyseergebnisse angesprochen werden kann. [vgl. Steinke (1997), S. 119/120] Theoretisch klingt das Konzept der marktabdeckenden, globalen Kundendatenbank viel versprechend, jedoch dürften in der Praxis Probleme bei der Umsetzung entstehen. Zum einen ist es fraglich, wie es dem Unternehmen ermöglicht werden soll, Informationen über potenzielle Kunden zu erhalten. Zum anderen ist die rechtliche Frage zu klären, inwieweit ein Unternehmen zu Marketingzwecken an Personen herantreten kann, die zuvor nicht explizit ihr Einverständnis dafür gegeben haben, und Daten über diese Personen erheben kann. Im Sinne eines Permission Marketing[39] ist dies ein mehr als fragwürdiges Vorgehen, dessen Auswirkungen auf die (in diesen speziellen Fällen noch nicht einmal existierende) Kundenbeziehung und den Ruf des Unternehmens nur schwer abzusehen sind. Um aus rechtlicher und moralischer Sicht unbedenklich zu handeln, ist es notwendig, den Kunden klar darüber zu informieren, welche Daten über ihn gespeichert werden und für welche Zwecke diese Daten verwendet werden. [vgl. Look-Wagner (2001), S. 49]

---

[38] Was genau als relevanter Markt für eine Unternehmung bezeichnet wird, hängt von der Art und der Situation der einzelnen Unternehmung ab. So kann bspw. der geografische Umfang des relevanten Marktes je nach Unternehmung regional begrenzt sein oder im Extremfall globale Ausmaße erreichen.

[39] Permission Marketing bezeichnet eine Form des Direktmarketing, bei welcher der Werbe- und Informationsversand nur mit dem Einverständnis des Adressaten erfolgt. [vgl. Godin (1999)]

# 4 Webloganalyse im Kontext des Web Mining Prozesses

*Während in den Kapiteln zwei und drei lediglich die Grundlagen zur Durchführung einer Einordnung der Webloganalyse in den Kontext des eCRM gelegt wurden, wird in Kapitel vier diese Einordnung vorgenommen. Weiter wird hier spezifischer auf die einzelnen Aspekte der Webloganalyse eingegangen. Dazu werden in Kapitel 4.1 zuerst die verschiedenen Datenquellen aufgeführt. Neben den verschiedenen impliziten Informationen, die sich direkt aus den verschiedenen Weblogfiles auslesen lassen, wird mit Webformularen eine zusätzliche Datenquelle für eine erweiterte Webloganalyse dargestellt. Kapitel 4.2 fasst die Informationen zusammen, die aus Weblogfiles extrahiert werden können. Probleme, die im Umgang mit Weblogfiles auftreten können und deren Lösung werden in Kapitel 4.3 analysiert. Die daraus resultierende notwendige Aufbereitung der Daten wird in Kapitel 4.4 thematisiert. Welche Verfahren im Rahmen der Webloganalyse zum Einsatz kommen, ist Hauptbestandteil von Kapitel 4.5. In Kapitel 4.6 werden existierende Softwarelösungen zur Webloganalyse betrachtet und miteinander verglichen. Die Möglichkeit, die Webloganalyse als Controllinginstrument im Webbereich zu verwenden, wird in Kapitel 4.7 untersucht. Kapitel 4.8 geht abschließend auf die generellen Anforderungen an Weblogfiles aus Sicht der Kundenanalyse ein.*

Um das Potenzial der Webloganalyse für die Kundenanalyse im Rahmen des eCRM zu untersuchen, gilt es zunächst, den Begriff der Webloganalyse näher zu definieren. Die Vorgehensweise einer Webloganalyse lässt sich in Anlehnung an den KDD-Prozess (siehe Kapitel 3.1) in fünf Schritten zum Web Mining Prozess zusammenfassen [in Anlehnung an Cooley / Mobasher / Srivastava (1997)]:

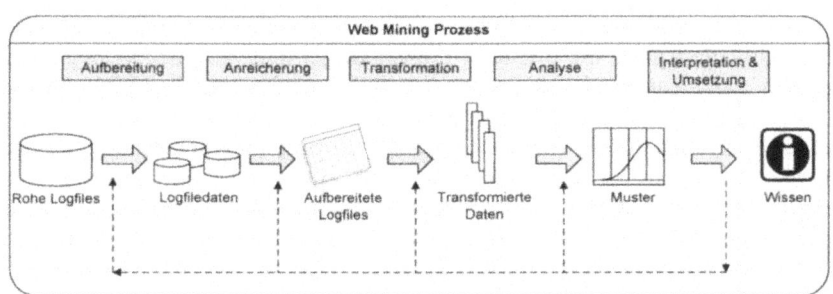

**Abbildung 17: Web Mining Prozess [in Anlehnung an Srivastava et al. (2000), S. 15]**

Im ersten Schritt werden die ursprünglichen Logfiles, wie sie durch den Webserver erstellt werden, bereinigt und einzelne Nutzer bzw. Transaktionen identifiziert. In einem zweiten Schritt werden die bereinigten Logdaten durch externe Daten angereichert. Der dritte Schritt umfasst die Transformation der angereicherten Daten für das anzuwendende Analyseverfahren. Der vierte Schritt beinhaltet die eigentliche Analyse, also die Anwendung von Verfahren des Data Mining auf die angereicherten und transformierten Daten. Als abschließender Schritt folgt die Interpretation der Ergebnisse mit anschließender Formulierung von Handlungsempfehlungen und deren Umsetzung.

Die Basis der Analyse des Benutzerverhaltens im Internet bildet das Hypertext Transfer Protocol (HTTP), dessen Funktion die korrekte Übertragung von HTML-Seiten darstellt. [vgl. Bensberg und Weiß (1999), S. 426] Die einer Webloganalyse zugrunde liegenden Daten entstammen den Weblogfiles einer Webpräsenz und enthalten Informationen darüber, wann welcher Benutzer welchen Inhalt des Webangebots aufgerufen hat (eine genauere Diskussion einzelner Logfileformate findet sich in Kapitel 4.1.1 und den entsprechenden Unterkapiteln). Durch eine Verdichtung der in den Weblogfiles enthalten Daten können in einem ersten Überblick Erkenntnisse über die allgemeine Nutzung der einzelnen Seiten der Webpräsenz gewonnen werden. Doch neben rein beschreibenden Statistiken bieten Logfiles auch die Möglichkeit, weitergehende Informationen zu ermitteln. Sequenzanalysen erlauben es die Clickstreams einzelner Benutzer nachzuvollziehen, d. h. es kann der genaue Weg durch die einzelnen Seiten einer Webpräsenz ermittelt werden bis bspw. ein Kauf getätigt oder die Seite wieder verlassen wurde. [vgl. bspw. Spiliopoulou (2001), S. 499] Vergleicht man die Clickstreams unterschiedlicher Nutzer können allgemeine Wege, die zu einem Kauf führen, oder aber auch verschiedene Nutzersegmente identifiziert werden. Bspw. können aber auch Ineffizienzen in einem Onlineshop aufgedeckt werden, wenn mehrere Nutzer auf einer bestimmten Seite den Kaufvorgang abbrechen.[40] Durch genauere Analyse dieser so genannten Ausstiegsseite könnte dann eventuell eine bessere inhaltliche Darstellung dieser speziellen Seite entwickelt werden, so dass die Anzahl der Benutzer, die von dieser Seite aus die Onlinepräsenz verlassen, verringert wird. Dies sollen nur einige einführende Beispiele für das Anwendungspotenzial der Webloganalyse sein. Es wird jedoch schon deutlich, dass die Webloganalyse weit über eine beschreibende Funktion hinausgeht und dass die Ergebnisse der Webloganalyse als Ausgangspunkt für operative und strategische Entscheidungen dienen können. Ausgehend von den einleitenden Erläuterungen soll die Webloganalyse daher in folgender Weise definiert werden:

---

[40] Die Gründe für den vorzeitigen Abbruch des Kaufvorgangs können vielseitig sein: Die Benutzeroberfläche kann unübersichtlich gestaltet sein, so dass das Vorgehen des weiteren Kaufvorgangs für den Kunden nicht nachvollziehbar ist, eine gewünschte Bezahlungsart ist nicht verfügbar oder es treten technische Probleme auf, bspw. in Form von fehlenden Plugins auf dem PC des Kunden.

*Die Webloganalyse beschreibt den Vorgang der Auswertung von Weblogfiles mit dem Ziel, entscheidungsrelevante Informationen für die Unternehmensführung bzw. das Management einer Webpräsenz zu extrahieren.*

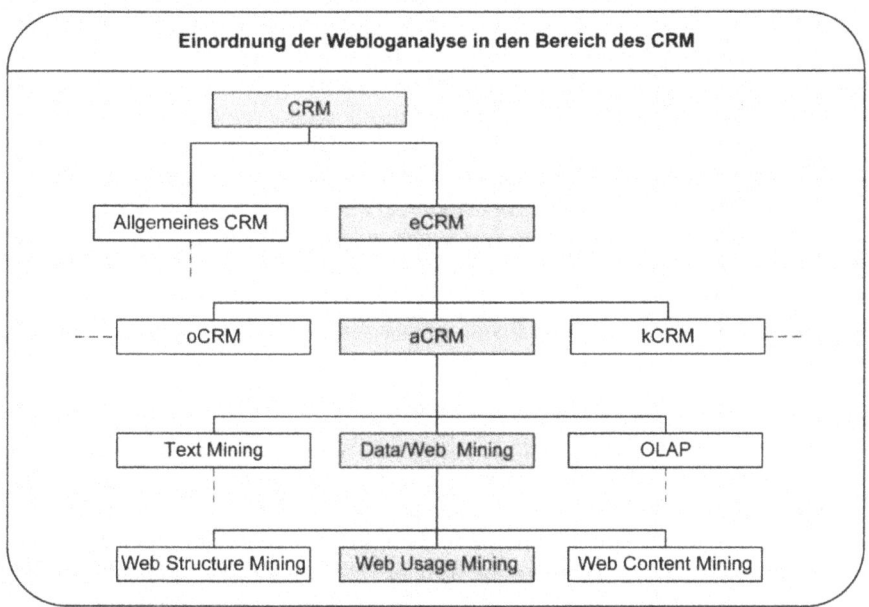

**Abbildung 18: Einordnung der Webloganalyse in den Bereich des CRM**

Die Einordnung der Webloganalyse in den Kontext des CRM lässt sich wie in Abbildung 18 dargestellt vornehmen (dunkler unterlegte Felder markieren die Bereiche, denen die Webloganalyse zuzuordnen ist): Da es sich um eine Einordnung innerhalb des Gesamtkonzepts des CRM handelt, wird die Webloganalyse dem CRM zugeordnet. In der nächsten Stufe findet eine Unterteilung von CRM in die beiden Bereiche **Allgemeines CRM** und **eCRM** statt. Da die Grundvoraussetzung einer Webloganalyse eine Webpräsenz ist, erfolgt eine Zuordnung in den Bereich eCRM. Die nächste Stufe untergliedert eCRM in **aCRM, oCRM** und **kCRM**. Da die Webloganalyse eindeutig dem analytischen Zweig des CRM zugeordnet werden kann, erfolgt die Zuordnung zu **aCRM**. Dieses wird wiederum in einer nächsten Stufe in die einzelnen Bereiche **Data/Web Mining, Text Mining** und **OLAP** unterteilt. Da sich die Webloganalyse methodisch auf die bestehenden Konzepte des Data/Web Mining stützt erfolgt hier eine Zuordnung. Web Mining untergliedert sich wiederum in die Bereiche **Web Usage Mining** und **Web Content Mining**. Hier kann die Webloganalyse dem Bereich des **Web Usage Mining** zugeordnet werden, da in erster Linie das Verhalten der Besucher einer Webpräsenz untersucht werden soll.

Die Ziele, die mit einer Webloganalyse verfolgt werden, können vielseitig sein. In einfachen Fällen werden mit der Webloganalyse Nutzungsstatistiken erstellt, mit deren Hilfe Informationen über die Häufigkeit des Aufrufs einzelner Seiten gewonnen werden können. Erweitert man die Weblogfiles durch Netzwerklogs können Aussagen über die Auslastung des Servers getroffen werden. Diese stellen wichtige Informationen für die Bereitstellung der notwendigen Netz- und Hardwareinfrastruktur dar, um Engpässe bei Zugriffen auf die Webseite zu vermeiden. Informationen über Nutzungsstatistiken können einen ersten Einstieg in eine tiefer gehende Webloganalyse darstellen, bieten jedoch keine Erkenntnisse, die im Rahmen des eCRM direkt verwendet werden können. Um aufschlussreiche Informationen zu gewinnen, muss es Ziel der Webloganalyse sein, Muster in der Nutzung einer Webpräsenz zu erkennen. Aus diesen Mustern wiederum lassen sich Nutzergruppen identifizieren, womit die Möglichkeit einer individuellen Ansprache ermöglicht wird.

## 4.1 Datenquellen für Webloganalysen
Die einer Webloganalyse zugrunde liegenden Daten entspringen primär den Weblogfiles einer Webpräsenz. Bei Weblogfiles, wie sie im Rahmen dieser Arbeit eingesetzt werden, handelt es sich um Dateien, die von einem Webserver automatisch generiert werden und in denen Informationen über den Zugriff auf den Webserver, die von ihm bereitgestellten Dateien und weitergehende Informationen abgespeichert werden. Es handelt sich dabei um so genannte **Access Logfiles**, in denen die Nutzung eines Webangebots respektive Webservers protokolliert wird. Daten diesen Ursprungs werden im Folgenden als **implizite Informationen** bezeichnet, da zum einen Erkenntnisse nicht direkt aus den Daten abgelesen werden können, sondern zuerst eine Verdichtung und Analyse erfolgen muss, und zum anderen die Übermittlung der Informationen durch den Besucher nicht bewusst erfolgt. Die Erfassung von Logfiledaten stellt somit das Internetpendant zur Beobachtung in der realen Welt dar, jedoch mit dem Vorteil einer lückenlosen und detaillierten Informationserfassung. Die Dokumentierung des Verhaltens der Benutzer einer Webseite liegt darüber hinaus bereits in digitaler Form vor. Folglich entfällt eine aufwändige Dateneingabe und eine rechnergestützte Datenauswertung kann direkt beginnen bzw. die Aufbereitung der Daten für die Analyse kann umgehend durchgeführt werden. Werden lediglich implizite Informationen für die Auswertung herangezogen kann von der **Webloganalyse im engeren Sinne** gesprochen werden. Für die Extraktion von entscheidungs- und führungsrelevanten Informationen ist es häufig jedoch sinnvoll

(und in vielen Fällen unumgänglich), die Daten aus Weblogfiles mit weiteren externen[41] Daten anzureichern. Insbesondere gilt dies dann, wenn aus den Ergebnissen Handlungsvorgaben im Rahmen des eCRM erstellt werden sollen, die auf einzelne Kunden bzw. Kundengruppen zugeschnitten sein sollen, der Idee der individualisierten Kundenbeziehung folgend. Findet vor der Analyse eine Anreicherung der impliziten Informationen mit externen Daten statt, so kann von der **Webloganalyse im weiteren Sinne** gesprochen werden. Solche externen Daten können unterschiedlichen Ursprungs sein. Zum einen ist hierbei an Daten aus Webformularen zu denken, mit deren Hilfe interessierende Fragstellungen bezüglich des Kundenverhaltens oder den Kundenwünschen mehr oder weniger direkt geklärt werden können. Aufgrund des zielgerichteten Einsatzes von Webformularen sollen die dort erhobenen Daten im Folgenden als **explizite Informationen** bezeichnet werden.

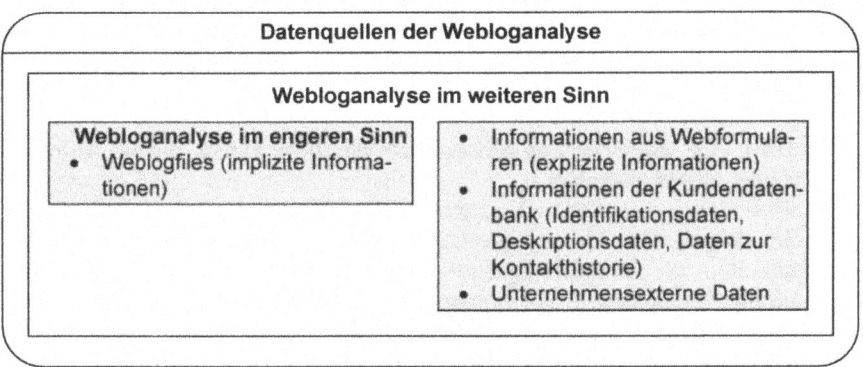

**Abbildung 19: Datenquellen der Webloganalyse**

Neben den im Kontext der Webpräsenz erhobenen Daten aus Logfiles und Webformularen stehen für eine ausführliche Webloganalyse im Rahmen des eCRM zum anderen aber auch die Daten des unternehmenseigenen Customer Data Warehouse zur Verfügung. Dies sind z. B. Identifikations- und Deskriptionsdaten sowie Daten zur Kontakthistorie (siehe Kapitel 3.6). Als letzte Datenquelle können schließlich unternehmensexterne Informationen herangezogen werden. Durch die Zusammenführung der Kundendaten aus den verschiedenen Bereichen kann eine umfassende und integrierte kundenbezogene Analyse der Weblogfiles durchgeführt werden. Eine wirklich trennscharfe Unterscheidung zwischen Daten, die über die Webpräsenz erhoben wurden, und Daten der Kun-

---

[41] Der Begriff „extern" bedeutet in diesem Zusammenhang nicht unternehmensextern. Er bezieht sich lediglich auf Daten, die nicht dem Logfile entstammen.

dendatenbank kann in der Regel nicht vorgenommen werden, da Teile der Daten der Kundendatenbank im Rahmen des Besuchs eines Kunden auf der Webseite entstehen. Eine sinnvolle Einteilung der Analysedaten lässt sich bspw. anhand der Eigenschaft, ob die Daten automatisch in Serverlogfiles aufgezeichnet werden (als Grundfunktion der zugrunde liegenden Serversoftware) oder ob die Daten durch weitergehende Maßnahmen erhoben werden, vornehmen (siehe Abbildung 19).

### 4.1.1 Implizite Informationen aus Weblogfiles

Für die weitere Betrachtung der Webloganalyse gilt es zunächst, die genauen Inhalte eines Logfiles zu untersuchen. Wie bereits in Kapitel 4.1 angedeutet, werden durch einen Webserver verschiedene Logfiles erstellt, in denen unterschiedliche Informationen abgespeichert werden. Betrachtet man bspw. den **Apache HTTP Server**[42], der mit 70,98 % Marktanteil im November 2005 den weltweit meistgenutzten Webserver darstellt [vgl. Netcraft (2005)], werden durch den Server die folgenden Logfiles erstellt [vgl. Apache Software Foundation (2004), S. 29-35]:

1. *Error Log*: das Error Log protokolliert sämtliche Fehler, die bei Anfragen an den Server auftreten.
2. *Access Log*: Das Access Log protokolliert alle erfolgreichen Anfragen an den Server. Die Art und der Umfang der abgespeicherten Daten lassen sich über die Serverkonfiguration bestimmen. Der Apache HTTP Server erlaubt die Access Log Formate Common Log Format, Combined Log Format, Conditional Logs sowie Kombinationen der einzelnen Formate.
3. *PID Log*: Das PID Log speichert die Prozess ID des Apache HTTP Servers bei jedem Start des Servers.
4. *Script Log*: Das Script Log speichert den Input und Output von CGI Scripts (nur für Tests und nicht für den eigentlichen Serverbetrieb vorgesehen).
5. *Rewrite Log*: Das Rewrite Log speichert Informationen über URL Transformationen, die mit dem Modul mod_rewrite erzeugt werden.

Eine Sonderform des Access Logfiles stellt das Proxy Access Logfile dar, in dem gesondert die Proxytransaktionen eines Proxyservers protokolliert werden. Für eine Auswertung von Weblogfiles mit dem Ziel, Informationen über einzelnen Kunden bzw. Kundengruppen zu erhalten, bieten vor allem Access Logfiles die benötigten Angaben. Vereinzelt können allerdings auch Erkenntnisse aus den Error Logs extrahiert werden. Im Folgenden sollen die Begriffe Weblogfile

---

[42] Mehr Informationen zum Apache HTTP Server lassen sich unter http://httpd.apache.org finden (Stand: 01.12.2005).

und Logfile als Synonyme für den Begriff des Access Logs bzw. der Access Logfiles verstanden werden.

Bevor in den nächsten Abschnitten genauer auf die Arbeit mit Logfiles eingegangen werden kann, soll zuerst genauer spezifiziert werden, welcher Art die Informationen sind, die in einem Logfile abgespeichert werden. Dabei ergibt sich das Problem, dass eine Vielzahl unterschiedlicher Formate existiert und keine allgemeine Aussage über die Inhalte getroffen werden kann. Die verschiedenen Formate unterscheiden sich in erster Linie durch die Anzahl der erfassten Items (ein Item bezeichnet eine einzelne Information innerhalb einer Clientanfrage an den Server). In den nächsten Abschnitten werden aus diesem Grund die am weitest verbreiteten Logfileformate im Hinblick auf die in ihnen gespeicherten Items untersucht. Die im Einzelnen untersuchten Arten von Logfiles sind:

1. **Common Logfile Format**
2. **Combined Logfile Format**
3. **NCSA Common Logfile Format**
4. **IIS Logfile Format**

Der Betrachtung der bestehenden Logfileformate, die als Ist-Zustand der in Logfiles gespeicherten Informationen angesehen werden kann, folgt am Ende des 4. Kapitels eine Analyse aus betriebswirtschaftlicher Sicht, in der zum einen evaluiert wird, welche Art der Information wünschenswert wäre (Soll-Zustand), und zum anderen inwiefern sich die bestehenden Logfileformate zu einer kundenbezogenen Analyse eignen.

### 4.1.1.1 Common Logfile Format

Ein standardisiertes und mit der starken Verbreitung des Apache HTTP Servers häufig anzutreffendes Logfileformat ist das Common Log Format (CLF), häufig auch Common Logfile Format genannt. Die Protokolle des CLF werden in einer Textdatei im ASCII-Format gespeichert. Jeder einzelne Zugriff auf den Webserver wird in einem eigenen Datensatz in einer Zeile der Textdatei gespeichert und enthält sieben Items, welche durch Leerzeichen voneinander getrennt werden (die Angaben in Klammern enthalten die relevanten Parameter für die modifizierte Logfiledefinition eines Apache HTTP Servers):

1. *Host* (%h): Die IP-Adresse des auf den Webserver zugreifenden Clients.

2. *Identd* (%l): Identifikation (wenn diese nicht verfügbar ist, wird ein Bindestrich eingesetzt).[43]
3. *User* (%u): Benutzername für die Authentifikation in passwortgeschützten Bereichen des Servers (falls es sich nicht um einen passwortgeschützten Bereich handelt, wird ein Bindestrich eingesetzt).
4. *Time* (%t): Der Zeitpunkt, in dem der Server die Anfrage abschließt (Das Format für die Angabe des Zeitpunkts lautet: dd/mmm/yyyy:hh:mm:ss ±hhmm. Das letzte Argument ±hhmm gibt die Abweichung der Serverzeitzone als Abweichung von der Greenwich Mean Time (GMT) an).
5. *Request* (%r): Gibt die Art der Anfrage, das angefragte Dokument und das hierfür verwendete Protokoll an.
6. *Status* (%s): Enthält Informationen über den Status der Anfrage des Clients. Der Status wird in einer dreistelligen Zahl kodiert, die auch an den Client zurückgesendet wird. Der Code ist untergliedert in fünf Bereiche. Beginnt der Code bspw. mit 2, so handelt es sich um eine erfolgreiche Übertragung, eine 3 an erster Stelle weist auf eine Weiterleitung hin und eine 5 zu Beginn gibt Auskunft über einen Serverfehler.[44]
7. *Bytes* (%b): Die Anzahl der Bytes, die an den Client übertragen wurden.

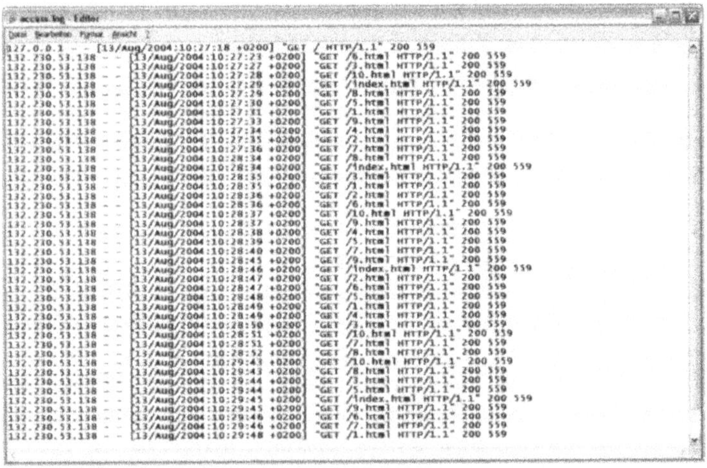

**Abbildung 20: Auszug aus einem CLF Logfile**

---

[43] Der Webserver erhält die Identifikationsdaten von einem clientseitigen Informationsdienst, der jedoch in nicht abgeschlossenen Netzen als nicht vertrauenswürdig einzustufen ist und somit für die Analyse des Kundenverhaltens auf einer öffentlichen Webpräsenz nicht geeignet ist. [vgl. Schmidt-Thieme und Gaul (2000), S. 43]

[44] Eine vollständige Liste der Statuscodes kann in den Spezifikationen des HTTP Protokolls gefunden werden. [vgl. Fielding et al. (1999), S. 37-45]

## 4.1.1.2 Combined Logfile Format

Eine Erweiterung des CLF stellt das Combined Log File Format dar (auch Combined Logfile Format genannt). Ebenso wie bei Logfiles im CLF, werden im Combined Logfile Format die protokollierten Daten in eine Textdatei im ASCII-Format gespeichert und die einzelnen Items durch Leerzeichen voneinander getrennt. Das Combined Logfile Format ergibt sich durch das Anfügen zweier zusätzlicher Items an die sieben Items des CLF:

8. *Referer* (%{Referer}i): gibt die URL der Webseite an, die auf das angeforderte Dokument verlinkt (dies können Seiten innerhalb der eigenen Webpräsenz sein aber auch externe Seiten von dritten Anbietern).[45]
9. *User-Agent* (%{User-agent}i): gibt den Browsernamen und die Browserversion des Clients an.

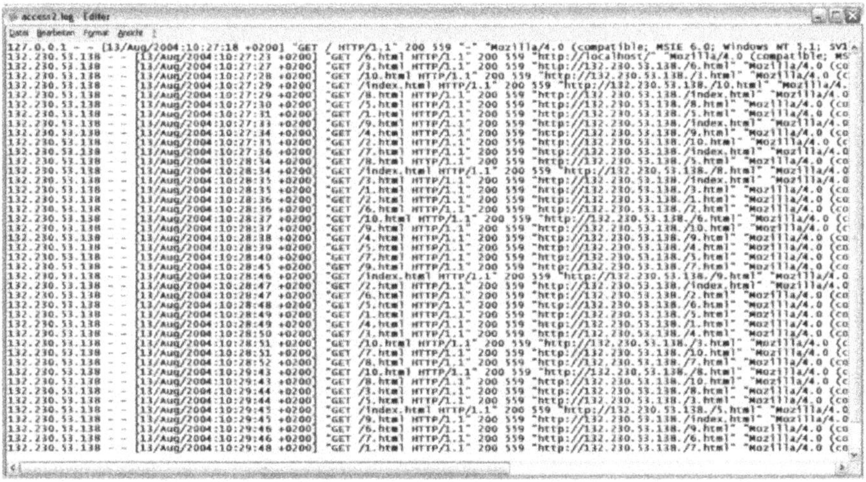

**Abbildung 21: Auszug aus einem Combined Logfile Format Logfile**

Eine Erweiterung der Funktionalität des Common Logfile Formats und des Combined Logfile Formats stellt das Extended Logfile Format (ELF) dar. In diesem können die gespeicherten Felder variabel bestimmt werden, wobei die Auswahl aus den neun möglichen Items des Combined Logfile Formats vorgenommen werden kann. [vgl. Schmidt-Thieme und Gaul (2002), S. 41] Somit be-

---

[45] Durch einen Schreibfehler in der Formulierung des Standards HTTP 1.0 wurde das Feld Referer lediglich mit einem r geschrieben. Um die Kompatibilität sicherzustellen, wurde auch in dem 1999 verfassten Standard HTTP 1.1 die falsche Schreibweise beibehalten. [vgl. Schmidt-Thieme und Gaul (2002), S. 41]

steht die Möglichkeit, durch beliebige Kombinationen der Items, benutzerdefinierte Logfiles zu erstellen, in denen nur die für die spätere Analyse benötigten Attribute gespeichert werden, so dass die Aufbereitung der Daten vereinfacht wird. Auch ist es denkbar, mehrere verschiedene Logfiles parallel erstellen zu lassen, in denen für unterschiedliche Analysen die passenden Daten abgespeichert werden.

#### 4.1.1.3 National Center for Supercomputing Applications (NCSA) Common Logfile Format

Während das ELF die Möglichkeit bietet, aus einem Pool von Feldern die benötigten Items auszuwählen, handelt es sich bei dem Common Logfile Format des National Center for Supercomputing (NCSA) – dem NCSA Common Logfile Format – um ein fixes Konstrukt im ASCII-Format. Die einzelnen Items werden ebenfalls durch Leerzeichen voneinander getrennt. Die Informationen, die protokolliert werden, entsprechen denen des CLF und bei Setzen der `LogOption` auf `Combined` denen des Combined Logfile Formats. Die Logfiles werden hier als Transferlogs bezeichnet. [vgl. NCSA (1995)]

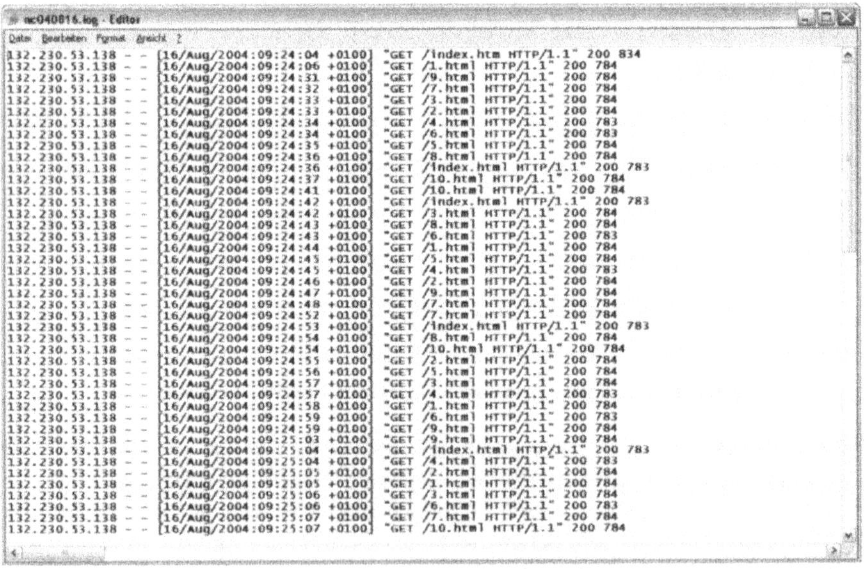

```
132.230.53.138 - - [16/Aug/2004:09:24:04 +0100] "GET /index.htm HTTP/1.1" 200 834
132.230.53.138 - - [16/Aug/2004:09:24:06 +0100] "GET /1.html HTTP/1.1" 200 784
132.230.53.138 - - [16/Aug/2004:09:24:31 +0100] "GET /9.html HTTP/1.1" 200 784
132.230.53.138 - - [16/Aug/2004:09:24:32 +0100] "GET /7.html HTTP/1.1" 200 784
132.230.53.138 - - [16/Aug/2004:09:24:33 +0100] "GET /3.html HTTP/1.1" 200 784
132.230.53.138 - - [16/Aug/2004:09:24:33 +0100] "GET /2.html HTTP/1.1" 200 784
132.230.53.138 - - [16/Aug/2004:09:24:34 +0100] "GET /4.html HTTP/1.1" 200 783
132.230.53.138 - - [16/Aug/2004:09:24:34 +0100] "GET /6.html HTTP/1.1" 200 783
132.230.53.138 - - [16/Aug/2004:09:24:35 +0100] "GET /5.html HTTP/1.1" 200 784
132.230.53.138 - - [16/Aug/2004:09:24:36 +0100] "GET /8.html HTTP/1.1" 200 784
132.230.53.138 - - [16/Aug/2004:09:24:36 +0100] "GET /index.html HTTP/1.1" 200 783
132.230.53.138 - - [16/Aug/2004:09:24:37 +0100] "GET /10.html HTTP/1.1" 200 784
132.230.53.138 - - [16/Aug/2004:09:24:41 +0100] "GET /10.html HTTP/1.1" 200 784
132.230.53.138 - - [16/Aug/2004:09:24:42 +0100] "GET /index.html HTTP/1.1" 200 783
132.230.53.138 - - [16/Aug/2004:09:24:42 +0100] "GET /3.html HTTP/1.1" 200 784
132.230.53.138 - - [16/Aug/2004:09:24:43 +0100] "GET /8.html HTTP/1.1" 200 784
132.230.53.138 - - [16/Aug/2004:09:24:43 +0100] "GET /6.html HTTP/1.1" 200 783
132.230.53.138 - - [16/Aug/2004:09:24:44 +0100] "GET /1.html HTTP/1.1" 200 784
132.230.53.138 - - [16/Aug/2004:09:24:45 +0100] "GET /5.html HTTP/1.1" 200 784
132.230.53.138 - - [16/Aug/2004:09:24:45 +0100] "GET /4.html HTTP/1.1" 200 783
132.230.53.138 - - [16/Aug/2004:09:24:46 +0100] "GET /2.html HTTP/1.1" 200 784
132.230.53.138 - - [16/Aug/2004:09:24:47 +0100] "GET /9.html HTTP/1.1" 200 784
132.230.53.138 - - [16/Aug/2004:09:24:48 +0100] "GET /7.html HTTP/1.1" 200 784
132.230.53.138 - - [16/Aug/2004:09:24:52 +0100] "GET /7.html HTTP/1.1" 200 784
132.230.53.138 - - [16/Aug/2004:09:24:53 +0100] "GET /index.html HTTP/1.1" 200 783
132.230.53.138 - - [16/Aug/2004:09:24:54 +0100] "GET /8.html HTTP/1.1" 200 784
132.230.53.138 - - [16/Aug/2004:09:24:54 +0100] "GET /10.html HTTP/1.1" 200 784
132.230.53.138 - - [16/Aug/2004:09:24:55 +0100] "GET /2.html HTTP/1.1" 200 784
132.230.53.138 - - [16/Aug/2004:09:24:56 +0100] "GET /5.html HTTP/1.1" 200 784
132.230.53.138 - - [16/Aug/2004:09:24:57 +0100] "GET /3.html HTTP/1.1" 200 784
132.230.53.138 - - [16/Aug/2004:09:24:57 +0100] "GET /4.html HTTP/1.1" 200 783
132.230.53.138 - - [16/Aug/2004:09:24:58 +0100] "GET /1.html HTTP/1.1" 200 784
132.230.53.138 - - [16/Aug/2004:09:24:59 +0100] "GET /6.html HTTP/1.1" 200 783
132.230.53.138 - - [16/Aug/2004:09:24:59 +0100] "GET /9.html HTTP/1.1" 200 784
132.230.53.138 - - [16/Aug/2004:09:25:03 +0100] "GET /9.html HTTP/1.1" 200 784
132.230.53.138 - - [16/Aug/2004:09:25:04 +0100] "GET /index.html HTTP/1.1" 200 783
132.230.53.138 - - [16/Aug/2004:09:25:04 +0100] "GET /4.html HTTP/1.1" 200 783
132.230.53.138 - - [16/Aug/2004:09:25:05 +0100] "GET /2.html HTTP/1.1" 200 784
132.230.53.138 - - [16/Aug/2004:09:25:05 +0100] "GET /1.html HTTP/1.1" 200 784
132.230.53.138 - - [16/Aug/2004:09:25:06 +0100] "GET /3.html HTTP/1.1" 200 784
132.230.53.138 - - [16/Aug/2004:09:25:06 +0100] "GET /6.html HTTP/1.1" 200 783
132.230.53.138 - - [16/Aug/2004:09:25:07 +0100] "GET /7.html HTTP/1.1" 200 784
132.230.53.138 - - [16/Aug/2004:09:25:07 +0100] "GET /10.html HTTP/1.1" 200 784
```

**Abbildung 22: Auszug aus einem NCSA Logfile (ohne LogOption Combined)**

### 4.1.1.4 Microsoft® Internet Information Services (IIS) Logfile Format

Ebenso wie das NCSA Common Logfile Format ist das Microsoft® Internet Information Services (IIS) Logfile Format eine vordefinierte Art der Protokollierung, die keine Anpassung seitens des Benutzers zulässt. Im Gegensatz zu allen anderen Formaten verwendet das Microsoft® IIS Format das Komma als Trennzeichen zwischen den einzelnen Items. Der Platzhalter für einen fehlenden Wert ist wie bei den anderen Formaten auch der Bindestrich. Insgesamt werden 16 unterschiedliche Items pro Anfrage an den Server protokolliert:

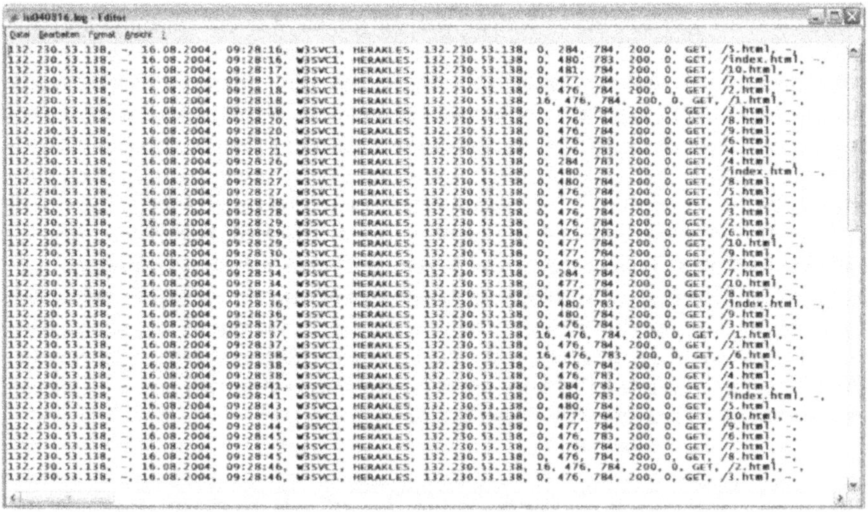

```
132.230.53.138, -, 16.08.2004, 09:28:16, W3SVC1, HERAKLES, 132.230.53.138, 0, 284, 784, 200, 0, GET, /5.html, -,
132.230.53.138, -, 16.08.2004, 09:28:16, W3SVC1, HERAKLES, 132.230.53.138, 0, 480, 783, 200, 0, GET, /index.html, -,
132.230.53.138, -, 16.08.2004, 09:28:17, W3SVC1, HERAKLES, 132.230.53.138, 0, 481, 784, 200, 0, GET, /10.html, -,
132.230.53.138, -, 16.08.2004, 09:28:17, W3SVC1, HERAKLES, 132.230.53.138, 0, 477, 784, 200, 0, GET, /7.html, -,
132.230.53.138, -, 16.08.2004, 09:28:18, W3SVC1, HERAKLES, 132.230.53.138, 0, 476, 784, 200, 0, GET, /2.html, -,
132.230.53.138, -, 16.08.2004, 09:28:18, W3SVC1, HERAKLES, 132.230.53.138, 16, 476, 784, 200, 0, GET, /1.html, -,
132.230.53.138, -, 16.08.2004, 09:28:18, W3SVC1, HERAKLES, 132.230.53.138, 0, 476, 784, 200, 0, GET, /3.html, -,
132.230.53.138, -, 16.08.2004, 09:28:20, W3SVC1, HERAKLES, 132.230.53.138, 0, 476, 784, 200, 0, GET, /8.html, -,
132.230.53.138, -, 16.08.2004, 09:28:20, W3SVC1, HERAKLES, 132.230.53.138, 0, 476, 784, 200, 0, GET, /9.html, -,
132.230.53.138, -, 16.08.2004, 09:28:21, W3SVC1, HERAKLES, 132.230.53.138, 0, 476, 783, 200, 0, GET, /6.html, -,
132.230.53.138, -, 16.08.2004, 09:28:21, W3SVC1, HERAKLES, 132.230.53.138, 0, 476, 783, 200, 0, GET, /4.html, -,
132.230.53.138, -, 16.08.2004, 09:28:26, W3SVC1, HERAKLES, 132.230.53.138, 0, 284, 783, 200, 0, GET, /4.html, -,
132.230.53.138, -, 16.08.2004, 09:28:27, W3SVC1, HERAKLES, 132.230.53.138, 0, 480, 783, 200, 0, GET, /index.html, -,
132.230.53.138, -, 16.08.2004, 09:28:27, W3SVC1, HERAKLES, 132.230.53.138, 0, 480, 784, 200, 0, GET, /8.html, -,
132.230.53.138, -, 16.08.2004, 09:28:27, W3SVC1, HERAKLES, 132.230.53.138, 0, 476, 784, 200, 0, GET, /5.html, -,
132.230.53.138, -, 16.08.2004, 09:28:28, W3SVC1, HERAKLES, 132.230.53.138, 0, 476, 784, 200, 0, GET, /1.html, -,
132.230.53.138, -, 16.08.2004, 09:28:28, W3SVC1, HERAKLES, 132.230.53.138, 0, 476, 784, 200, 0, GET, /3.html, -,
132.230.53.138, -, 16.08.2004, 09:28:29, W3SVC1, HERAKLES, 132.230.53.138, 0, 476, 784, 200, 0, GET, /2.html, -,
132.230.53.138, -, 16.08.2004, 09:28:29, W3SVC1, HERAKLES, 132.230.53.138, 0, 476, 783, 200, 0, GET, /6.html, -,
132.230.53.138, -, 16.08.2004, 09:28:29, W3SVC1, HERAKLES, 132.230.53.138, 0, 477, 784, 200, 0, GET, /10.html, -,
132.230.53.138, -, 16.08.2004, 09:28:30, W3SVC1, HERAKLES, 132.230.53.138, 0, 477, 784, 200, 0, GET, /9.html, -,
132.230.53.138, -, 16.08.2004, 09:28:31, W3SVC1, HERAKLES, 132.230.53.138, 0, 476, 784, 200, 0, GET, /7.html, -,
132.230.53.138, -, 16.08.2004, 09:28:34, W3SVC1, HERAKLES, 132.230.53.138, 0, 284, 784, 200, 0, GET, /7.html, -,
132.230.53.138, -, 16.08.2004, 09:28:34, W3SVC1, HERAKLES, 132.230.53.138, 0, 477, 784, 200, 0, GET, /10.html, -,
132.230.53.138, -, 16.08.2004, 09:28:34, W3SVC1, HERAKLES, 132.230.53.138, 0, 477, 784, 200, 0, GET, /8.html, -,
132.230.53.138, -, 16.08.2004, 09:28:36, W3SVC1, HERAKLES, 132.230.53.138, 0, 480, 783, 200, 0, GET, /index.html, -,
132.230.53.138, -, 16.08.2004, 09:28:36, W3SVC1, HERAKLES, 132.230.53.138, 0, 480, 784, 200, 0, GET, /9.html, -,
132.230.53.138, -, 16.08.2004, 09:28:37, W3SVC1, HERAKLES, 132.230.53.138, 0, 476, 784, 200, 0, GET, /3.html, -,
132.230.53.138, -, 16.08.2004, 09:28:37, W3SVC1, HERAKLES, 132.230.53.138, 16, 476, 784, 200, 0, GET, /1.html, -,
132.230.53.138, -, 16.08.2004, 09:28:37, W3SVC1, HERAKLES, 132.230.53.138, 0, 476, 784, 200, 0, GET, /2.html, -,
132.230.53.138, -, 16.08.2004, 09:28:38, W3SVC1, HERAKLES, 132.230.53.138, 16, 476, 783, 200, 0, GET, /6.html, -,
132.230.53.138, -, 16.08.2004, 09:28:38, W3SVC1, HERAKLES, 132.230.53.138, 0, 476, 784, 200, 0, GET, /5.html, -,
132.230.53.138, -, 16.08.2004, 09:28:38, W3SVC1, HERAKLES, 132.230.53.138, 0, 476, 783, 200, 0, GET, /4.html, -,
132.230.53.138, -, 16.08.2004, 09:28:41, W3SVC1, HERAKLES, 132.230.53.138, 0, 284, 783, 200, 0, GET, /4.html, -,
132.230.53.138, -, 16.08.2004, 09:28:41, W3SVC1, HERAKLES, 132.230.53.138, 0, 480, 783, 200, 0, GET, /index.html, -,
132.230.53.138, -, 16.08.2004, 09:28:43, W3SVC1, HERAKLES, 132.230.53.138, 0, 480, 784, 200, 0, GET, /5.html, -,
132.230.53.138, -, 16.08.2004, 09:28:43, W3SVC1, HERAKLES, 132.230.53.138, 0, 477, 784, 200, 0, GET, /10.html, -,
132.230.53.138, -, 16.08.2004, 09:28:44, W3SVC1, HERAKLES, 132.230.53.138, 0, 477, 784, 200, 0, GET, /9.html, -,
132.230.53.138, -, 16.08.2004, 09:28:45, W3SVC1, HERAKLES, 132.230.53.138, 0, 476, 783, 200, 0, GET, /6.html, -,
132.230.53.138, -, 16.08.2004, 09:28:45, W3SVC1, HERAKLES, 132.230.53.138, 0, 476, 784, 200, 0, GET, /7.html, -,
132.230.53.138, -, 16.08.2004, 09:28:45, W3SVC1, HERAKLES, 132.230.53.138, 0, 476, 784, 200, 0, GET, /8.html, -,
132.230.53.138, -, 16.08.2004, 09:28:46, W3SVC1, HERAKLES, 132.230.53.138, 16, 476, 784, 200, 0, GET, /2.html, -,
132.230.53.138, -, 16.08.2004, 09:28:46, W3SVC1, HERAKLES, 132.230.53.138, 0, 476, 784, 200, 0, GET, /3.html, -,
```

**Abbildung 23: Auszug aus einem IIS Logfile**

1. *IP-Adresse des Clients*
2. *Benutzername*: Speichert in passwortgeschützten Bereichen den Namen des Benutzers ab
3. *Datum*: Das Datum des Serverzugriffs im Format mm/dd/yy.
4. *Zeit*: Die Zeit des Zugriffs im Format hh:mm:ss.
5. *Dienst und Instanz*: Gibt den Dienst oder die Instanz an, auf die sich der Serverzugriff bezieht (bspw. MSFTPSVC1 als FTP-Instanz).
6. *Servername:* Der Name des Servers, an den die Abfrage gesendet wurde.
7. *IP-Adresse des Servers*
8. *Bearbeitungszeit:* Gibt die Zeit in Millisekunden an, die benötigt wurde, um die Anfrage durch den Server zu bearbeiten.
9. *Empfangene Bytes:* Die Anzahl der Bytes, die der Server von dem anfragenden Client empfangen hat.

10. *Gesendete Bytes:* Die Anzahl der Bytes, die durch den Server an den Client gesendet wurden.
11. *Service Status Code:* Gibt den Status Code des verwendeten Services an.
12. *Windows Status Code:* Gibt den Status Code des Betriebssystems an.
13. *Art der Anfrage:* Gibt den Zweck der Anfrage an den Server an.
14. *Angefragtes Dokument:* Gibt das vom Server abgerufene Dokument an.
15. *Zusätzlicher Parameter*
16. *Zusätzlicher Parameter*

## 4.1.2 Explizite Informationen aus Webformularen

Im Sinne einer ganzheitlichen Kundenanalyse gilt es, Kundeninformationen aus unterschiedlichen Unternehmensbereichen zu einer gemeinsamen Datenbasis zu verknüpfen (siehe auch Kapitel 3.6). Daten aus dem direkten Umfeld einer Webpräsenz stellen - neben den bereits behandelten Weblogfiles - auch Daten aus Webformularen (HTML-Formulare) dar. Webformulare bilden das elektronische Pendant zu papiergestützten Fragebögen bzw. anderen traditionellen Umfragemethoden (Interviews, Telefoninterviews) und prinzipiell können dort auch die gleichen Informationen erfasst werden (bspw. Identifikationsdaten, Adress- und Kontaktdaten, demo-, sozio- und psychografische Daten [vgl. Hippner / Leber / Wilde (2004), S. 164-169]). Explizite Informationen zeichnen sich somit dadurch aus, dass sie Erkenntnisse liefern, die durch die Beobachtung des Nutzungsverhaltens nicht erfassbar sind oder nur unzureichend abgeleitet werden können. Eine andere Möglichkeit, die beschriebenen Informationen im Rahmen einer Webpräsenz zu erhalten, besteht folglich nicht.

Durch die Datenerhebung mittels Webformularen ergeben sich zwei Vorteile. Zum einen wird durch die Verwendung des PC als Umfrageinstrument die Möglichkeit geschaffen, durch den Einsatz dynamischer Elemente eine stärkere Interaktion und Involvierung des Befragten zu erreichen. [vgl. Frost (1999b), S. 61] Zum anderen erlaubt die Verwendung von Webformularen eine automatisierte Speicherung der Antworten, wodurch das Problem der Falscherfassung von Umfragedaten gelöst wird. [vgl. Frost (1999b), S. 56] Webformulare werden zumeist zu einem von zwei Zwecken verwendet:

1. **Registrierung auf einer Website**
2. **Online-Umfragen**

Durch eine Registrierung erhält der Benutzer einer Website Zugang zu einem nicht-öffentlichen Bereich der Website oder er kann zusätzliche Dienste in Anspruch nehmen (bspw. wird der Einkauf von Produkten, der Download von Dateien oder der Zugang zu einem Forum erst nach einer Registrierung möglich). [vgl. Thurner (2002), S. 58] Mit einer Registrierung geht meist die Vergabe eines Benutzernamens und eines zugehörigen Passworts einher, um auch bei zukünftigen Besuchen auf der Website die Vorzüge eines registrierten Nutzers genießen zu können, ohne das Registrierungsformular erneut ausfüllen zu müssen. Im Rahmen einer Registrierung werden meist zumindest Adress- und Kontaktdaten erfasst (siehe Abbildung 24, links), in vielen Fällen wird aber auch versucht, zusätzliche Informationen über den Benutzer zu erhalten, wobei diese Angaben meist auf freiwilliger Basis beruhen und keine Bedingung für die Registrierung darstellen (siehe Abbildung 24, rechts).

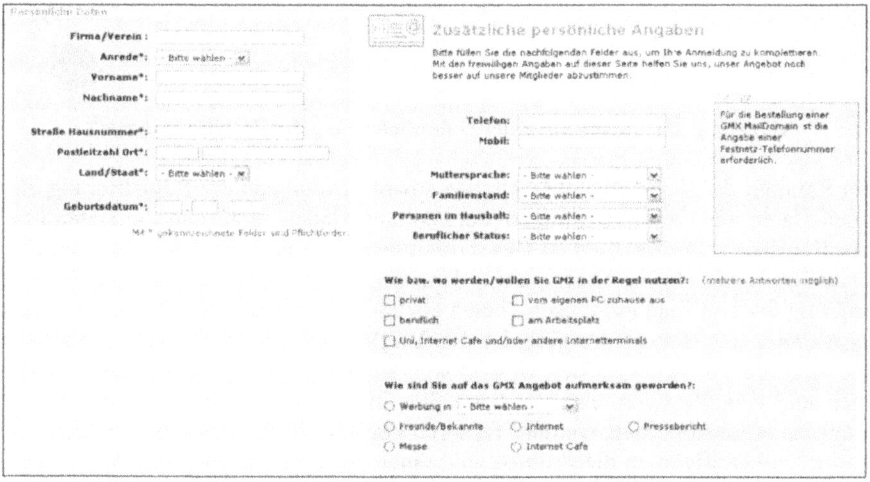

**Abbildung 24: Auszug aus dem Registrierungsvorgang bei gmx.de**[46]

Neben der Registrierung werden Webformulare für Online-Umfragen eingesetzt. Online-Umfragen zielen – im Gegensatz zu Registrierungsformularen – nicht zwingend auf die Erhebung von personenbezogenen Daten ab, sondern auf die Untersuchung einer speziellen Fragestellung. Der Umfang eines Online-Umfrageformulars kann in der Größe stark variieren, von einer einzelnen Frage (so genannte Polls) bis hin zu mehrseitigen Formularen mit sehr speziellen Fragen zu einem ausgewählten Themengebiet. Einfache Umfragen finden sich auf vielen Webseiten, komplexe Online-Umfragen mit wissenschaftlichem Hintergrund werden bspw. durch das EMNID-Institut[47], Bielefeld, durchgeführt.

---

[46] Quelle: Registrierung für einen Freemailaccount bei gmx.de unter http://www.gmx.de am 19.08.2004.
[47] Die offizielle Webseite des EMNID-Insituts ist unter http://www.emnid.de erreichbar, Online-Umfragen werden unter http://www.epanel.emnid.de mit registrierten Benutzern durchgeführt.

Abbildung 25: Auszug aus einer Onlinebefragung des EMNID-Instituts[48]

Im Rahmen der Kundenanalyse können sowohl Daten aus der Registrierung als auch Daten aus Online-Umfragen Verwendung finden. Während die Daten aus der Registrierung direkt einem Benutzer zugeordnet werden können, dienen die Daten aus einer Online-Umfrage nur dann der Kundenanalyse, wenn die Fragestellung der Umfrage auf dieses Thema abzielt. Ein Vorteil, der sich aus der Registrierung der Benutzer ergibt, ist die Möglichkeit der wiederholten Nutzeridentifikation in den Logfiles. Sobald sich ein Nutzer über seinen Benutzernamen und sein Passwort einloggt kann dies in den aufgerufenen Seiten in den Logfiles mitprotokolliert werden. Dadurch entfällt die Problematik der Identifikation und häufig auch die Problematik, einen einzelnen Besuch aus den Einträgen eines Logfiles zu rekonstruieren.

## 4.2 Informationen aus Weblogfiles

Aus den in einem Weblogfile gespeicherten Daten lassen sich für die weitere Analyse wichtige Kennzahlen ermitteln. Zur Erreichung dieses Ziels ist es insbesondere wichtig, die einzelnen Einträge eines Logfiles einem Benutzer zuzuordnen. Dabei ist es im ersten Schritt noch nicht von Bedeutung, diesen Benutzer namentlich identifizieren zu können. Es geht in erster Linie darum, einen zusammenhängenden Besuch eines Benutzers in einem Logfile zu identifizieren.[49] Die kleinste Einheit, die sich bei der Identifikation ergibt, ist der Abruf eines einzelnen Dokuments (**Hit**), der als einzelne Zeile in einem Logfile vermerkt wird. Dabei wird jede angefragte Datei einzeln protokolliert, d. h. beim

---

[48] Quelle: Onlinebefragung auf http://www.epanel.emnid.de am 24.08.2005.
[49] Da die Serverzugriffe in den Logfiles in chronologischer jedoch nicht in einer logisch zusammengehörenden Reihenfolge gespeichert werden, müssen die einzelnen Einträge zuerst zu einem Besuch zusammengefasst werden.

Aufruf einer Webseite wird bspw. jedes darin enthaltene Bild gesondert festgehalten. Fasst man alle Anfragen zusammen, die zu einer einzelnen Seite gehören, so erhält man die Kenngröße Seitenaufruf (**Page Impression**). Zusammenhängende Seitenaufrufe eines Benutzers werden als Besuch (**Visit**) bezeichnet. Somit ergibt sich die in Abbildung 26 dargestellte hierarchische Beziehung zwischen den einzelnen Größen: Ein Benutzer (**User**), ein identifizierbares Individuum, kann zu unterschiedlichen Zeitpunkten eine Webpräsenz besuchen (Visit). Ein solcher Besuch besteht aus mehreren Seitenaufrufen (Page Impressions), welche wiederum aus einer größeren Anzahl an Dateien bestehen, die von dem Benutzer abgefragt werden (Hits). [vgl. Cutler und Sterne (2000), S. 15/16]

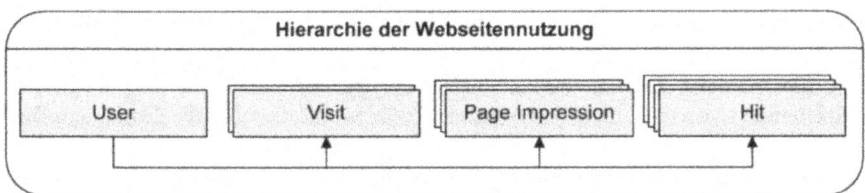

**Abbildung 26: Hierarchie der Webseitennutzung [in Anlehnung an Cutler und Sterne (2000), S. 16]**

Die Identifizierung eines Besuchs lässt sich durch Aneinanderfügen von zeitlich aufeinander folgenden Hits erreichen. Es muss jedoch zuvor definiert werden, wie groß der Zeitraum sein darf, der zwischen zwei Anfragen an den Server entsteht und ab wann von zwei unterschiedlichen Besuchen gesprochen wird. Je nach Anwendung und angebotenem Inhalt können dabei unterschiedliche Zeiträume sinnvoll sein. Für die Webpräsenz eines Onlineshops können 30 Minuten eine sinnvolle Zeitspanne sein, während für ein Onlineangebot eines Informationsdienstes durchaus auch ein längerer Zeitraum gewählt werden kann, da hier durch das Lesen von angebotenen Artikeln längere Pausen zwischen dem Aufruf von zwei Seiten entstehen können. [vgl. Spiliopoulou (2001), S. 495]

Um die Zugriffe eines Users zu Page Impressions und schließlich zu Besuchen zusammenzufassen, ist es notwendig, die verschiedenen Abrufe einem Nutzer zuordnen zu können. Im Rahmen der Logfiles geschieht dies über die IP-Adresse eines Clients. Die IP-Adresse ist die 32 Bit große numerische Adressierung einer Ressource (PC, Server, Drucker etc.) in einem offenen Netzwerk. Zu einem Zeitpunkt kann diese Adresse nur an einen Rechner vergeben werden und ist folglich eindeutig. Somit kann in einem ersten Schritt angenommen werden, dass Zugriffe von einer IP-Adresse einem Benutzer zugeordnet werden können. Allerdings trifft dies nur zu, wenn ein Nutzer über eine statische IP-Adresse verfügt, d. h. der Benutzer bei jeder Verbindung mit dem Internet dieselbe IP-Adresse verwendet. Viele ISP (Internet Service Provider) bieten jedoch in ihren Standardtarifen nur die dynamische Zuweisung einer IP-Adresse an[50], womit zwar eine einzelne Sitzung durch die IP-Adresse identifiziert werden kann, jedoch unterschiedliche Sitzungen nicht einem Benutzer zugeordnet werden können. [vgl. Broder (2000), S. 59] Doch auch wenn ein Rechner eine statische IP besitzt, können immer noch unterschiedliche Benutzer diesen einen PC verwenden[51], womit auch bei einer statischen IP nicht sichergestellt ist, dass ein Nutzer korrekt identifiziert werden kann. Um trotzdem eine Benutzeridentifikation vornehmen zu können, stehen zwei Mechanismen zur Verfügung. Zum einen kann ein Benutzer durch ein Loginverfahren innerhalb der Webpräsenz eindeutig identifiziert werden. Informationen über den Benutzer werden dann in den Logfiles in den Feldern für Benutzernamen abgespeichert. Eine zweite Möglichkeit der Benutzeridentifikation stellt die Verwendung von Cookies dar. Cookies[52] sind Textdateien, die von einem Webserver generiert und auf dem Client-PC abgespeichert werden. Dabei existieren Cookies, die nur für die Dauer des Besuchs einer Webseite angelegt werden und die folglich auch nicht für die wiederholte Identifikation von Benutzern geeignet sind und es existieren Cookies, die dauerhaft auf dem Client-PC gespeichert werden. Wann immer ein Benutzer wieder die Webseite auf dem entsprechenden Webserver besucht, kann dieser die gespeicherten Cookies einlesen und erhält Informationen über den Benutzer. Dabei kann bspw. der Name eines Benutzers an den Webserver übermittelt werden, womit die Identifizierung möglich wird. Darüber hinaus werden durch Cookies häufig auch weiter gehende Informationen übermittelt, bspw. der Inhalt eines Warenkorbs, um einen abgebrochenen Einkauf später wieder fortzusetzen.[53] [vgl. Kimball und Merz (2000), S. 54/55]

Ist für die Logfileanalyse die Identifikation eines Besuchs (Visits) ausreichend und der Benutzer muss nicht genauer bestimmt werden, so steht eine Möglichkeit zur Verfügung, welche die Zusammenführung der Seitenaufrufe eines Besuchs erlaubt: Die Verwendung einer Session-ID. Werden Session-IDs eingesetzt, so wird bei der ersten Anfrage eines Besuchs ein Identifikationsschlüssel vom Server an den Client übertragen. Startet der Client eine neue Anfrage an den Webserver, so wird der zuvor erhaltene Identifikationsschlüssel mit der Anfrage übermittelt. Für die Dauer einer zusammenhängenden Sitzung bleibt der

---

[50] Bei jeder neuen Verbindung mit dem Internet wird dem Benutzer eine IP aus dem IP-Pool des ISP dynamisch zugewiesen.
[51] Wie dies bspw. für PCs in Internetcafés der Fall ist.
[52] Mehr Informationen zu Cookies finden sich unter http://www.cookiecentral.com (Stand: 01.12.2005).
[53] Vgl. z. B. http://www.amazon.de.

Identifikationsschlüssel gleich, für spätere Besuche wird jedoch ein neuer Identifikationsschlüssel vergeben. [vgl. Säuberlich (2002), S. 111]

Für die sichere Identifikation eines Besuchers steht folglich in erster Linie die Registrierung zur Verfügung. Wenn man davon ausgeht, dass der Benutzer seinen Logindaten nicht an Dritte weitergibt, so kann er bei jedem Besuch eindeutig identifiziert werden. Ist lediglich das Zusammenführen von Page Impressions zu einem Besuch notwendig, so kann auf die Verwendung von Session-IDs und Cookies zurückgegriffen werden. Tabelle 1 fasst die verschiedenen Möglichkeiten der Identifizierung von Benutzern und Besuchen zusammen.

| Identifikationsverfahren | Besuchsidentifikation | Benutzeridentifikation |
|---|---|---|
| IP-Adresse | eingeschränkt möglich | eingeschränkt möglich |
| Cookies (temporär) | möglich | nicht möglich |
| Cookies (permanent) | möglich | eingeschränkt möglich |
| Session-ID | möglich | nicht möglich |
| Registrierung | möglich | möglich |

Tabelle 1: Identifikationsverfahren

Neben der Zuordnung, wer das Webangebot besucht hat, sind die wichtigsten Informationen, die aus einem Logfile gewonnen werden können, Angaben darüber, welche Dokumente in welcher Reihenfolge abgerufen worden sind. Dazu werden die Page Impressions eines Besuchs und ihre Reihenfolge zusammengefasst. So kann für jeden Besuch ein genauer Verlauf ermittelt werden. Durch den Vergleich der Muster von verschiedenen Benutzern können allgemeine Nutzungsmuster extrahiert werden. Zusätzlich lassen sich weitere Informationen aus Logfiles gewinnen. Durch die Zuordnung von IP-Adressen zu Länderdomains kann untersucht werden, aus welchen Ländern die Besucher einer Webpräsenz kommen, und es kann ermittelt werden, ob es sinnvoll ist, den Webauftritt in weitere Sprachen zu übersetzen. Durch die Erstellung einer zeitlichen Zugriffsverteilung kann ermittelt werden zu welchen Tageszeiten verstärkt Anfragen an den Webserver gestellt werden. Vergleicht man die Logfiles längerfristig können auch Tages- oder Saisonschwerpunkte des Zugriffs ermittelt werden. Anhand der Auswertung der Statuscodes lässt sich überprüfen, ob bei der Übermittlung einzelner Seiten Fehler aufgetreten sind, und ob es Seiten gibt, bei denen solche Fehler gehäuft auftreten oder die sogar in keinem Fall richtig übertragen wurden.

Um die Analyse bei gezielten Fragestellungen, die darauf abzielen, die Aufrufe bestimmter Seiten innerhalb der Webpräsenz zu untersuchen, zu vereinfachen, können so genannte Web Bugs (auch clear GIF, 1-by-1 GIF, invisible GIF oder beacon GIF genannt) eingesetzt werden. Bei Web Bugs handelt es sich um kleine Dateien (meist Bilddateien der Dimension 1x1 Pixel), die in die zu untersuchenden Seiten integriert werden und einen dynamischen Charakter besitzen, so dass sie nicht in einem Cache[54] gespeichert werden können und bei jedem Seitenaufruf neu geladen werden. Werden Informationen über die Verwendung einer speziellen Seite benötigt, so können die Einträge aus dem Logfile verwendet werden, welche den Aufruf der eingebundenen Datei beinhalten. [vgl. Säuberlich (2002), S. 113/114] In der Praxis setzt bspw. die Informationsgemeinschaft zur Feststellung der Verbreitung von Werbeträgern e. V. (IVW) Web Bugs ein, um den Erfolg von Onlineangeboten (gemessen durch die Anzahl der Zugriffe auf eine Seite) zu bestimmen.[55] Für die Vereinfachung der Analyse der eigenen Webpräsenz stellen Web Bugs ein probates Mittel dar, doch in der Vergangenheit wurde deren Anwendung häufig in zweifelhafter Art vorgenommen. Insbesondere das Einbinden von Grafiken von einem Server eines Dritten[56] und das damit verbundene Speichern von Cookies von Dritten zum Ermitteln des Surfverhaltens und dem Erstellen von Kundenprofilen, von denen der Nutzer keine Kenntnis besitzt, erscheint aus datenschutzrechtlicher Perspektive bedenklich.[57]

## 4.3 Probleme im Umgang mit Logfiles und deren Lösung

Werden Logfiles für Analysen herangezogen, so muss beachtet werden, welche Probleme bei der Verwendung von Logfiles als Datengrundlage auftreten können. Das erste generelle Problem besteht darin, dass die Anforderung einer Website oder eines Dokumentes nicht zwingend durch den Webserver, auf dem die Seite originär gespeichert ist, bedient werden muss. Es besteht ebenso die Möglichkeit, dass die angeforderte Seite aus dem Cache des Clients (Browsercache) oder aus dem Cache eines Proxyservers geladen wird. In beiden Fällen wird die Anfrage nicht an den Webserver geleitet, und es erfolgt somit kein Eintrag in den Logfiles. Um dieses Problem zu umgehen, stehen unterschiedliche Vorgehensweisen zur Verfügung. Im Rahmen des HTTP besteht die Möglichkeit, durch Wahl von geeigneten Kopffeldern die lokale Speicherung von

---

[54] Ein Cache ist in diesem Zusammenhang ein lokaler Speicher, in dem aufgerufene Webdokumente zwischengespeichert werden. Werden diese Dokumente erneut aufgerufen, so wird zuerst versucht, sie aus dem Cache zu laden. Erst wenn dies nicht möglich ist, wird die Dokumentanfrage an den Server gerichtet (siehe auch Kapitel 4.3).
[55] Ausführlichere Informationen über die Tätigkeit der IVW finden sich unter http://www.ivw.de (Stand: 01.12.2005).
[56] Das Aufrufen der Grafik von einem anderen Webserver als dem, auf dem sich die eigentlich angeforderte Webseite befindet, ermöglicht das Setzen eines weiteren Cookies. Durch eine weite Verbreitung der Web Bugs eines Anbieters können Rückschlüsse über das Surfverhalten von Benutzern gewonnen werden.
[57] Ausführliche Informationen über die Anwendung von Web Bugs finden sich unter http://www.bugnosis.org (Stand: 01.12.2005).

Daten einer Website zu unterbinden. [vgl. Schmidt-Thieme und Gaul (2002), S. 45] Eine zweite Methode, das Cacheproblem zu umgehen, besteht darin, das Webangebot dynamisch zur Abfragezeit zu generieren. Die so erstellten Seiten werden nicht in einem Cache abgelegt. Eine dritte Möglichkeit besteht in der Verwendung von Session-IDs, die bei einem Aufruf einer Seite an die URL angehängt werden. Da es sich bei den Session-IDs um eindeutige Identifikationsschlüssel handelt, ist jede aufgerufene URL einzigartig und wird folglich auch nicht aus einem Cache bereitgestellt, sondern neu von dem entsprechenden Webserver geladen. [vgl. Säuberlich (2002), S. 111]

Ein weiteres Problem im Umgang mit Logfiles besteht darin, dass bei der Auswertung nur Anfragen analysiert werden sollen, die von menschlichen Nutzern generiert worden sind. Jedoch finden sich in den Logfiles auch Zugriffe von Web Robots, auch Web Crawler oder Web Spider genannt. Web Robots werden bspw. von Suchmaschinenbetreibern zur Seitenindizierung eingesetzt und verrichten ihre Arbeit vollautomatisch ohne Interaktion mit einem Benutzer. Sind die Web Robots gemäß dem Robots Exclusion Standard implementiert, so kann der Betreiber einer Website bestimmen, auf welche Bereiche ein Zugriff durch Robots erfolgen darf und in welchen Bereichen der Zugriff untersagt ist. [vgl. Koster (1994)] Da der Standard für den Entwickler eines Robots jedoch nicht bindend ist, kann nicht ausgeschlossen werden, dass in den Logfiles noch immer nichtmenschliche Zugriffe protokolliert sind. Um Einträge von Robots aus den Logfiles zu eliminieren, kann auf IP-Listen zurückgegriffen werden, mit deren Hilfe die Einträge, die auf Robots zurückzuführen sind, identifiziert werden können. Da auch durch dieses Verfahren nicht zwingend alle Zugriffe durch Robots aus den Logfiles herausgefiltert werden können, kann zusätzlich durch die Art des Zugriffs versucht werden, Roboteinträge zu erkennen. *Tan* und *Kumar* stellen unterschiedliche Möglichkeiten vor, wie der Zugriff eines Robots in Logfiles erkannt werden kann [vgl. Tan und Kumar (2000)]:

1. Durch eine Analyse der Klickgeschwindigkeit innerhalb einer Sitzung. Sehr schnell aufeinander folgende Seitenaufrufe deuten auf einen Web Robot hin, geringe Abweichungen in den Zeitabständen zwischen den einzelnen Seitenabrufen ebenfalls.
2. Durch die Analyse der Referrerangaben. Finden sich innerhalb einer Sitzung keine Hinweise auf direkt zuvor besuchte Seiten (was darauf hinweist, dass die verschiedenen Seiten nicht über Links aufgerufen wurden, sondern direkt über die Eingabe der URL) weist dies auf einen Web Robot hin.
3. Durch die Analyse der aufgerufenen Seiten. Zum einen weist eine hohe Anzahl an aufgerufenen Seiten auf einen Web Robot hin, zum anderen können unterschiedliche Suchstrategien von Robots identifiziert werden.

Betrachtet man die Seitenhierarchie einer Webpräsenz und stellt fest, dass die Seitenaufrufe zuerst in die Breite und danach erst in die Tiefe gehen, so ist dies auch ein Hinweis, der auf einen Web Robot hindeutet.
4. Der Aufruf der ROBOTS.TXT-Datei[58] weist auf einen Web Robot hin, da angenommen werden kann, dass lediglich Robots diese Datei aufrufen.

Ein weiteres Problem tritt auf, wenn beim Design der Webpräsenz Frames verwendet werden. Frames dienen dazu, ein Browserfenster in mehrere Teilbereiche zu untergliedern. Für jeden Frame kann dann eine eigene HTML-Seite geladen werden und die Inhalte von einzelnen Frames lassen sich separat ändern. Verwendet werden Frames häufig, um Navigationsleisten von dem eigentlichen Inhalt der Seite zu trennen. In den Logfiles werden auch die Aufrufe der Navigationsframes protokolliert und es muss gegebenenfalls überprüft werden, welche HTML-Seiten einem solchen Frame zuzuordnen sind, und ob diese Frames von der Analyse ausgenommen werden sollten oder nicht.

Bei der Analyse von Logfiles, in denen die Zugriffe auf den Webserver über einen längeren Zeitraum protokolliert werden, muss darüber hinaus beachtet werden, dass die Struktur der Website eventuell Änderungen unterzogen wurde. So werden sich bspw. die Klickpfade der Benutzer verändern, wenn die hierarchische Struktur des Webauftritts geändert wurde. In solchen Fällen ist es notwendig, über eine Dokumentation der Veränderungen zu verfügen, in der sowohl die alte als auch die neue Struktur der Website festgehalten wird. Liegt eine solche Dokumentation nicht vor, so können die alten Logdaten nicht oder nur eingeschränkt für eine Analyse verwendet werden. [vgl. Arndt (2002), S. 351]

Abschließend muss auch auf die allgemeine Problematik der Verwendung von historischen Logfiles eingegangen werden. Generell handelt es sich bei den Daten aus Logfiles immer um vergangenheitsbezogene Daten, womit bei der Analyse dieser Daten vorausgesetzt wird, dass das zukünftige Verhalten der Benutzer dem Verhalten der Benutzer in der Vergangenheit entspricht. Jedoch können keine allgemeingültigen Hinweise dafür gefunden werden, dass diese Annahme in jedem Fall zutrifft. Als Schlussfolgerung kann daraus abgeleitet werden, dass es sich bei der Analyse von Logfiles nicht um einen einmaligen abgeschlossenen Vorgang handelt, sondern vielmehr um einen permanent andauernden Prozess, in dessen Verlauf Änderungen im Verhalten der Benutzer schnell erkannt und zielgerichtete Reaktionen auf diese Veränderungen initiiert werden müssen.

---

[58] In der ROBOTS.TXT-Datei im Rootverzeichnis des Webservers werden nach dem Robots Exclusion Standard die Bereiche einer Webseite definiert, auf die ein Web Robot keinen Zugriff hat.

Aus den Problemen, die bei der Durchführung einer Logfileanalyse auftreten können, lässt sich die Forderung ableiten, das Design und den technischen Aufbau einer Webpräsenz frühzeitig an die Anforderungen der Analyse anzupassen. Dazu gehören zum einen die Implementierung von Maßnahmen, welche die nachträgliche Identifikation von Sessions und Benutzern ermöglichen und vereinfachen und zum anderen eine ausführliche Dokumentation des Aufbaus des Website, in der Änderungen an der Struktur mit den zugehörigen Zeitangaben, wann diese Veränderungen vorgenommen wurden, protokolliert werden. Die Durchführung dieser Maßnahmen bildet die Grundlage einer qualitativ hochwertigen Analyse von Weblogfiles.

## 4.4 Datenverständnis und Aufbereitung der Daten

Bevor mit der Aufbereitung der Daten für die nachfolgende Analyse begonnen wird, sollte sichergestellt werden, dass ein allgemeines Verständnis der vorliegenden Daten erlangt wird. Dieses allgemeine Datenverständnis wird durch eine Übersicht über die vorliegenden Daten und deren skizzenhafte Beschreibung erreicht. Durch die bewusste und gezielte Betrachtung der verwendeten Daten können schon im Voraus, bevor die eigentliche Analyse beginnt, wichtige Erkenntnisse gewonnen werden, die das weitere Vorgehen im Web Mining Prozess erleichtern. Gemäß dem CRISP-DM (Cross Industry Standard Process for Data Mining) lassen sich zur Erlangung der Datenverständnisses die Phasen **Collect**, **Describe**, **Explore** und **Verify** unterscheiden [vgl. Chapman et al. (2000), S. 20-22]:

*Collect:* Ziel dieser Phase ist die Erstellung einer Liste mit den in einem Analyseprojekt verwendeten Daten. Die Liste beinhaltet Informationen darüber, wo die verwendeten Daten abgespeichert sind, ob Probleme beim Erstellen der Daten aufgetreten sind und falls dies der Fall ist, wie diese Probleme für zukünftige Projekte zu umgehen bzw. zu lösen sind. Werden für die Logfileanalyse bspw. Logfiles von unterschiedlichen Servern verwendet so kann deren Herkunft vermerkt werden, oder wird der strukturelle Aufbau einer Website im Laufe der Aufzeichnung eines Logfiles geändert, so können die Veränderungen in der Phase Collect festgehalten werden.

*Describe:* Ziel dieser Phase ist eine allgemeine Beschreibung der verwendeten Daten. Dabei sind Informationen über das Format und den Umfang der Daten ebenso von Interesse wie generelle Angaben über einzelne Felder in den Datensätzen. Im Rahmen der Vorbereitung für die Logfileanalyse geht es hier bspw. darum, den Zeitraum zu bestimmen, über den die Logfiles erhoben wurden, den Gesamtumfang der gespeicherten Logfiles und natürlich um das Format, in dem die Logfiles vorliegen, um die einzelnen gespeicherten Items zu identifizieren.

*Explore:* In dieser Phase werden bereits einfache statistische Verfahren auf die Analysedaten angewandt. Dabei handelt es sich in erster Linie um Verfahren der deskriptiven Statistik wie der Erstellung von Häufigkeitsverteilungen von Feldwerten. Bezogen auf die Logfileanalyse könnten in dieser Phase des Datenverständnisses bspw. allgemeine Zugriffsstatistiken der zu untersuchenden Website erstellt werden, wie sie von den meisten Analysetools angeboten werden (siehe Kapitel 4.6). Ziel dieser ersten Untersuchungen ist die Gewinnung von Erkenntnissen für die spätere, tiefer gehende Analyse.

*Verify:* Hierbei geht es darum, die Qualität der Daten näher zu betrachten. Es gilt festzustellen, ob die vorhandenen Daten vollständig sind und ob die Daten Fehler enthalten oder ob mit fehlenden Werten zu rechnen ist. Ist dies der Fall, so sollten (falls möglich) Schritte festgehalten werden, wie sich diese Probleme für zukünftige Projekte umgehen oder beseitigen lassen.

In Kapitel 4.2 wurden bereits die Arten von Informationen dargestellt, die aus einem Logfile extrahiert werden können. Es wurde jedoch bisher weitgehend ausgeklammert, wie diese Extraktion praktisch umzusetzen ist. Wie bei den meisten analytischen Verfahren korreliert die Qualität der Endergebnisse mit der Güte des zugrunde liegenden Datenmaterials. Ähnlich dem KDD-Prozess nimmt auch im Web Mining die Auf- und Vorbereitung der Daten für die eigentliche Analyse den Hauptteil des zeitlichen Gesamtaufwands in Anspruch. Das Vorgehen bei der Aufbereitung von Logfiles lässt sich dabei in mehrere Schritte unterteilen:

1. Datenbereinigung.
2. Identifizieren von einzelnen Sitzungen im Logfile.
3. Identifizieren des Benutzers, wenn möglich.
4. Löschen der Einträge von Web Robots.
5. Löschen der überflüssigen Hits, die durch das Laden von Elementen einer einzelnen Webseite entstehen (Bilder, Flashanimationen etc.).

Mögliche Vorgehensweisen für die einzelnen Schritte lassen sich wie folgt beschreiben:

*Datenbereinigung:* Das Ziel der Datenbereinigung ist es, diejenigen Einträge in den Logfiles zu eliminieren, die nicht in die Analyse mit einbezogen werden sollen. Dabei kann es sich um Einträge handeln, die von Web Robots erzeugt wurden (siehe Löschen der Einträge von Web Robots), aber auch um Zugriffe von Mitarbeitern des Unternehmens (bspw. Systemadministratoren oder Webdesigner). Eine Löschung der Zugriffe von Mitarbeitern kann meist über den IP-Adressbereich des Unternehmens vorgenommen werden.

*Identifizieren von einzelnen Sitzungen:* Wie bereits in Kapitel 4.2 ausgeführt wurde, ist eine Sitzung (bzw. ein Besuch) durch logisch zusammenhängende Seitenaufrufe ein und derselben Person gekennzeichnet. Eine solche Sitzung kann durch eine zeitliche Eingrenzung der aufgerufenen Seiten von einer IP-Adresse vorgenommen werden, wobei eine Zeitspanne definiert werden muss, die, wenn sie überschritten wurde, zwischen zwei Sitzungen trennt. Die Dauer zwischen zwei Aufrufen kann direkt aus den Items eines Logfiles berechnet werden, in denen der Zeitpunkt des Zugriffs auf ein Dokument gespeichert wird. Eine zweite Möglichkeit der Sitzungsidentifikation besteht in der Verwendung einer Session-ID, die bei der Anfrage an den Server an die URL angehängt wird und für jede Sitzung eindeutig ist. Somit können aus dem Item eines Logfiles, in dem das angeforderte Dokument abgelegt wird, diejenigen Dokumentanforderungen einer zusammengehörenden Sitzung identifiziert werden. Weitere Möglichkeiten der Sitzungsidentifikation ergeben sich aus dem Setzen von temporären Cookies sowie dem Verwenden eines Loginverfahrens.

*Identifizieren des Benutzers:* In Kapitel 4.3 wurde bereits festgehalten, dass zu einer eindeutigen wiederholten Benutzeridentifikation lediglich das Einloggen eines Benutzers mit einem eindeutigen Benutzernamen verwendet werden kann.

*Web Robot Einträge löschen:* Die Einträge von Web Robots werden entweder anhand der bekannten IP-Adressen der Web Robot Betreiber oder durch das typische Abfrageverhalten der Bots entfernt. Hierbei gilt, dass die Entfernung anhand der IP-Adressen direkt aus den Logfiles erfolgen kann, durch den Vergleich mit dem Item, in dem die IP-Adresse des anfragenden Clients protokolliert wird. Das Abfrageverhalten muss zuerst näher analysiert werden, bevor eine Löschung von Einträgen vorgenommen werden kann.

*Löschen der überflüssigen Hits:* Überflüssige Hits ergeben sich vor allem durch das Aufrufen von nicht direkt informationstragenden Elementen wie bspw. Bilder oder Formatierungsdateien wie Cascading Style Sheets (CSS). Zum Entfernen müssen die Dateiendungen oder die vollständigen Namen der zu entfernenden Dateien festgelegt werden. Anhand des Logfileitems, in dem das angeforderte Dokument abgelegt ist, kann durch Vergleich der Dateitypen bzw. -namen die Entfernung vorgenommen werden.

Die Aufbereitung der Logfiledaten ist ein allgemeingültiges Vorgehen, das unabhängig von den späteren Analyseabsichten durchgeführt wird. Für die einzelnen Analyseverfahren sind zusätzlich Transformationen notwendig, um die Daten in eine geeignete Form zu überführen.

## 4.5 Verfahren der Webloganalyse

Die Aufgabenstellung der Webloganalyse lässt sich in zwei Hauptbereiche untergliedern. Zum einen ist dies die Erstellung von Kennzahlen der Seitennutzung. Dazu zählen bspw. Angaben über die Gesamtzahl der Seitenaufrufe, die Gesamtzahl der Besuche, häufige Einstiegs- und Ausstiegsseiten oder Herkunft der Benutzer (siehe auch Kapitel 4.7). Zum anderen dient die Webloganalyse als Ausgangspunkt für eine detailliertere und inhaltsspezifischere Untersuchung der Benutzungsprozesse einer Webseite. Die Fragestellungen im Rahmen dieser speziellen Analyse der Weblogfiles ähneln denen des Data Mining bzw. allgemeinen Fragestellungen der Markt- und Kundenforschung. Somit können Weblogfiles im Rahmen des aCRM als eine von vielen Datenquellen zur weiteren Analyse herangezogen werden.

Unter den beschreibenden Verfahren lassen sich in erster Linie Verfahren zur Erstellung von Kennziffern zusammenfassen. Dabei handelt es sich vor allem um die Erstellung von deskriptiven Statistiken, in denen Angaben über die allgemeine Nutzung der Inhalte einer Webpräsenz erstellt werden, ohne eine weitergehende Interpretation der Ergebnisse bereitzustellen. Zu den üblichen Angaben zählen dabei Absolutwerte (z. B. bezogen auf Seitenzugriffe) und Mittelwerte (z. B. bezogen auf die durchschnittliche Anzahl der angefragten Seiten pro Besuch). Die analysierenden Verfahren decken den Teilbereich der detaillierteren Besuchsanalyse ab und zielen typischerweise darauf ab, Antworten auf Marketingfragen zu geben, um bspw. Cross-Selling-Potenziale aufzudecken. Bei den analysierenden Verfahren handelt es sich um Methoden, die prinzipiell auch im Data Mining eingesetzt werden und die einem der Ziele Klassifikation, Segmentierung, Abhängigkeitsanalyse oder Prognose zuzuordnen sind (siehe Kapitel 3.1). Somit wird auch die zu Beginn dieses Kapitel vorgenommene Einordnung der Webloganalyse in den Bereich des Web Minings verdeutlicht: Die Anwendung von Verfahren des Data Mining auf Daten, die im Rahmen des Internets generiert worden sind.

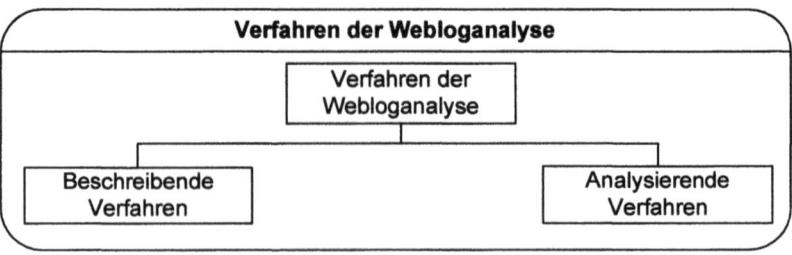

Abbildung 27: Verfahren der Webloganalyse

## 4.6 Softwarelösungen zur Webloganalyse
Für die Analyse von Weblogfiles besteht bereits ein reichhaltiges Angebot an unterschiedlichen Programmen, die sich in Umfang und Funktionalität unterscheiden. Im Folgenden soll untersucht werden, welche Möglichkeiten der Auswertung die vorhandenen Softwarelösungen bieten. Im Allgemeinen handelt es sich bei den Programmen zur Webloganalyse um kennzahlenorientierte Software, der Funktionen zur komplexeren Analyse der Benutzungsvorgänge fehlt. Somit lässt sich der Funktionsbereich der betrachteten Programme den beschreibenden Verfahren zuordnen (siehe Kapitel 4.5).

Die vorhandenen Softwareprodukte lassen sich allgemein in die beiden Kategorien Freeware / Open Source und kommerzielle Produkte einteilen. In einer eigenen Feldstudie wurden 12 Produkte[59] aus beiden Kategorien näher im Hinblick auf Funktionsweise und Funktionalität untersucht. Keine Berücksichtigung in der Untersuchung fanden Logfileanalysetools, die serverseitig als Skript ausgeführt werden. Somit wurden nur direkt ausführbare Programme und Programme, die als Dienst ausgeführt werden können, betrachtet. Bei den als Dienst ausführbaren Programmen steht meist nur ein Webinterface zur Steuerung zur Verfügung (z. B. Sawmill), während die anderen Programme über eine eigene GUI verfügen, über welche die Steuerung erfolgt. Verwendet wurde bei der Untersuchung ein Logfile mit ca. 85000 Einträgen.

Die Informationen, die durch die Analyse der Logfiles mit den einzelnen Programmen ermittelt werden, lassen sich in zehn Kategorien ordnen:

1. *Allgemeine Angaben zur Nutzung der Website*: Gesamtzahl der Hits, durchschnittliche Hits pro Tag, durchschnittliche Hits pro Stunde, durchschnittliche Hits pro Besucher, durchschnittliche von einem Besucher abgerufene Datenmenge, Gesamtzahl der Besucher, durchschnittliche Besucherzahl pro Tag, durchschnittliche Verweildauer, durchschnittliche Anzahl der Seitenaufrufe pro Besucher, durchschnittliche Anzahl der Downloads pro Besucher, Gesamtzahl der unterschiedlichen IP-Adressen, Anzahl der einmaligen Besucher, Anzahl der wiederholten Besucher, Gesamtzahl der Seitenaufrufe, durchschnittliche Anzahl der Seitenaufrufe pro Tag etc.
2. *Zeitbezogene Angaben der Seitennutzung*: Tag mit den meisten Besuchen, Tag mit dem höchsten Datenverkehr, Tageszeit mit den meisten Besuchen, Tageszeit mit dem höchsten Datenverkehr etc.

---

[59] Eine vollständige Liste der untersuchten Softwaretools findet sich in Anhang A.

3. *Besucherinformationen*: Besucher mit den meisten Seitenaufrufen, Besucher mit dem höchsten Datenverkehr, Besucher mit der höchsten Verweildauer etc.
4. *Abgerufene Ressourcen*: die am häufigsten abgerufenen Seiten, die am häufigsten abgerufenen Dateien, die Verzeichnisse, auf die am häufigsten zugegriffen wurde, die häufigsten Einstiegsseiten, die häufigsten Ausstiegsseiten, häufige Klickpfade, Verteilung der Klicktiefe der Besucher etc.
5. *Angaben über Referrer*: die häufigsten Referring-Domains, die häufigsten Referring-URLs etc.
6. *Suchmaschinen und Robots*: die Suchmaschinen, von denen am häufigsten auf die Website verwiesen wurde, die häufigsten Suchbegriffe, die auf die Website geführt haben, Robots, die häufig die Website besucht haben etc.
7. *Geografische Informationen*: die häufigsten Länder, von denen aus auf die Website zugegriffen wurde, die häufigsten Städte[60], von denen auf die Website zugegriffen wurde etc.
8. *Angaben über Browser und Betriebssystem der Besucher*: die am häufigsten verwendeten Browser, die am häufigsten verwendeten Betriebssysteme etc.
9. *Angaben über Fehler im Serverbetrieb*: Angaben über abgerufene, aber nicht gefundene Dateien, Angabe über unberechtigte Zugriffsversuche, Angaben über versuchte Angriffe auf den Server etc.
10. *Marketinginformationen*: Anzahl der Besucher, die über Werbebanner auf die Website gekommen sind (eventuell bezogen auf die Kosten der Bannerwerbung), Dauer des Besuchs dieser Benutzer etc.

Informationen, die den ersten neun Kategorien zuzuordnen sind, finden sich in allen untersuchten Programmen. Marketinginformationen lassen sich jedoch nur mit den Programmen 123 LogAnalyzer, Absolute Log Analyzer und Surfstats extrahieren. Die betrachteten Programme bieten somit in erster Linie beschreibende Verfahren, die speziell auf Logfiles zugeschnitten sind. Analysierende Verfahren werden nicht angeboten. Werden diese benötigt, so muss auf Softwarelösungen aus dem Data Mining Bereich oder auf spezielle statistische Software zurückgegriffen werden. Die Darstellung der Ergebnisse erfolgt in den Programmen zumeist in Berichtsform im HTML-Format als externe Datei, bei einigen Programmen lassen sich die Ergebnisse auch direkt in der Programm-

---

[60] Die Identifikation der Stadt über die IP-Adresse eines Benutzers ist nur dann möglich, wenn die IP-Adresse einem Bereich angehört, der eindeutig einer Stadt oder ihrem näheren Umfeld zuzuordnen ist. Dies ist bspw. bei regionalen ISP wie NetCologne oder HanseNet möglich, bei überregional tätigen ISP wie T-Com oder Arcor entfällt hingegen die Möglichkeit einer genauen örtlichen Lokalisierung des Besuchers einer Webseite.

umgebung betrachten. Abbildung 28 zeigt die GUI des Analyseprogramms Surfstats.

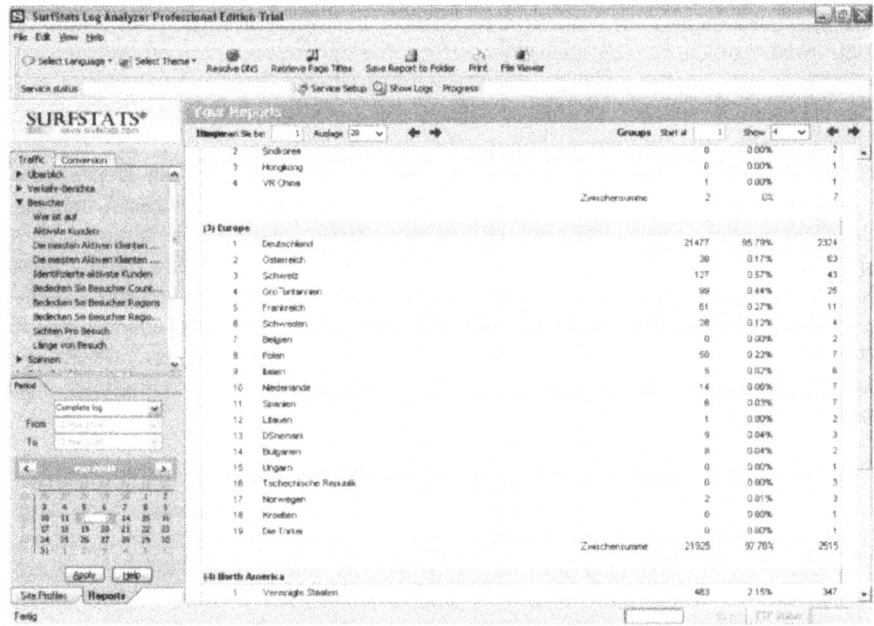

**Abbildung 28: Logfileanalyse mit Surfstats**

## 4.7 Webloganalyse als Instrument des Webcontrolling

Wird eine Webpräsenz im kommerziellen Bereich eingesetzt, so ist deren Erfolg zu prüfen. Eine Möglichkeit dieser Erfolgsmessung und –prüfung bietet das Webcontrolling. Die Funktion des Webcontrollings besteht darin, führungs- und entscheidungsrelevante Informationen über die Webpräsenz einer Unternehmung bereitzustellen. [vgl. Schwickert und Beiser (1999), S. 5] Dabei soll versucht werden, den Erfolg einer Webpräsenz zu quantifizieren. Mittel der Quantifizierung stellt die Bildung von Kennziffern dar, mit denen Aussagen über den Erfolg und die Effizienz verschiedener Bereiche des Webauftritts getroffen werden können. Kennziffern ergeben sich durch die Verdichtung von vorhandenem Datenmaterial zu aussagekräftigen Werten. [vgl. Reichmann / Fritz / Nölken (1993), S. 469] Grundlage für die Erstellung von Kennziffern im Webcontrolling sind zum einen Daten, die direkt im Zusammenhang mit einer Webpräsenz ermittelt werden (also in erster Linie Logfiles der Server und des Netzwerkverkehrs) und zum anderen allgemeine betriebswirtschaftliche Daten, die im Zusammenhang mit der Webpräsenz stehen (z. B. Kunden-, Umsatz- oder Kostendaten). Somit stehen für das Webcontrolling aktuelle und detailreiche Informationen zur Verfügung, die in keinem gesonderten Verfahren erhoben werden müssen, sondern im Rahmen des operativen Geschäftes in den einzelnen Prozessen des Unternehmens (bzw. durch den Betrieb der Webseite) generiert werden. [vgl. Wall (2002), S. 329] Die Kennziffern, die sich zumeist am einfachsten ermitteln lassen, sind die direkt monetären Kennziffern. Dazu gehören bspw. die durch einen Onlineshop erzielten Umsätze oder auf Kostenseite die notwendigen Investitionen, die zur Bereitstellung eines Onlineshops getätigt werden müssen (bspw. Kosten für die Programmierung des Onlineshops oder die Kosten, die durch das Hosten des Onlineshops entstehen). Neben den monetären Kenngrößen lassen sich aber auch Kennziffern bestimmen, welche die Nutzung des Webauftritts durch die Kunden bewerten. Zu den Basiskennziffern zählen hierbei Häufigkeitsanalysen der Nutzung einzelner Seiten oder Bereiche eines Webauftritts sowie Navigationsanalysen, mit denen das Verhalten innerhalb der Webpräsenz untersucht wird. Wie bereits in den vorherigen Abschnitten des vierten Kapitels gezeigt, können solche Analysen auf der Grundlage von Weblogfiles erstellt werden.

Um den Erfolg eines Webauftritts zu bestimmen, können jedoch auch weitergehende Kennziffern bestimmt werden, die eine gezieltere Analyse und Aufteilung der Erfolgsermittlung auf verschiedene Bereiche des Webauftritts ermöglichen. Angelehnt an die Balanced Scorecard [vgl. Kaplan und Norton (1996)] kann auf Grundlage der Kennziffern eine Web Scorecard mit den Dimensionen **System**, **Kunden**, **Finanzen** und **Kampagnen** aufgestellt werden. [vgl. Meyer et al. (2001), S. 14/15] Bei der Erstellung von Kennziffern für das Webcontrolling lassen sich vier unterschiedliche Arten von Kennziffern identifizieren [vgl. Schwickert und Wendt (2000), S. 3-17]:

1. *Absolutzahlen*, die sich auf einen kurzen und überschaubaren Zeitraum beziehen, z. B. Page Hits, Page Views.
2. *Kombinationszahlen* als Ergebnis der Verknüpfung von Absolutzahlen, z. B. Anteil der Page Views einer speziellen Seite im Vergleich zur Gesamtzahl an Page Views, durchschnittliche Anzahl an Page Views pro Besucher.
3. *Zeitreihenwerte*, welche entweder die Dauer zwischen zwei Ereignissen messen oder die Veränderung von Kennziffern über mehrere Perioden betrachten, z. B. Verweildauer, Veränderung der durchschnittlichen Anzahl an Page Views pro Besucher.
4. *Integrierte Kennzahlen*, die externe Daten mit den Daten aus den Logfiles verbinden, z. B. Anteil der Onlinekunden am Gesamtkundenstamm, Kosten pro Onlinekunde.

Während sich Absolutzahlen, Kombinationszahlen und Zeitreihenwerte direkt aus den Daten der Logfiles ableiten oder berechnen lassen, benötigen die integrierten Kennzahlen zusätzliche Datenquellen. Diese können aus operativen Datenbanken stammen (um bspw. Informationen über die Käufe eines Kunden zu erhalten), idealerweise werden sie jedoch aus einem Customer Warehouse in die Analysesysteme eingespeist. In Tabelle 2 bis Tabelle 5 finden sich Beispiele zu den einzelnen Kategorien der Kennziffern wieder.

| Absolutzahlen | |
|---|---|
| Page Hits | Linknutzung |
| Page Views | Reichweite der Bannerwerbung |
| Visits | Click-Throughs der Banner |
| User | Suchbegriffe |
| One-Click-Besuche | Top-Level-Domains der Besucher |
| Weitergehende Besuche[61] | Subdomains der Besucher |
| Mehrfachbesucher | Übertragenes Datenvolumen |
| Registrierte Benutzer | Übertragungsfehler |
| Nutzungszahlen von einzelnen Seiten | Browsertypen und –Versionen |
| Einstiegsseiten | Betriebssysteme |
| Ausstiegsseiten | |

Tabelle 2: Absolutzahlen [Schwickert und Wendt (2000), S. 8]

Einfache Absolutzahlen über die Nutzung von Webseiten lassen sich in einfacher Weise durch Softwaretools zur Logfileanalyse bereitstellen (siehe Kapitel 4.6).

---

[61] Bei weitergehenden Besuchen werden mindestens zwei Seiten der betrachteten Webpräsenz aufgerufen.

| Kombinationszahlen | |
|---|---|
| Anteil der One-Click-Besuche | $\dfrac{\text{One – Click – Besuche}}{\text{Visits}}$ |
| Anteil weitergehender Besuche | $\dfrac{\text{Weitergehende Besuche}}{\text{Visits gesamt}}$ |
| Besuchstiefe | $\dfrac{\text{Page Views}}{\text{Visits}}$ |
| Anteil der Mehrfachnutzer | $\dfrac{\text{Mehrfachnutzer}}{\text{Benutzer gesamt}}$ |
| Anteil registrierter Benutzer | $\dfrac{\text{Registrierte Benutzer}}{\text{Benutzer gesamt}}$ |
| Clickstreams | Reihenfolge der Seitenaufrufe |
| Nutzerprofile | Verknüpfung von Nutzerverhalten und nutzerbezogener Daten |
| Anteil verwendeter Nutzerinformationen | $\dfrac{\text{Verwendete Kundeninformationen}}{\text{Gesammelte Kundeninformationen}}$ |
| Click-Through-Rate | $\dfrac{\text{Click – Throughs}}{\text{Reichweite}}$ |
| Antwortquote von Fragebögen | $\dfrac{\text{Ausgefüllte Fragebögen}}{\text{Page Views der Seite}}$ |
| Anteil dynamisierter Seiten | $\dfrac{\text{Dynamisch generierte Seiten}}{\text{Gesamtzahl der Seiten}}$ |
| Anteile am Transfervolumen | $\dfrac{\text{Transfervolumen des Adressaten}}{\text{Gesamtes Transfervolumen}}$ |

**Tabelle 3: Kombinationszahlen [Schwickert und Wendt (2000), S. 11]**

| Zeitreihenwerte | |
|---|---|
| Verweildauer eines Besuchs | $\sum$ Verweildauer einzelner Page Views |
| Durchschnittliche Verweildauer | $\dfrac{\sum \text{Verweildauer einzelner Nutzer}}{\text{Nutzeranzahl}}$ |
| Dauer des Fernbleibens | Aktuelles Datum – Datum letzter Besuch |
| Besuchsfrequenz | $\dfrac{\text{Besuche eines Nutzers}}{\text{Zeitraum}}$ |
| Durchschnittliche Antwortzeit des Servers | Durchschnittliche Zeitdifferenzen zwischen Client-Request und Server-Response |
| Durchschnittlicher Zeitbedarf für Downloads | $\dfrac{\sum \text{Übertragungszeit}}{\text{Anzahl Downloads}}$ |
| Täglicher, wöchentlicher, monatlicher, jährlicher Nutzungsverlauf | Nutzerzahlen, Seitenaufrufe, Serverauslastungen über bestimmte Zeiträume |
| Auslastung der Übertragungskapazität | $\dfrac{\text{Genutzte Bandbreite}}{\text{Verfügbare Bandbreite}}$ |
| Störungsrate | $\dfrac{\text{Anzahl Störungen eines Systems}}{\text{Nutzungsdauer eines Systems}}$ |
| Störungsintensität | $\dfrac{\text{Ausfallzeit durch Störungen}}{\text{Nutzungsdauer}}$ |

Tabelle 4: Zeitreihenwerte [Schwickert und Wendt (2000), S. 14]

| Integrierte Kennzahlen | |
|---|---|
| Anzahl Web-Kunden | Anzahl der Nutzer, die auch als Käufer von Produkten auftreten |
| Web-Site-Kundenquote | $\frac{\text{Anzahl Web–Site Kunden}}{\text{Gesamtzahl der Kunden}}$ |
| Loyale Kunden | Regelmäßig wiederkehrende Kunden |
| Reaktivierbares Kundenpotenzial | Ehemalige Kunden mit abnehmender Besuchs- und Kauffrequenz |
| Anteil verlassener Warenkörbe | $\frac{\text{Verlassene Warenkörbe}}{\text{Gesamtzahl der Warenkörbe}}$ |
| Kundensegmente | Unterscheidungskriterien sind z. B. Besuchsfrequenz, Besuchsdauer oder Umsatzsumme |
| Kosten der Nutzerakquisition | $\frac{\text{Kosten der Promotions – Aktion}}{\text{Gewonnene Nutzer}}$ |
| Kosten der Kundenakquisition | $\frac{\text{Kosten der Promotions – Aktion}}{\text{Gewonnene Kunden}}$ |
| Cross- und Upselling-Potenziale | Verkaufvolumina nicht-/verbundener Produkte |
| Durchschnittliche Anzahl der Clicks pro Transaktion | Anzahl der Schritte bis zur erfolgten Bestellung (optimaler Pfad) |
| Standardisierte IVW-Ergebnisse | Standardisierte Messverfahren für Page Views und Visits |

Tabelle 5: Integrierte Kennzahlen [Schwickert und Wendt (2000), S. 17]

## 4.8 Anforderungen an Logfiles aus Sicht der Kundenanalyse

Die vorigen Abschnitte lieferten den Ist-Zustand der in bestehenden Logfileformaten gespeicherten Informationen. Dieser ergibt sich aus dem ursprünglichen, eher technischen Verwendungszweck der Logfiles: Der laufenden Überprüfung und Protokollierung der Serverperformance. Betrachtet man Logfiles unter dem betriebswirtschaftlichen Gesichtspunkt der Kundenanalyse, muss evaluiert werden, welche Daten für Auswertungen benötigt werden. Darauf aufbauend kann untersucht werden, welche vorhandenen Logfileformate am besten für eine kundenbezogenen Analyse geeignet sind.

Die Antwort auf die Frage, welche Informationen für eine kundenbezogene Analyse von Logfiles benötigt werden, hängt in erster Linie vom Untersuchungsziel der Analyse ab. Dient die Untersuchung dazu, allgemeine Verhaltensmuster der Besucher einer Webpräsenz zu ermitteln oder einen speziellen Besucher mit diesen Mustern zu vergleichen, so ist es ausreichend, eine Sitzung innerhalb des Logfiles zu identifizieren, es ist jedoch nicht notwendig, dieser Sitzung eine Person zuordnen zu können. Werden jedoch die Erkenntnisse aus den Logfiles dafür benötigt, Kunden gezielt über Kanäle außerhalb der Webpräsenz anzusprechen, so muss es möglich sein, einen Nutzer einer Sitzung namentlich zuordnen zu können. Ebenso wird die Identifizierung eines speziellen Individuums notwendig, wenn personalisierte Inhalte bereitgestellt werden sollen.

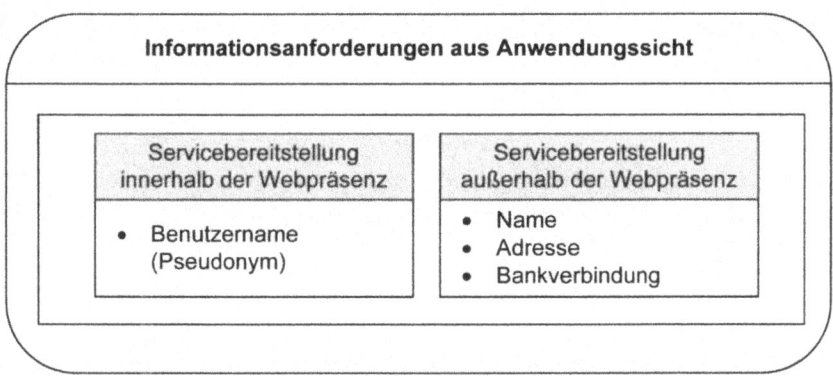

Abbildung 29: Informationsanforderungen aus Anwendungssicht

Somit ergeben sich zwei unterschiedliche Anwendungsbereiche, die eine Identifizierung von Benutzern einer Webseite voraussetzen: Individuelle Ansprache und Servicebereitstellung innerhalb einer Webpräsenz und individuelle Ansprache und Servicebereitstellung außerhalb einer Webpräsenz. Die Anforderungen für die Qualität der Besucheridentifikation sind dabei unterschiedlich. Für einen individuellen Kundenkontakt, der sich vollständig im Rahmen der Webpräsenz abspielt, ist es ausreichend zu erkennen, dass es sich bei einem Besucher um den gleichen Besucher handelt, der bspw. schon vor drei Tagen die Webseite besucht hat. Für die Identifikation ausreichend ist folglich ein Benutzername, der auch als Pseudonym für die dahinter stehende reale Person angesehen werden kann. Informationen, die von dem online verwendeten Benutzernamen auf die reale Person schließen lassen, sind vorerst nicht notwendig, so lange ein Kontakt außerhalb der Webpräsenz nicht vorgesehen ist.[62] Anders stellt sich die Situation dar, sobald der Kontakt zu dem Besucher einer Webseite auch außerhalb der Webpräsenz gesucht wird bzw. notwendig ist, um Transaktionen zwischen dem Unternehmen und dem Besucher durchführen zu können. Ein solcher Kontakt kann nur erfolgen, wenn Informationen über die reale Person vorhanden sind. Dazu zählen z. B. der Name, die Adresse oder die Bankverbindung des Besuchers einer Webseite. Die Bereitstellung dieser Informationen kann auf wirtschaftlich sinnvoller Weise nur über eine Registrierung des Besuchers erfolgen, bei der die Bereitschaft, die benötigten Angaben zu machen, vorausgesetzt werden muss.

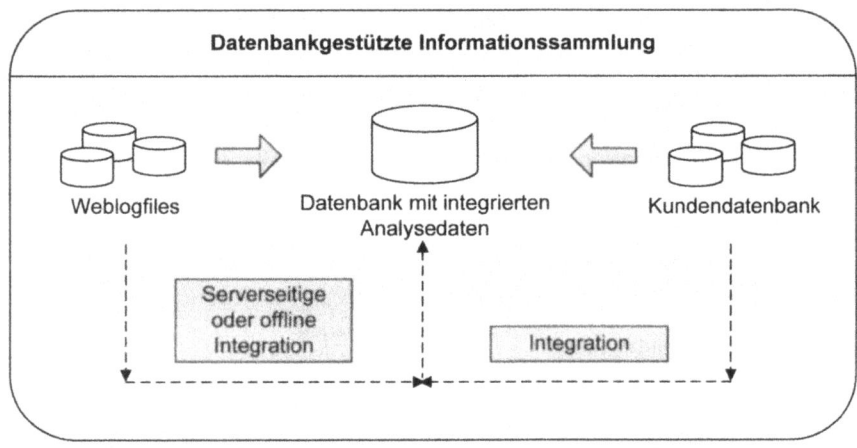

**Abbildung 30: Datenbankgestützte Informationssammlung**

Aus Anwendungssicht ergeben sich somit unterschiedliche Anforderungen an die für eine sinnvolle weitere Analyse erforderlichen Daten. Im Falle von Leistungen, die eine eindeutige Identifizierung des einzelnen Benutzers erfordern, bieten die gängigen Logfileformate nur eine unzureichende Datenbasis. Ledig-

---

[62] Es sollte allerdings angemerkt werden, dass der Übergang von einem reinen Onlinekontakt, hin zu einem Kontakt in der realen Welt sehr schnell vollzogen werden muss, insbesondere dann, wenn der Besucher einer Webseite für ihm bereitgestellte Leistungen bezahlen muss, oder ihm nicht-digitale Produkte zugesandt werden müssen. Somit kann der Fall des reinen Onlinekontakts eher als seltener Extremfall angesehen werden, so lange es sich bei dem Anbieter der Onlineleistung um ein wirtschaftlich orientiertes Unternehmen handelt.

lich der Benutzername für passwortgeschützte Bereiche einer Webseite kann mitgeloggt werden, weitergehende Informationen können jedoch nicht gespeichert werden. Erforderlich wäre ein kombiniertes Logfile, welches die allgemeinen Informationen über den Zugriff auf die Webseite aus dem Weblogfile mit Informationen aus einer Kundendatenbank ergänzt, um ganzheitliche Datensätze zu generieren (siehe Abbildung 30). Um redundante Informationen zu vermeiden, könnten anstelle eines kombinierten Logfiles die Zugriffsinformationen direkt in einer relationale Datenbank gespeichert werden. Über eine Primärschlüssel-Fremdschlüssel-Beziehung in Form des Benutzernamens, der im Rahmen der Webpräsenz durch einen Benutzer verwendet wird, könnte die Verbindung zu den Informationen der Kundendatenbank hergestellt werden. Die Speicherung der Loginformationen in der Datenbank kann entweder direkt durch eine entsprechende serverseitige Implementierung oder in regelmäßigen Intervallen durch Auslesen und Verarbeiten der textbasierten Logfiles mittels eines Offlinetools erfolgen. Die Extraktion von Daten für eine weiterführende Analyse des Kundenverhaltens und der Kundenpräferenzen kann dann problemlos aus der relationalen Datenbank, die die integrierten Daten beinhaltet, durchgeführt werden.

## 5 Webloganalyse als Grundlage der Personalisierung im Rahmen des eCRM

*Kapitel 5 behandelt den Aspekt der Personalisierung im Allgemeinen und im Kontext des eCRM. Kapitel 5.1 geht auf den Zusammenhang zwischen Personalisierung und Internet ein. Dabei werden die Voraussetzungen, wann Personalisierung sinnvoll erscheint, identifiziert. Kapitel 5.2 betrachtet die Einzelaspekte der Personalisierung einer Webpräsenz. In Kapitel 5.3 wird ein grober Überblick über die Methoden der Personalisierung im Kontext von Webseiten gegeben. Kapitel 5.4 behandelt datenschutzrechtliche Aspekte, die im Umgang mit Weblogfiles im Rahmen der Personalisierung und des Web Mining bedacht werden müssen. Ein Überblick über sicherheitstechnische Aspekte der Personalisierung wird in Kapitel 5.5 gegeben. Kapitel 5.6 geht abschließend auf die Grenzen der Personalisierung ein.*

In den ersten Kapiteln wurden CRM und eCRM als kundenzentrierte Unternehmensstrategien sowie die Webloganalyse als Instrument der Erkenntnisgewinnung im Kontext des aCRM dargestellt. Als wichtige Aufgaben konnte hier die Bereitstellung von kundenindividuellen Leistungen identifiziert werden. Diese wiederum können sich aus zwei Aspekten zusammensetzen, der kundenindividuellen Kommunikation sowie der Bereitstellung von individuellen Produkten und Dienstleistungen (siehe Kapitel 2.2). Im Rahmen des Internets stellt die Webseite eines Unternehmens den zentralen Kontaktpunkt zu seinen Kunden dar. Somit bildet die Webpräsenz den wichtigsten Ausgangspunkt für die Individualisierung der Kundenbeziehung im eCRM. Durch Personalisierung der angebotenen Informationen und weitergehenden Leistungen kann auf die einzelnen Kundenbedürfnisse und -präferenzen eingegangen werden.

### 5.1 Personalisierung im Internet

Personalisierung stellt die Anpassung von Produkten und Leistungen an die individuellen Bedürfnisse einzelner Kunden dar. Damit deckt das Verständnis des Begriffes der Personalisierung in dieser Arbeit ein sehr weites Feld ab. Teilweise wird in der Literatur eine Unterscheidung der Begriffe **Personalization** und **Customization** vorgenommen. Personalization umfasst dabei lediglich die persönliche Ansprache der Kunden, während Customization die eigentliche kundenwunschbezogene Individualisierung von Produkten und Dienstleistungen beschreibt. [vgl. Welsch-Lehmann (2001), S. 133] Somit können diese zwei Begriffe den beiden Teilaspekten einer kundenindividuellen Leistung zugeordnet werden: Personalization der kundenindividuellen Kommunikation und Customization der kundenindividuellen Produkt- und Leistungserstellung. In dieser Arbeit sollen unter dem Begriff der Personalisierung sowohl die individuelle Kundenansprache als auch die Anpassung von Gütern und Dienstleistungen verstanden werden und somit die Personalisierung in einem umfassenden Verständnis betrachtet werden. Wie bereits in Kapitel 2.2 dargestellt, kann jedoch nicht generell davon ausgegangen werden, dass jedes Produkt, jede Leistung oder jede Kommunikation mit dem Kunden personalisiert werden sollte. Eine mögliche Einteilung, wann Personalisierung sinnvoll erscheint und wann darauf verzichtete werden sollte, geben *Peppers* und *Rogers* in ihrer Personalisierungsmatrix, aus der sie gleichzeitig Marketingstrategievorschläge für die resultierenden Fälle ableiten [vgl. Peppers und Rogers (1997), S. 55-65]:

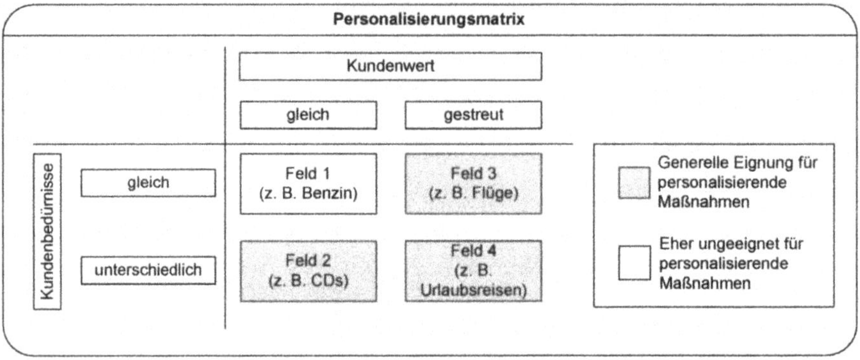

**Abbildung 31: Personalisierungsmatrix [in Anlehnung an Peppers und Rogers (1997), S. 57]**

Die Dimensionen der Entscheidung, ob Personalisierung als sinnvoll zu erachten ist oder nicht, können durch die **Verteilung des Kundenwerts** und die **vorhandenen Kundenbedürfnisse** repräsentiert werden. Für jede Dimension können zwei mögliche Ausprägungen angenommen werden, wobei diese nicht als scharfe Abgrenzungen angesehen werden müssen, sondern eher als Extremwerte der Dimensionsausprägungen, zwischen denen weitere feinere Abstufungen denkbar und in der Realität beobachtbar sind. Die Dimension des Kundenwerts wird unterteilt in die beiden Kategorien **geringe Streuung** und **starke Streuung**. Somit ergeben sich in den Extremen die Situation, dass sich ein Unternehmen einer Vielzahl von Kunden gegenüber sieht, deren Kundenwert sich nicht stark voneinander unterscheidet (wenn bspw. keine unterschiedliche Zahlungsbereitschaft der unterschiedlichen Kunden für die Befriedigung eines bestimmten Bedürfnisses zu erwarten ist) oder die Situation, dass der Kundenwert der unterschiedlichen Kunden stark variiert (z. B. im Falle einer unterschiedlichen Zahlungsbereitschaft). Die Dimension der Kundenbedürfnisse wird unterteilt in die Bereiche **gleiche Bedürfnisse** und **unterschiedliche Bedürfnisse**. Hier ergeben sich Extremsituationen, die dadurch gekennzeichnet sind, dass die Kunden entweder ein sehr ähnliches Bedürfnis zu befriedigen suchen (bspw. der Transport von Punkt A nach Punkt B) oder sich die Bedürfnisse im betrachteten

Bereich stark unterscheiden (bspw. beim Erwerb von Unterhaltungsgütern wie Musik-CDs). Durch Kombination der Dimensionsausprägungen ergibt sich eine Vier-Felder-Matrix. (siehe Abbildung 31, Bereiche, die potenziell für Personalisierungsmaßnahmen geeignet sind, wurden dunkel markiert).

*Feld 1*: Die Kundenbedürfnisse sind sehr ähnlich und Unterschiede im Kundenwert sind vernachlässigbar. Eine Personalisierung erscheint in diesem Fall nicht sinnvoll. Produkte dieser Kategorie sind bspw. Strom und Benzin.

*Feld 2*: Es existieren unterschiedliche Kundenbedürfnisse, die Kunden sind jedoch von ihrem Kundenwert sehr ähnlich. Dies trifft bspw. auf Bücher oder CDs zu. Das Angebot von unterschiedlichen Varianten und personalisierten Gütern und Leistungen erscheint sinnvoll. Systeme zur Unterstützung der Auswahl erleichtern für den Kunden den Kaufprozess.

*Feld 3*: Das dritte Feld der Matrix ergibt sich durch die Kombination aus ähnlichen Kundenbedürfnissen und einer weiten Streuung der Kundenwerte. Als Beispiel kann hier die Flugdienstleistung herangezogen werden. Hier steht als Marketingziel die Identifizierung von Schlüsselkunden mit hohem Kundenwert im Vordergrund. Durch individuelle Behandlung sollen diese an das Unternehmen gebunden werden, bspw. durch Frequent-Flyer-Programme, den Zugang zu abgetrennten Bereichen auf Flughäfen (Lounges) oder zusätzliche Annehmlichkeiten beim Check-In.

*Feld 4*: Sowohl die Kundenbedürfnisse als auch der Kundenwert der betrachteten Kunden unterscheiden sich. Dies gilt bspw. für den Bereich von Urlaubsreisen. Liegt in einem Markt eine solche Situation vor, so muss das Ziel ein effizientes One-to-One-Marketing sein, d. h. sowohl die Kundenbeziehung als auch die angebotenen Güter und Leistungen müssen individuell gestaltet werden. Wiederum müssen die Kunden mit hohem Kundenwert identifiziert werden und an ihre Wünsche angepasste Angebote erstellt werden.

Die Idee der Personalisierung einer Kundenbeziehung ist keine Idee, die mit Auftreten des Internets entstand, sondern vielmehr ein Mittel, das schon lange zuvor eingesetzt wurde. Ähnlich der *Porterschen* Auffassung, dass das Internet in vielen Bereichen nicht neue Branchen entwickelt, sondern bestehenden Branchen neue Möglichkeiten eröffnet hat, zeigt das Internet für den Gedanken der Personalisierung neue Wege auf, um bekannte Ziele zu erreichen. [vgl. Porter (2001), S. 66] Dass diese neuen Wege einen starken Einfluss haben und häufig die Umsetzung von bestimmen Maßnahmen erst ermöglichen, soll dabei jedoch nicht bestritten werden. Vielmehr soll auf die Enablerfunktion des Internets für

Bereiche der personalisierten Kundenbeziehung hingewiesen werden und der Brückenschlag von eCRM zur Personalisierung im Webbereich erfolgen.

Bezieht man personalisierende Maßnahmen auf den Bereich des Internets, so können diese im Rahmen der Phasen des Entwicklungsmodells der Internetnutzung dessen letzter Phase, dem **E-Service**, zugeordnet werden. Die Phase des E-Service ist gekennzeichnet durch die Erwartung des Kunden nach einem Mehrwert bei der Benutzung von Internetangeboten. Dazu zählen bspw. individuell angefertigte Informationen, aber auch die Möglichkeit der Unterhaltung oder der Beteiligung an Loyalitätsprogrammen. Die ersten vier Phasen des Entwicklungsmodells lassen sich durch die allmählich stärker werdende Nutzung des Internets und der dort angebotenen Dienste beschreiben. In der ersten Phase (**E-Leisure**) wird das Internet in erster Linie aus Interesse und zum allgemeinen Zeitvertreib, ohne eine bestimmte Absicht genutzt. Die zweite Phase (**E-Information**) erweitert die reine Unterhaltungsfunktion des Internets um den Aspekt der Informationssuche. Während die ersten beiden Phasen des Entwicklungsmodells im Wesentlichen ein einseitiges Abrufen und Inanspruchnehmen von Informationen und Diensten darstellen, ist die dritte Phase (**E-Contact**) durch die Interaktion mit anderen Internetnutzern gekennzeichnet. In der vierten Phase (**E-Shopping**) erweitert sich die Internetnutzung um den Onlineeinkauf. Die fünfte und letzte Phase ist, wie oben bereits beschrieben, durch die Nutzung von speziellen Services gekennzeichnet, welche den Kunden zusätzlichen Nutzen stiften (siehe Abbildung 32). [vgl. Beck und Leutenegger (1999), S. 109/110]

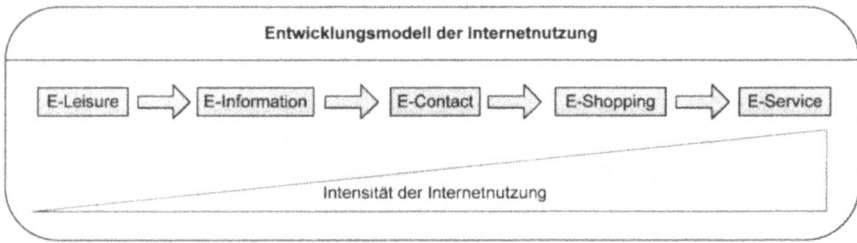

**Abbildung 32: Entwicklungsmodell der Internetnutzung**

Das Entwicklungsmodell der Internetnutzung impliziert eine Entwicklung der Internetnutzer über die einzelnen Phasen hinweg, die mit einer Zunahme der Intensität der Nutzung des Internets einhergeht. Allerdings muss bei Betrachtung des Entwicklungsmodells kritisch zu bedenken gegeben werden, dass Studien zur Typisierung von Internetnutzern eine Vielzahl unterschiedlicher Typen identifizieren [vgl. Fritz (2004), S. 100-108], die zwar durch die Nutzung einzelner Aspekte des Internets gekennzeichnet sind, jedoch nicht unbedingt einer

Weiterentwicklung über die Zeit in Bezug auf die Nutzung des Internets unterliegen. So könnte auch angenommen werden, dass die einzelnen Phasen des Entwicklungsmodells unterschiedliche Klassen von Internetnutzern beschreiben, die nicht zwingend einer Fortentwicklung unterworfen sind, sondern auch dauerhaft in einer Phase verharren können. Aus dieser Sichtweise würde sich eher das Vorhandensein verschiedener Typen von Internetnutzern ergeben als eine deterministische Entwicklung aller Internetnutzer wie sie im Entwicklungsmodell beschrieben wird. In beiden Fällen bleibt jedoch die Aussage bestehen, dass Gruppen von Internetnutzern existieren, die individuelle Leistungen erwarten.

## 5.2 Personalisierung von Webseiten

Webseiten stellen Instrumente der Informationsbereitstellung und des Warenangebots dar, wobei die Informationssuchenden von nahezu allen Punkten der Welt auf die Inhalte zugreifen können. Bei der Bereitstellung von Informationen lassen sich drei Funktionalitätskategorien unterscheiden. Webseiten der ersten Kategorie sind reine statische Seiten, bei denen eine gegebene Anzahl an inhaltlich fest vorgegebenen Unterseiten existiert. Reine Newsseiten sind bspw. dieser Kategorie zuzuordnen. Seiten der zweiten Kategorie erweitern die rein statischen Seiten um den formulargesteuerten Zugriff auf Datenbanken. Einfache e-Commerce-Seiten lassen sich in diese Kategorie einordnen. Die dritte Kategorie erweitert die Bereitstellung von Informationen um eine individuelle Komponente: Die Seiten werden an den einzelnen Benutzer angepasst und somit personalisiert. [vgl. Hanson (2000), S. 10-14]

Parallel zum Konzept der Webseitenkategorien können Nutzungstypologien von Unternehmenswebseiten gebildet werden. Ähnlich dem Entwicklungsmodell der Internetnutzung wird die Einteilung der unterschiedlichen Typen von Unternehmenswebseiten anhand der Intensität der Nutzung der technischen Möglichkeiten des Mediums Internet vorgenommen. Unterscheiden lassen sich dabei vier Grundtypen: Informationsseiten, Marketingseiten, Shoppingseiten und Portalseiten. Informationsseiten stellen lediglich Informationen über das Unternehmen bereit, eine Interaktion mit dem Besucher ist nicht vorgesehen. Besitzt der Besucher einen Handlungsspielraum innerhalb der Seite, kann er mit dem Unternehmen über die Webseite in Kontakt treten, so spricht man von einer Marketingseite. Im Falle von Shoppingseiten wird die Internetseite eines Unternehmens als Vertriebskanal eingesetzt. Portalseiten kombinieren die Nutzungsformen der restlichen Typen von Webseiten und bieten darüber hinaus individualisierte Leistungen an sowie die Möglichkeit, mit Partnern des Unternehmens in Kontakt zu treten. [vgl. Link und Tiedtke, (2001b), S. 6/7] Im Kontext der Individualisierung der Kundenbeziehung im eCRM sind folglich insbesondere die Kategorie der personalisierten Webseite sowie der Typus der Portalseite von

Interesse. Abbildung 33 fasst die Kategorien und Typen von Webseiten zusammen.

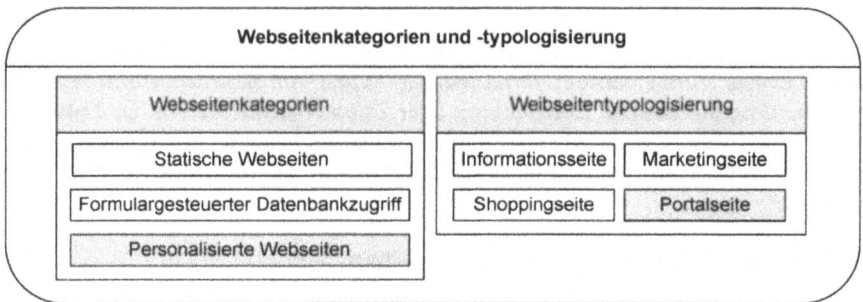

**Abbildung 33: Webseitenkategorien und -typologisierung**

Die Personalisierung von Webseiten beschreibt den Vorgang der Anpassung eines Webauftritts an die individuellen Bedürfnisse der Besucher. Dabei kann sich die Anpassung des Webauftritts zum einen auf das Design der Website und zum anderen auf die dargebotenen Inhalte beziehen. Dabei ist das Ziel der Anpassung des Designs, vorgegebene Inhalte für einen bestimmten Nutzer besser zu präsentieren. Dies kann sich bspw. in einem Neuarrangement von Inhaltsframes äußern oder auch durch eine Veränderung der Reihenfolge von Menüpunkten. Denkbar wäre aber bspw. auch die Anpassung der Schriftgröße für Benutzer mit Sehschwäche, um ihnen den Besuch der Seite zu erleichtern. Die Anpassung der Inhalte zielt hingegen darauf ab, dem Benutzer für ihn interessante Informationen bereitzustellen, ohne dass lange Suchprozesse durchlaufen werden müssen.

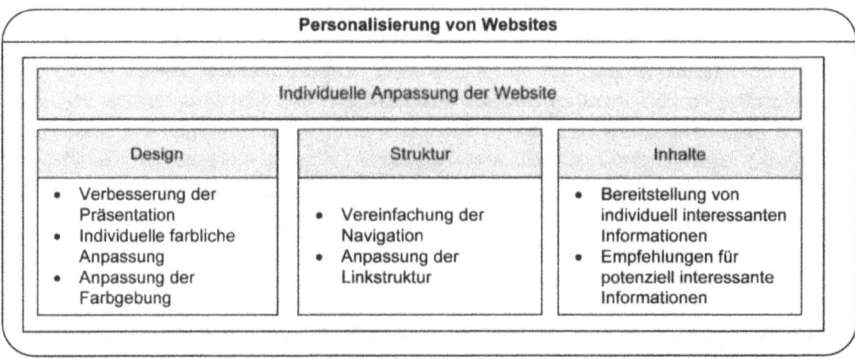

**Abbildung 34: Personalisierung von Websites**

Somit soll im Rahmen dieser Arbeit unter Personalisierung von Websites *die Anpassung des Designs, der Struktur und der Inhalte einer Webpräsenz - basierend auf Daten über die Benutzer der Webpräsenz - mit dem Ziel der Bereitstellung einer individuellen Fassung der Website* verstanden werden.

Aufbauend auf dem Gedanken des CRM soll mit der Personalisierung von Webseiten versucht werden, auch im Onlinebereich die Kundenbeziehung zu verbessern, indem die Kommunikation und die Produkt- und Leistungserstellung an den einzelnen Kunden angepasst werden. Warum dies als Ziel angesteuert werden sollte, kann erklärt werden, indem die Wettbewerbssituation betrachtet wird, mit der sich eine Unternehmung im Internet konfrontiert sieht. Die konkurrierenden Anbieter gleicher oder ähnlicher Produkte und Leistungen befinden sich für den Kunden in direkter „Nachbarschaft". Sie sind „nur einen Mausklick entfernt". Damit wird es für die Kunden sehr einfach[63], das Angebot der Unternehmung zu verlassen und den Wechsel zur Konkurrenz zu vollziehen. Durch Personalisierung soll versucht werden, die Bindung eines Kunden an eine bestimmte Webseite bzw. das dahinter stehende Unternehmen zu erhöhen. Zum einen ergibt sich die Bindung an eine Seite durch den Nutzen, der durch den Gebrauch dieser Seite erzielt wird, zum anderen durch die Kosten, die für einen Kunden durch den Wechsel zu einem anderen Anbieter entstehen (siehe Kapitel 2.2). Personalisierung zielt zwar in erster Linie auf eine Erhöhung des Nutzens ab, kann aber auch im Kontext der Wechselkosten gesehen werden, in dem Sinn, dass bspw. durch die Vereinfachung der Bedienung der Webseite bei einem Wechsel zusätzliche Kosten in Form von Lernkosten für die Gewöhnung an eine neue Form der Navigation entstehen.

Personalisierung kann aber auch in einem weiter gefassten strategischen Kontext gesehen werden. Werden die elementaren Wettbewerbsstrategien der Kostenführerschaft und der Differenzierung [vgl. Porter (1990), S. 39] betrachtet, so kann die Personalisierung der Strategie der Differenzierung zugeordnet werden. Durch das Angebot von speziellen Leistungen, die bei den Nutzern einer Webseite einen zusätzlichen Nutzen erzeugen, wird versucht, sich von den Konkurrenten in einem positiven Sinne abzugrenzen. [vgl. Shapiro und Varian (1999), S. 44] Diese Abgrenzung spielt eine besondere Rolle für Unternehmen, die im Bereich des Internets aktiv sind. Die dem Internetgeschäft zugrunde liegende Geschäftsidee lässt sich in der Regel einfach kopieren [vgl. Fritz (2004), S. 259],

---

[63] Der Wechsel wird auch insbesondere dadurch vereinfacht, dass der Kunde im Internet auf Anbieterverzeichnisse oder auf Webseiten mit Preisvergleichen für einzelne Produkte von verschiedenen Anbietern zurückgreifen kann. Auf Seiten wie www.preisvergleich.de oder www.geizhals.de können Besucher bspw. die Preise für Produkte aus unterschiedlichen Kategorien bei verschiedenen Onlineanbietern vergleichen (Stand: 05.12.2005).

der aus der Personalisierung für den Kunden entstehende Zusatznutzen hingegen ist für die Konkurrenten schwerer zu imitieren, da das genaue Vorgehen zur Erzielung der Zusatznutzens in vielen Fällen nicht direkt erkennbar ist. *Porter* sieht in der Schaffung eines speziellen Wertes für eine spezielle Gruppe von Kunden eines der sechs Prinzipien der strategischen Positionierung eines Unternehmens (im Internet) [vgl. Porter (2001), S. 71] und bezeichnet dieses auch als „**needs-based positioning**" [Porter (1996), S. 66].

Der eigentliche Vorgang der Personalisierung untergliedert sich in drei Stufen (siehe Abbildung 35). Im ersten Schritt werden Daten gesammelt und bereitgestellt, die als Grundlage für die weiteren Schritte der Personalisierung dienen. Ziel im zweiten Schritt ist es, anhand der erhobenen Daten ein Nutzerprofil zu erstellen, das es erlaubt, Rückschlüsse auf die Interessen des Benutzers zu ziehen und somit die weitere Basis der Bereitstellung von individualisierten Inhalten darstellt. Als letzter Schritt kann die Umsetzung der Personalisierung betrachtet werden, d. h. der Einsatz von Methoden, um Inhalte individuell darzustellen.

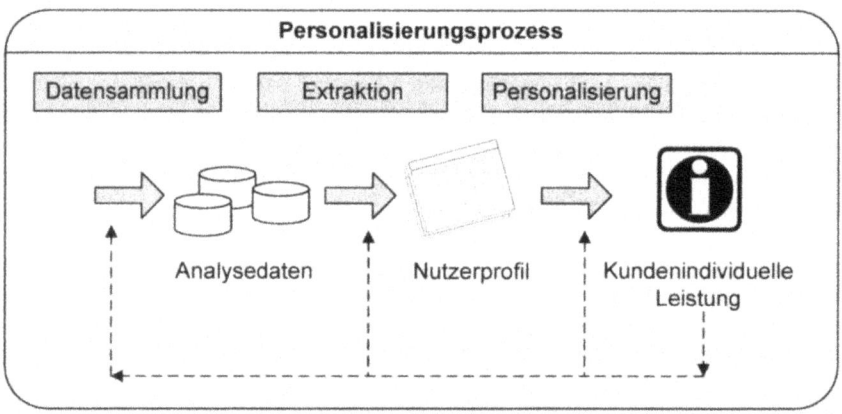

**Abbildung 35: Personalisierungsprozess**

## 5.2.1 Datenbasis zur Erstellung von Benutzer-, Benutzungs- und Umgebungsprofilen

Bei der Personalisierung von Webseiten lassen sich vier Beteiligungsformen in Bezug auf die Teilnehmer der Personalisierung unterscheiden: der Urheber der Anpassung (**initiator**), der Auftraggeber der Anpassung (**proposer**), derjenige, der die Anpassung auswählt (**selector**) und derjenige, der die Anpassung umsetzt (**producer**). In Abhängigkeit davon, ob die einzelnen Schritte durch den Benutzer selbst durchgeführt werden oder durch das System, spricht man von benutzeradaptierbaren[64] (**adaptability**) oder von benutzeradaptiven[65] (**adaptivity**) Systemen. Eine andere begriffliche Einteilung nimmt *Riemer* vor, indem er von expliziter und impliziter Personalisierung spricht, also der kundengesteuerten bzw. der softwaregesteuerten Personalisierung. [vgl. Riemer (2002), S. 116-118] Denkbar sind jedoch auch Zwischenformen, in denen bspw. das System dem Benutzer Anpassungsvorschläge unterbreitet und dieser die Möglichkeit hat, der Umsetzung zuzustimmen oder sie abzulehnen. Im Falle von benutzeradaptierbaren Systemen ist es immer notwendig, dass der Benutzer selbst die Anpassung der Webseite vornimmt, während bei benutzeradaptiven Systemen die Anpassung keiner Intervention des Benutzers bedarf. [vgl. Dieterich et al. (1993), S. 13-48]

Wird der Vorgang der Personalisierung durch das System übernommen, muss geklärt werden, welche Daten die Grundlage der Personalisierungsmaßnahmen bilden. Unterscheiden lassen sich drei Arten von Informationen, die zur Personalisierung herangezogen werden können [vgl. Kobsa / Koenemann / Pohl (2001), S. 115-121]: Informationen über den Benutzer, Informationen über das Nutzungsverhalten und Informationen über die technische Ausstattung des Benutzers.

*Informationen über den Benutzer:* Zu den Information über den Besucher selbst zählen zunächst demografische Angaben, wie Name, Adresse, Geschlecht, Alter sowie Daten über das bisherige Kaufverhalten. Weiter gehören das Wissen eines Nutzers über den Bereich, über den eine Website Inhalte bereit stellt, die Fähigkeiten des Benutzers im Umgang mit dem System, die Interessen und Vorlieben des Benutzers bezogen auf die angebotenen Inhalte sowie die Ziele eines Benutzers beim Besuch einer Webpräsenz zu diesem Informationsbereich. Demografische Daten können dafür genutzt werden, die Benutzer einer Website in homogene Gruppen zu unterteilen und eine gruppenspezifische Anpassung der Präsentation zu entwickeln. Zusätzlich können gewisse Ausprägungen einzelner gespeicherter Attribute (bspw. das Alter oder das Einkommen) Auslöser der Anpassung sein und spezielle, für diese Gruppe interessante Produkte oder Inhalte angeboten werden. Liegen Informationen über das Wissen eines Benutzers bezüglich des Inhaltes der Webpräsenz vor, so können bspw. Seiten mit erklärenden Inhalten diesem Wissensstand angepasst werden, so dass sich der Benutzer weder überfordert fühlt noch langweilt. Das Wissen über die Fähigkeit

---

[64] Ein Beispiel für eine durch den Benutzer anpassbare Seite stellt das Internetportal Yahoo!® dar. Dort kann jeder registrierte Benutzer die ihm präsentierte Seite (myYahoo!®) nach seinen eigenen Wünschen gestalten. [vgl. Wirtz und Lihotzky (2001), S. 293-295]
[65] Eine der bekanntesten Webseiten, die auf einer automatisierten Anpassung der Inhalte basiert, ist die Seite des Onlinehändlers Amazon.com.

des Benutzers mit dem System selbst umzugehen kann z. B. dazu eingesetzt werden, Bedienelemente der Webseite diesen Fähigkeiten anzupassen bzw. zusätzliche Erklärungen und Hilfestellungen bereitzustellen. Kennt man die Vorlieben eines Benutzers, so lassen sich die angebotenen Inhalte oder Produkte diesen Wünschen anpassen, was in so genannten Recommendersystemen[66] implementiert wird, in denen dem Benutzer Vorschläge für Produkte oder Inhalte, die seinen Interessen entsprechen könnten, unterbereitet werden. Produktempfehlungen haben zwei Effekte: Zum einen sollen Cross-Selling-Potenziale abgeschöpft werden und zum anderen soll der Auswahlprozess des Kunden vereinfacht werden. Sind die Ziele eines Benutzers bei einem Besuch der Webpräsenz bekannt, so kann das System den Besucher systematisch zu den von ihm gewünschten Informationen leiten. Sind die Ziele nicht a priori bekannt, kann versucht werden, ein System zu implementieren, das anhand der Nutzerhandlungen innerhalb der Webpräsenz versucht, aus diesen eine Vorhersage über die Ziele zu treffen und daraufhin die gewünschten Inhalte bereitstellt. Daten über einen Benutzer werden zu einem **Benutzerprofil** zusammengeführt. [vgl. Kobsa / Koenemann / Pohl (2001), S. 115/116]

*Informationen über das Nutzungsverhalten:* Daten über das Nutzungsverhalten werden bei der Interaktion des Benutzers mit dem System erhoben. Die gewonnenen und zur Personalisierung nutzbaren Informationen lassen sich dabei verschiedenen Kategorien zuordnen:

1. Informationen über Handlungen zur Auswahl von Seiten innerhalb der Webpräsenz (Anwählen von Links).
2. Informationen über die Dauer der Betrachtung einer Seite.
3. Informationen über Beurteilungen von Benutzern. Diese Beurteilungen können sich je nach Art der Webpräsenz bspw. auf Produkte oder auf Inhalte von Artikeln beziehen.
4. Informationen über das Kaufverhalten und kaufbezogene Handlungen eines Benutzers.
5. Informationen über die Häufigkeit, mit der ein Benutzer die Webpräsenz als Ganzes oder einzelne Seiten innerhalb der Webpräsenz besucht.
6. Informationen über Handlungsabfolgen innerhalb der Webpräsenz. Dazu zählen in erster Linie Daten über die Reihenfolge von Seitenaufrufen.

---

[66] Einer der bekanntesten Onlineauftritte, der Recommendersysteme verwendet, ist Amazon (bspw. amazon.com oder amazon.de). Dem Kunden werden zu jedem Produkt so genannte verwandte Artikel präsentiert, für die sich andere Kunden mit dem gleichen Produktinteresse ebenfalls interessiert haben (Stand: 05.12.2005).

7. Andere Informationen, die das Interesse eines Benutzers an Inhalten einer Webpräsenz aufzeigen. Dazu können bspw. das Bestellen eines produktspezifischen Newsletters oder das Versenden eines Artikels an Bekannte gezählt werden.

Die Kategorien 1., 2., 5. und 6. können dabei direkt aus den Weblogfiles eines Webservers extrahiert werden, während für die Erlangung der Informationen der anderen Kategorien zusätzliche Vorkehrungen getroffen werden müssen. Durch die Auswertung der besuchten Seiten ist es möglich, ein **Nutzungsprofil** des Besuchers zu erstellen und somit durch den Vergleich mit anderen Benutzern, welche die gleichen Seiten besucht haben, Empfehlungen für den Besuch weiterer Seiten innerhalb (oder aber auch außerhalb) der Webpräsenz auszusprechen. Informationen über die Betrachtungsdauer einzelner Seiten können Erkenntnisse darüber liefern, welche Seiten eventuell nur als Durchgangsseiten dienen und somit im Sinne einer vereinfachten personalisierten Navigation entfernt werden können, um dem Benutzer den direkten Weg zu der gesuchten nachgelagerten Seite anzubieten. Beurteilungen zu Produkten oder Inhalten können als Grundlage für Recommendersysteme dienen, indem im Rahmen einer Warenkorbanalyse auf von anderen Kunden gemeinsam gut bewertete Produkte verwiesen wird. Die weiteren Informationen über das Nutzungsverhalten innerhalb der Webpräsenz dienen ebenso der Verbesserung von Recommendersystemen. [vgl. Kobsa / Koenemann / Pohl (2001), S. 116-120]

*Informationen über die technische Ausstattung des Benutzers:* Angaben über die technische Ausstattung eines Benutzers dienen vor allem dazu, Erkenntnisse darüber zu gewinnen, welche Formen der Inhaltspräsentation durch den Betreiber einer Webpräsenz gewählt werden können. Die Betrachtung der technischen Ausstattung lässt sich dabei aufteilen in eine Software- und eine Hardwarekomponente. Auf Seite der softwaretechnischen Ausstattung ist von Interesse, welchen Browser und welches Betriebssystem ein Benutzer verwendet. Darüber hinaus ist es wichtig zu wissen, ob und wenn ja welche Plug-Ins[67] auf dem Rechner des Benutzers installiert sind und ob Java und Skriptsprachen wie JavaScript oder ActiveX unterstützt werden. Auf der Hardwareseite sind Informatio-

---

[67] Plug-Ins bezeichnen Programmerweiterungen, die den Funktionsumfang (des verwendeten Browsers) erhöhen. Besonders bei der Verwendung von Multimediadateien im Rahmen einer Webpräsenz muss darauf geachtet werden, Formate zu verwenden, die bei den meisten Nutzern abgespielt werden können, bzw. Formate, für welche die benötigten Plug-Ins frei verfügbar sind. Aber auch wenn die freie Verfügbarkeit gewährleistet ist, bleibt das Problem bestehen, dass der Nutzer nicht gewillt sein muss, die entsprechende Programmerweiterung auf seinem PC zu installieren bzw. nicht die dafür benötigten Rechte besitzt.

nen über die für einen Benutzer verfügbare Bandbreite[68], die generelle Rechengeschwindigkeit, die Größe des Bildschirms sowie verfügbare Eingabegeräte[69] von Interesse. Informationen über die technische Ausstattung dienen vor allem dazu, sicherzustellen, dass die Seiten einer Webpräsenz bei den Besuchern korrekt dargestellt werden. Ergänzt man die Informationen der technischen Ausstattung um den Standort (man spricht dann nicht mehr von technischen Informationen, sondern von Informationen zur Anwendungsumgebung) ergibt sich für die Präsentation auf mobilen Geräten (PDA, Mobiltelefon) die Möglichkeit, eine lokale bzw. regionale Anpassung der Inhalte vorzunehmen. Durch die Kombination der technischen Informationen mit Angaben zum Standort des Benutzers entsteht das **Umgebungsprofil**. [vgl. Kobsa / Koenemann / Pohl (2001), S. 120/121]

Für die vorangehend beschriebenen Daten gilt, dass eine direkte Nutzung zur Personalisierung nur bedingt möglich ist. Vielmehr bedarf es der Verarbeitung der vorhandenen Daten. Die Verarbeitung umfasst neben der eigentlichen Datenanalyse im Sinne des Data Mining vor allem auch Schritte zur Datenaufbereitung. Erst durch die Erkenntnisse der Datenanalyse ist es möglich, das Personalisierungssystem abzustimmen. Bei dieser Abstimmung handelt es sich jedoch nicht um einen abgeschlossenen Prozess, sondern um ein evolutionäres Vorgehen, in das die durch die fortlaufende Nutzung des Systems hinzukommenden Daten eingehen, um entweder die vorhandenen Erkenntnisse zu verifizieren, neue Erkenntnisse hinzuzufügen oder bisherige Schlussfolgerungen durch neue Einsichten zu ersetzen. Somit stellen die Benutzer-, Benutzungs- und Umgebungsprofile lediglich temporäre Profile dar, die mit der Fortführung der Interaktion und der damit verbundenen Informationsmenge über einen Kunden exakter werden. [vgl. Fassott (2001), S. 136]

Nachdem beschrieben wurde, welche Arten von Daten für die Erstellung von Benutzer-, Nutzungs- und Umgebungsprofilen mit dem Ziel der Personalisierung von Webseiten herangezogen werden können, gilt es nun, die Frage zu beantworten, in welcher Art Daten erhoben werden können und welche zusätzlichen Informationen für die einzelnen Profile daraus abgeleitet werden können. *Kobsa*, *Koenemann* und *Pohl* beschreiben unterschiedliche Strategien zur Erlan-

---

[68] Die Bandbreite muss bei der Verwendung von aufwändig gestalteten Seiten bedacht werden, da eine lange Ladezeit für manche Benutzer einen Grund darstellt, die Seite wieder zu verlassen. Die Beachtung der Bandbreite gilt insbesondere für mobile Geräte (PDA, Mobiltelefon).

[69] Sowohl die Größe des Bildschirms als auch die verfügbaren Eingabegeräte sind vor allem bei mobilen Geräten eingeschränkt und der Seitenaufbau sollte dieser Tatsache Rechnung tragen.

gung der Informationen für ein Benutzer-, Nutzungs- oder Umgebungsprofil [Kobsa / Koenemann / Pohl (2001), S. 122-128]:

1. *Direkt von den Nutzern bereitgestellte Informationen*[70]: Der einfachste Weg Informationen zu erhalten, ist die direkte Befragung der Benutzer, zumeist in Form von Webformularen. Kurze „Interviews" zu Beginn des Besuchs einer Webseite können auch dafür genutzt werden, neue Besucher einem Benutzergruppenprofil zuzuordnen, um auch schon Neuankömmlingen eine personalisierte Webseite zu präsentieren. Jedoch sollte der Umfang der zu Beginn erhobenen Informationen nicht zu groß werden, da dies eine abschreckende Wirkung auf die Besucher haben könnte. [vgl. Frielitz / Hippner / Wilde (2002), S. 549] Beginnend mit einigen wenigen Informationen können bei weiteren Besuchen oder im weiteren Verlauf des ersten Besuchs dann zusätzliche Informationen erhoben werden. [vgl. Fassott (2001), S. 149] Im Rahmen von Webseiten stellt die direkte Nutzerbefragung meist die einzige Möglichkeit dar, demografische Daten über die Benutzer zu erhalten. Ein anderes Bild bietet sich jedoch, wenn es sich bei der Webpräsenz nicht um den einzigen Customer Touchpoint handelt, bspw. wenn das Unternehmen im Rahmen einer Hybridstrategie sowohl über einen Onlineshop als auch über stationäre Filialen verfügt. In diesem Fall besteht auch die Möglichkeit, demografische Daten über Kunden, die beide Kanäle benutzen, aus einem Customer Data Warehouse zu integrieren.

2. *Regelbasiertes Schließen*: Im Gegensatz zur direkten Datenerfassung, bei welcher sich der Nutzer aktiv und explizit an der Bereitstellung der Informationen beteiligen muss, handelt es sich beim regelbasierten Schließen um ein Verfahren, bei dem der Nutzer nur indirekt eingebunden ist. Sein Verhalten wird mit a priori definierten Regeln verglichen. Ist eine Regel erfüllt, so können daraus Schlüsse für das Benutzerprofil abgeleitet werden. Bspw. könnte eine Regel besagen, dass ein Benutzer, der eine bestimmte Hilfeseite aufruft, der Benutzergruppe der unerfahrenen Benutzer zugeordnet werden kann.

---

[70] Um den Benutzern einen Anreiz dafür zu bieten, die gewünschten Informationen preiszugeben, muss darauf geachtet werden, ein adäquates Kosten-Nutzen-Verhältnis zu generieren. Im Allgemeinen kann festgestellt werden, dass hohe Kosten dann akzeptiert werden, wenn der zusätzliche Nutzen, der sich durch die Investition der Kosten ergibt, ebenfalls groß ist. Entsteht hingegen kein zusätzlicher Nutzen durch die Übermittlung der Informationen, so sind die Benutzer nicht bereit, Informationen preiszugeben. [vgl. Hanson (2000), S. 195/196] Der Nutzen, der sich für einen Benutzer durch die Preisgabe seiner Informationen ergibt, muss nicht zwingend nur aus der Personalisierung entstehen, sondern kann auch direkt entstehen, bspw. aus der Teilnahme an einem Gewinnspiel oder einer anderen Sonderaktion. [vgl. Giehler und Rapp (1999), S. 281]

3. *Planerkennung*: Bei der Planerkennung wird versucht, das Ziel, welches ein Nutzer mit bestimmten Aktionen (oder auch Abfolgen von Aktionen) erreichen will, vorherzusagen. Ausgangspunkt der Planerkennung ist eine Wissensbasis, welche die Zusammenhänge zwischen Aktionen und möglichen Zielen beinhaltet.
4. *Stereotype Reasoning*: Beim Stereotype Reasoning werden die Anwender des Systems in Kategorien eingeteilt. Die Kategorien werden zumeist auf der Grundlage empirisch erhobener Daten von Hand erstellt und eine Kategorie entspricht einem Stereotyp. Ein Stereotyp wird durch eine Anzahl an Eigenschaftsausprägungen und Bedingungen, deren Erfüllung die Zugehörigkeit zu dem Stereotyp signalisieren, definiert. Erfüllt ein (neuer) Benutzer die Bedingungen eines Stereotyps, so werden die zugehörigen Eigenschaften dem Benutzerprofil des Anwenders hinzugefügt. Die Bedingungen, die zur Zuordnung eines Benutzers zu einer Kategorie führen, basieren auf Erkenntnissen, die sich aus den drei oben genannten Informationsarten ergeben (Informationen über den Benutzer, Informationen über das Nutzungsverhalten und Informationen über die technische Ausstattung eines Benutzers).

Generell gilt festzuhalten, dass sich die Datensammlung und -erhebung zur Personalisierung in zwei Stufen gliedert. Bevor mit der Umsetzung jedweder personalisierter Inhalte einer Website begonnen werden kann, muss zuerst eine grundlegende Datenbasis vorliegen, die als erster Ausgangspunkt für die Personalisierung herangezogen werden kann. Handelt es sich bei den für die Personalisierung verwendeten Daten in erster Linie um demografische Daten, so kann angenommen werden, dass diese Daten eine relativ konstante Grundlage der Personalisierung darstellen, da es sich bei demografischen Daten um Informationen handelt, die keinen allzu starken Veränderungen unterliegen, zumindest nicht in kurzer Zeit. Anders stellt sich die Lage dar für Benutzungsdaten, in denen Informationen über das Verhalten der Benutzer innerhalb der Webpräsenz gespeichert werden. Das Nutzungsverhalten unterliegt im Zeitablauf schnelleren Wechseln und ist stark situations- und zielabhängig. Darüber hinaus können Nutzungsdaten erst im Laufe der Zeit durch den Besuch von zahlreichen Personen auf der Website erhoben werden und stehen somit nicht zu Beginn eines Personalisierungsprojektes zur Verfügung. Soll auf Benutzungsdaten für die Personalisierung zurückgegriffen werden, so muss dieser Prozess in zwei Phasen untergliedert werden. Die erste Phase besteht aus der reinen Datensammlung, d. h. die Website wird ohne Personalisierungsfunktionen online gestellt und das Surfverhalten der Besucher wird protokolliert. Die Protokolldaten dienen in der folgenden Phase dazu, Nutzerprofile bzw. Profile für ganze Nutzergruppen zu erstellen. Basierend auf diesen Profilen können in der Folge Personalisierungsfunktionen implementiert werden (siehe Abbildung 36).

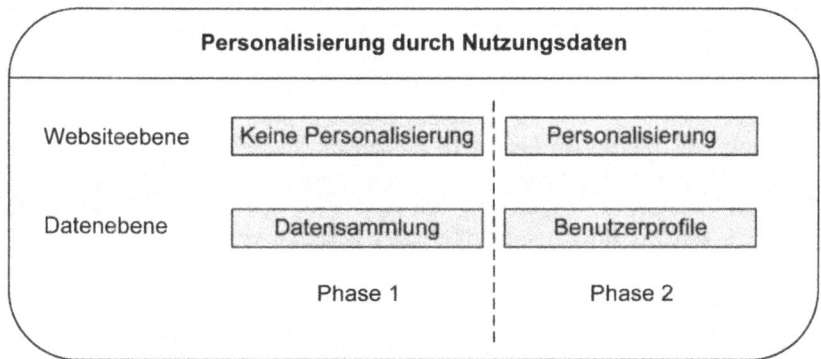

Abbildung 36: Personalisierung durch Nutzungsdaten

## 5.2.2 Schlussfolgerungen aus Benutzerprofilen

Beim Erstellen von Benutzerprofilen werden die gespeicherten personalisierungsrelevanten Informationen zu einem Gesamtbild verdichtet, das als Grundlage für die Umsetzung der Personalisierung dient. Im Allgemeinen muss eine Aufbereitung der Benutzerdaten erfolgen, um weitere Schlussfolgerungen ziehen zu können. Liegen ausführliche Angaben über einen bestimmten Benutzer vor, kann eine individuelle Anpassung der präsentierten Inhalte vorgenommen werden, die sich genau am Profil dieses Benutzers orientiert. Liegen hingegen nur wenige oder gar keine Informationen über einen Benutzer vor, so sollte versucht werden, ihn anhand der wenigen Informationen bzw. der Handlungen, die er innerhalb der Webpräsenz durchführt, einer Benutzergruppe zuzuordnen. Benutzergruppen setzen sich aus Benutzern zusammen, die sich durch ähnliche Eigenschaften und/oder ähnliche Verhaltensmuster auszeichnen. Um weitergehende Schlussfolgerungen aus den Benutzerprofilen zu ziehen, kann, je nach Ziel und vorhandenem Datenmaterial, auf unterschiedliche Weise vorgegangen werden. Allgemein werden dabei deduktives Schließen, induktives Schließen und analoges Schließen unterschieden.

*Deduktives Schließen*: Die Inferenz des deduktiven Schließens erfolgt vom Allgemeinen zum Besonderen, z. B. aus den Aussagen „Der MS Internet Explorer 6 kann die Webseite W korrekt darstellen" und „Benutzer A verwendet den Internet Explorer 6" folgt „Benutzer A erhält eine korrekte Darstellung der Webseite W". Im Falle des deduktiven Schließens folgt die Schlussfolgerung zwingend aus der oder den Prämissen.

*Induktives Schließen*: Die Inferenz des induktiven Schließens erfolgt vom Besonderen zum Allgemeinen, z. B. aus den Aussagen „Der Browser von Benutzer A kann die Webseite W korrekt darstellen" und „Der Browser von Benutzer B kann die Webseite W korrekt darstellen" wird die Schlussfolgerung „Alle Browser können die Webseite W korrekt darstellen" gezogen. Im Falle des induktiven Schließens muss die Schlussfolgerung nicht notwendig aus der oder den Prämissen folgen, allerdings kann sie durchaus plausibel sein. Bezogen auf die Personalisierung von Webseiten kann hier vor allem das Schließen auf Bedürfnisse des Benutzers aufgrund seines Verhaltens auf der Webseite in den Bereich des induktiven Schließens eingeordnet werden. Vom speziellen Verhalten eines Anwenders wird auf allgemeine Präferenzen geschlossen.

*Analoges Schließen*: Ziel des analogen Schließens ist das Auffinden von Gemeinsamkeiten von Benutzern. Die Idee dabei ist, für einen gegebenen Benutzer aus der Menge der Nutzerprofile und Verhaltensmuster ähnliche Muster zu extrahieren und diese als Grundlage für Empfehlungen zu verwenden. Eine weitere Möglichkeit der Anwendung des analogen Schließens ist die Vervollständigung von Nutzerprofilen. Dazu werden in einem ersten Schritt die vorhandenen Nutzerprofile bspw. durch eine Clusteranalyse zu Gruppen zusammengefasst. Ein gegebener Nutzer, zu dem teilweise Angaben zur Erstellung eines Nutzerprofils fehlen, wird nun mit den einzelnen Gruppen verglichen. Die fehlenden Daten werden dann durch gruppenspezifische Werte der Gruppe, die dem einzelnen Benutzer am ähnlichsten ist, vervollständigt.

### 5.2.3 Möglichkeiten der Personalisierung von Websites
Sind die Nutzerprofile erstellt, werden diese verwendet, um eine Anpassung der Webseiten für die einzelnen Nutzer durchzuführen. Je nach Komplexität des Angebots und Detailgrad der vorhandenen Nutzerprofile kann anstelle der kundenindividuellen Bereitstellung von Informationen auch eine Anpassung der Inhalte für einzelne Benutzergruppen erfolgen. [vgl. Gentsch (2002), S. 270] Dabei lässt sich die Anpassung in drei Ebenen untergliedern [vgl. Kobsa / Koenemann / Pohl (2001), S. 135-145]: Anpassung des Inhalts, Anpassung der Präsentation und Anpassung der Struktur (siehe auch Kapitel 5.2).

*Anpassung des Inhalts*: Die Anpassung des Inhalts zielt auf die Bereitstellung der für einen gegebenen Besucher passenden Informationen ab. Dies können bspw. spezielle Erklärungen zu einem Produkt oder der Webseite selbst sein, Empfehlungen zu angebotenen Produkten, Informationen, für die sich der Benutzer besonders interessieren könnte oder Hinweise auf zusätzliche Informationen, die nicht zwingend in der besuchten Webpräsenz hinterlegt sind. Zur Bereitstellung des personalisierten Inhalts stehen verschiedene Techniken zur Verfügung. So können statische Seitenvarianten für unterschiedliche Kundengruppen auf dem Webserver hinterlegt werden, wobei diese Vorgehensweise mit einem hohen Wartungsaufwand verbunden ist, da Änderungen von allgemeinen Informationen, die für alle Nutzer gültig sind, auf jeder einzelnen Seitenvariante durchgeführt werden müssen. Diese Anpassung wird vor allem bei Websites der ersten Funktionalitätskategorie (statische Webseiten) angewandt (siehe Kapitel 5.2). Eine weniger aufwändige Art der Anpassung ist die Verwendung von Seitenfragmenten, in die der für den jeweiligen Nutzer individueller Content eingefügt wird. Diese dynamische Gestaltung einer Webseite hat den Vorteil, dass mehrfach benötigte Fragmente wiederholt verwendet werden können und nur der personalisierte Part der Seite bei Veränderungen angepasst werden muss. Im Zusammenspiel mit Datenbanken, in denen die Inhalte der Seite abgelegt werden und diese zur Laufzeit auf Scriptbasis ausgelesen werden, lässt sich der Wartungsaufwand deutlich verringern. Eine weitere Möglichkeit der Inhaltsanpassung stellt die unterschiedliche Einfärbung verschiedener Seitenfragmente dar, wobei die verschiedenen Farben für den Benutzer einen Hinweis bieten sollen, wie wichtig oder interessant der zugehörige Inhalt für ihn ist.[71] Eine weitere Bereitstellungsart von personalisierten Inhalten stellt der so genannte Stretchtext dar. Dabei handelt es sich um einen erweiterbaren Text, der zu Beginn nur den Detailgrad an Informationen liefert, den das System für den Benutzer als ausreichend erachtet. Jedoch hat der Nutzer im Vergleich zu statischem Text die Möglichkeit, den Stretchtext zu erweitern, so dass weitere Informationen sichtbar werden. Es handelt sich somit um ein personalisiertes Objekt, das sowohl vom System als auch vom Benutzer selbst angepasst werden kann.

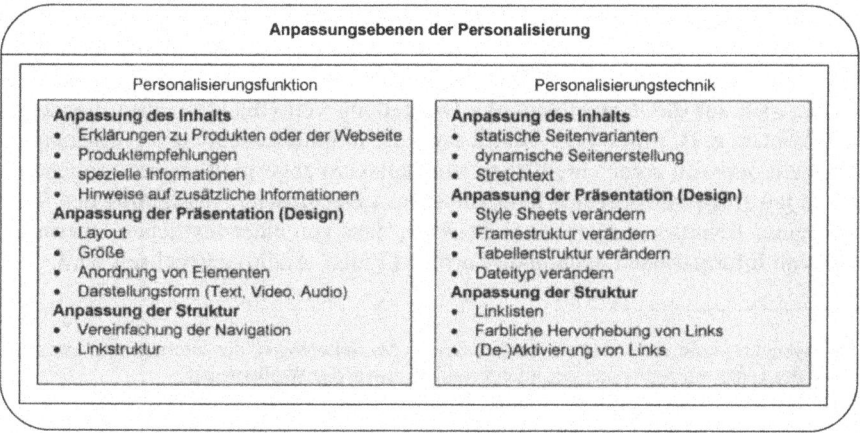

**Abbildung 37: Anpassungsebenen der Personalisierung**

---

[71] Es handelt sich damit um eine Art Empfehlungssystem, das jedoch nicht einzelne Inhalte gezielt bereitstellt, sondern fest vorgegebene Inhalte für den Benutzer bewertet und ihm somit einen schnelleren Überblick über für ihn wichtige Themen gibt.

*Anpassung der Präsentation (Design)*: Die Anpassung der Präsentation einer Webseite übt keinerlei Einfluss auf die dargestellten Inhalte aus. Die Inhalte bleiben in allen Darstellungsformen gleich, lediglich das Layout und die Art der Darstellung variieren und werden den Bedürfnissen bzw. der technischen Ausstattung eines Benutzers angepasst. Die Anpassung der Präsentation kann sich dabei auf das allgemeine Layout beziehen oder auf die Darstellungsart einzelner Objekte. Eine Abstimmung des Layouts kann bspw. bedeuten, dass die Seite so angepasst wird, dass sie auch bei kleineren Auflösungen problemlos betrachtet werden kann. Die Anpassung des Layouts kann sich aber auch auf die optimale Anordnung von Elementen (Navigationsframe, Suchmaske etc.) innerhalb einer Seite beziehen. *Bernard* untersucht in einer empirischen Studie die erwartete Positionierung von Webobjekten[72] auf einer Webseite und gibt Hinweise, wie eine Anpassung des Layouts in Bezug auf einzelne Objekte der Seite aussehen kann. [vgl. Bernard (2001), S. 171/172] Eng mit der Platzierung von Objekten auf einer Webseite verbunden ist die allgemeine Benutzbarkeit einer Seite. *Englbrecht*, *Hippner* und *Wilde* untersuchen 47 Internetauftritte von deutschen Unternehmen aus verschiedenen Branchen und kommen zu dem Ergebnis, dass neben der richtigen Anordnung der Objekte die vorhandenen Navigationsinstrumente die Benutzbarkeit einer Webseite maßgebend beeinflussen. [vgl. Englbrecht / Hippner / Wilde (2004a), S. 515-528] Für die Personalisierung des Layouts kann aus diesen Ergebnissen abgeleitet werden, dass durch eine Anpassung die Benutzerfreundlichkeit[73] einer Webpräsenz erhöht werden kann. So könnte man sich bspw. vorstellen für unterschiedliche Nutzergruppen verschiedene Layouts zu verwenden.[74] Die zweite Form der Anpassung der Darstellung bezieht sich auf die unterschiedliche Darstellung von Objekten einer Webseite. Dies können z. B. Filme oder Bilder sein, die in unterschiedlichen Auflösungen dargstellt oder mit unterschiedlichen Mediaplayern abgespielt werden, angepasst an die jeweilige Performance bzw. die softwaretechnische Ausstattung des Systems eines Benutzers. Auch ist es denkbar, dass von einer textlichen Übermittlung von Informationen auf andere Formen (Video, Audio) gewechselt wird.

---

[72] Untersucht wurde die erwartete Positionierung des Seitenlogos, der internen und externen Links, des Links zur Startseite, des Suchformulars sowie der Werbebanner.
[73] Die Benutzerfreundlichkeit stellt einen der beiden Haupttreiber für die Akzeptanz von IT-Systemen im Sinne des TAM dar (siehe Kapitel 2.5.1). Eine Erhöhung kann somit unabhängig vom Gedanken der Personalisierung als positiv angesehen werden.
[74] Amazon positioniert bspw. auf der Startseite der deutschen Webpräsenz (www.amazon.de) die Suchmaske mittig im oberen Teil des Bildschirms während sie sich auf der japanischen Seite (www.amazon.jp) am linken Rand befindet. Es handelt sich dabei zwar nicht direkt um die Personalisierung der gleichen Seiten, jedoch können die unterschiedlichen Webpräsenzen als Anpassungen für unterschiedliche Nationalitäten angesehen werden, wobei sich die unterschiedlichen Nationalitäten als verschiedene Kundengruppen interpretieren lassen könnten (Stand: 08.03.2006).

*Anpassung der Struktur*: Die Anpassung der Struktur bezieht sich im Wesentlichen auf die bereits im Bereich Anpassung der Präsentation genannte Unterstützung der Navigation, um für den Benutzer die Verwendung der besuchten Webseite einfach und komfortabel zu gestalten. [vgl. Bensberg (2002), S. 253] Um die Navigation zu vereinfachen und zu personalisieren, kann die Darstellung der Linkstruktur einer Webpräsenz variiert werden. Bei der Anpassung der Linkstruktur muss generell unterschieden werden, ob es sich um Links handelt, die als Teil eines Textes fungieren und zu weitergehenden Informationen führen oder ob es sich um allein stehende Links (kontextfreie Links) handelt, die zu einem neuen inhaltlichen Bereich der Webpräsenz (oder auch zu Seiten außerhalb) führen. Ein einfaches Mittel der Personalisierung von Links stellt die Bereitstellung von Linklisten dar. Die Links werden dabei in eine Reihenfolge gebracht, welche die Wichtigkeit der Informationen, auf welche die Links verweisen, für den Benutzer widerspiegeln. Diese Form der Anpassung kann jedoch nur auf kontextfreie Links angewandt werden, da ansonsten der Gesamtzusammenhang des Textes durch eine Umsortierung verloren gehen würde. Um den Benutzer in der Navigation zu unterstützen, kann eine farbliche Veränderung der Links vorgenommen werden. Die unterschiedlichen Farben können unterschiedliche Relevanz für den einzelnen Benutzer signalisieren. Die Farben können aber auch dazu genutzt werden, einzelne Links zu verstecken, wobei unterschieden werden muss, ob die Links ihre Funktionalität beibehalten, d. h. sie nur nicht als Links erkennbar sind[75], oder ob sie zusätzlich zur Farbveränderung deaktiviert werden. Generell soll durch die Anpassung der Links die Navigation innerhalb einer Webpräsenz erleichtert und an die Bedürfnisse des einzelnen Besuchers angepasst werden. Problematisch bei der Veränderung der Linkstruktur ist, dass bei einer Falscheinschätzung des Benutzerprofils eventuell gewisse Bereiche einer Webpräsenz, die für einen bestimmten Benutzer durchaus von Interesse wären, nicht gefunden werden bzw. überhaupt nicht direkt ansteuerbar sind. Somit muss gut abgewogen werden, inwieweit eine Anpassung der Linkstruktur sinnvoll ist und ob dem Benutzer die Möglichkeit in die Hand gegeben wird, Anpassungen des Systems rückgängig zu machen.

## 5.3 Methoden der Personalisierung

Zur Unterstützung des Vorgangs der Personalisierung lassen sich unterschiedliche Methoden heranziehen. Das grundlegende Problem bei der Personalisierung stellt das Zusammenführen von vorhandener Information eines Systems mit den Bedürfnissen eines Benutzers dar. Diese Zusammenführung kann durch **regelbasierte Methoden** oder durch **Filterverfahren** erreicht werden. Als relevante

---

[75] Die Links sind bspw. nicht mehr unterstrichen oder verändern beim Darüberfahren mit dem Mauscursor nicht mehr ihre Farbe.

Filterverfahren werden im Rahmen der Personalisierung das **Content-based Filtering** sowie das **Collaborative Filtering** angesehen (siehe Abbildung 38).

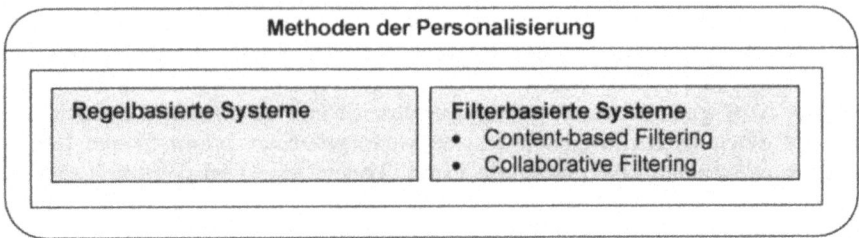

**Abbildung 38: Methoden der Personalisierung**

*Regelbasierte Systeme*: Bei regelbasierten Systemen erfolgt die Personalisierung anhand a priori festgelegter Regeln. Greift eine Regel[76], so wird eine festgelegte Anpassung der Webseite durchgeführt (bspw. eine besondere Startseite am Geburtstag eines Benutzers). Die Grundlogik kann dadurch beschrieben werden, dass durch die Erfüllung einer oder mehrerer Bedingungen ein Ereignis ausgelöst wird. Dieses Ereignis besteht im Falle der Personalisierung meist darin, dass dem Benutzer ein bestimmter Inhalt präsentiert wird. Dabei kann es sich bspw. um besondere News handeln oder auch um das Angebot spezieller Produkte. So verwendet Amazon bspw. regelbasiertes Matching, um dem Besucher auf der Startseite ein Produkt vorzuschlagen. Dieser Vorschlag ergibt sich aus dem beim letzten Besuch zuletzt nachgefragten Produkt.[77] [vgl. Riemer (2002), S.119]

Bei der Erstellung der meist einfachen Regeln der Form

$$\text{WENN } x \text{ (UND } y \ldots) \text{ DANN } z$$

können zwei unterschiedliche Arten der Herangehensweise unterschieden werden. Die Regeln werden entweder durch Experten aufgrund deren Erfahrung im Umgang mit der Materie erstellt, man spricht in diesem Fall auch von der benutzergetriebenen Regelerstellung, oder die den Regeln zugrunde liegende Logik wird mit der Hilfe von Data Mining Verfahren ermittelt, in diesem Fall spricht man von der datengetriebenen Regelerstellung. [vgl. Gentsch (2002), S. 277-287]

---

[76] Ob eine Regel erfüllt ist oder nicht, kann z. B. an Merkmalsausprägungen bestimmter Attribute eines Benutzers festgemacht werden, oder an Handlungen, die ein Benutzer im Rahmen der Webpräsenz durchführt.
[77] Dies setzt natürlich voraus, dass der Benutzer eindeutig identifiziert werden kann, im Falle von Amazon bspw. durch die Verwendung von Cookies.

*Filterbasierte Systeme*: Der Einsatz von Filterverfahren basiert auf der Idee, dass sich die Informationsbereitstellung stärker an den momentanen Informationsbedürfnissen der Benutzer orientieren sollte. Unterscheiden lassen sich dabei das Content-based Filtering und das Collaborative Filtering. Für das Content-based Filtering wird eine Menge von Objekten anhand von objektiv bestimmbaren Kriterien bewertet. Bei den Objekten kann es sich um Produkte oder andere bereitgestellte Informationen handeln. Die einzelnen Objekte werden gemäß der Präferenzstruktur des Benutzers angezeigt, d. h. die Objekte, die den Präferenzen des Benutzers am ehesten entsprechen, werden dargestellt. Das Content-based Filtering stößt allerdings an seine Grenzen, wenn die Ausprägungen der Objekteigenschaften nicht mehr objektiv bestimmbar werden. Dies ist bspw. der Fall wenn Geschmack oder Aussehen bewertet werden sollen. In diesem Fall wird der Abgleich mit der Benutzerpräferenz unmöglich, da die Ausprägungen der Objekteigenschaften nicht eindeutig definiert werden können. Das Collaborative Filtering verwendet einen anderen Ansatz. Hierbei werden nicht die Präferenzen eines Benutzers mit Objekteigenschaften verglichen, sondern unterschiedliche Benutzer werden miteinander verglichen. Für die einzelnen Benutzer existieren Bewertungen für verschiedene Objekte. Beim Vergleich zwischen den einzelnen Benutzern wird überprüft, ob übereinstimmende Bewertungen für gleiche Objekte vorliegen. Je mehr dieser Übereinstimmungen existieren, desto höher wird die Ähnlichkeit zwischen zwei Benutzern eingestuft. Empfehlungen können nun für Objekte ausgesprochen werden, die durch einen der ähnlichen Benutzer positiv bewertet wurden und durch den anderen, für den die Empfehlung ausgesprochen werden soll, noch nicht bewertet wurden. Das Einsatzpotenzial von Collaborative Filtering ist vor allem dann hoch, wenn der Kauf von Produkten, für die das Collaborative Filtering eingesetzt wird, stark durch individuellen Geschmack und Einstellungen beeinflusst wird. Da man davon ausgeht, dass sich Kundengruppen in Cluster mit ähnlichem Geschmack einteilen lassen, können treffende Vorschläge generiert werden. [vgl. Riemer (2002), S. 119-121] Ein Problem, das sich beim Collaborative Filtering ergibt, ist die Tatsache, dass für die Durchführung bereits ein ausreichend großer Besucherstamm vorhanden sein muss, um überhaupt sinnvolle Empfehlungen aussprechen zu können. Somit eignet sich Collaborative Filtering nicht für relativ junge Webseiten, dafür aber für Objekte, deren Objekteigenschaften nicht objektiv bestimmbar sind, wie dies bspw. für Güter des Unterhaltungsbereichs (DVDs, CDs, Computerspiele etc.) gilt [vgl. Good et al. (1999), S. 440]. [vgl. Gentsch (2002), S. 292-297]

Generell basiert die Personalisierung damit auf den erstellten Benutzerprofilen, welche die Präferenzen der einzelnen Benutzer widerspiegeln sollten. Bei der Durchführung der Personalisierung darf jedoch nicht außer Acht gelassen werden, dass die Anstrengungen und der betriebene Aufwand dem jeweiligen Kundenwert entsprechen sollte. Teure Personalisierungsmaßnahmen lassen sich nur für Kunden mit einem entsprechenden Kundenwert rechtfertigen. Somit gilt, dass der Marketingaufwand entsprechend dem unterschiedlichen Kundenwert der Benutzer verteilt wird. Diese Forderung ist allerdings im Bereich des Internets, in dem der einzelne Benutzer einen gewissen Grad an Anonymität genießt, nur schwer durchsetzbar. Auf der anderen Seite sind Personalisierungshandlungen im Internet durch einen hohen Grad an Automatisierung gekennzeichnet. Die Entwicklung der benötigten Systeme ist dabei durch einen hohen Fixkostenanteil und sehr geringe variable Kosten für die Bereitstellung für den einzelnen Kunden gekennzeichnet. Somit können personalisierte Leistungen auch Kunden angeboten werden, deren Kundenwert eigentlich keine Personalisierungsmaßnahmen rechtfertigt, solange auch Kunden existieren, die den Einsatz der hohen Fixkosten rechtfertigen.

Neben der Beschreibung der methodischen Möglichkeiten der Personalisierung darf nicht aus den Augen verloren werden, dass die (realtime) Umsetzung der kundenindividuellen Bereitstellung von Informationen je nach Anwendung einen rechenintensiven Vorgang darstellt. Voraussetzung für ein erfolgreiches Umsetzen von personalisierenden Maßnahmen ist folglich auch das Vorhandensein der notwendigen Hardwareinfrastruktur, um zum einen die Rechenvorgänge in einer für den Benutzer nicht als negativ empfundenen Zeitspanne zu erledigen und zum anderen eine hohe Verfügbarkeitsrate[78] zu erzielen. Eine hohe Verfügbarkeitsrate erfüllt insbesondere auch die Erwartungen der Kunden bezüglich eines 24/7 Services. [vgl. McKenna (1997), S. 67]

## 5.4 Datenschutzrechtliche Aspekte von Weblogfiles im Rahmen des Web Mining und der Personalisierung

Bei der Speicherung und Verarbeitung von Daten gilt es generell zu überprüfen, ob datenschutzrechtliche Aspekte zu bedenken sind. Da es den Rahmen dieser Arbeit sprengen würde, die Bestimmungen unterschiedlicher Länder zu erörtern, sollen die folgenden Ausführungen auf den deutschen Rechtsraum mit seinen Gesetzen und Bestimmungen eingeschränkt werden. Dabei soll auch die Problematik ausgeklammert werden, in welchen Fällen deutsche Gesetzte anzuwenden sind, da diese Frage bei der Datenspeicherung und -verarbeitung im Kontext des Internets nicht immer trivial zu beantworten ist. [vgl. Arndt und Koch (2002), S. 78/79]

Rechtliche Grundlage für den Datenschutz in Deutschland stellen das Bundesdatenschutzgesetz (BDSG), das Teledienstedatenschutzgesetz (TDDSG), das

---

[78] Die Verfügbarkeitsrate gibt das Verhältnis zwischen tatsächlicher und maximal möglicher Verfügbarkeit eines Systems an.

Teledienstegesetz (TDG), das Telekommunikationsgesetz (TKG) sowie die Telekommunikations-Datenschutzverordnung (TDSV) dar. Das TKG, das TDG und die TDSV betreffen in erster Linie die Anbieter von Telekommunikationsdiensten und sind somit für die Betrachtung der datenschutzrechtlichen Aspekte von Logfiles im Rahmen des Web Mining eher nebensächlich. Relevant sind hingegen das BDSG sowie das TDDSG. [vgl. Arndt und Koch (2002), S. 83-86]

Generell begründen sich die oben aufgeführten Gesetze und Verordnungen – und damit die Idee des Datenschutzes - auf Art. 1 Abs. 1 GG[79] und Art. 2 Abs. 1 GG[80]. Ziel des Datenschutzes ist es, dem Individuum das Recht zu übertragen, selbst über die Weitergabe und Verwendung von Daten über seine Person zu entscheiden. Das Bundesverfassungsgericht führt im so genannten Volkszählungsurteil aus: „Das Grundrecht gewährleistet in soweit die Befugnis des Einzelnen, grundsätzlich selbst über die Preisgabe und Verwendung seiner persönlichen Daten zu bestimmen" [Bundesverfassungsgericht (1983), o. S.].

§3 Abs. 1 BDSG beschränkt den Personenkreis, auf den sich der Datenschutz bezieht, auf natürliche Personen, womit insbesondere juristische Personen in Deutschland nicht unter den Datenschutz gemäß des BDSG fallen. Weiter werden personenbezogene Daten als „Einzelangaben über persönliche oder sachliche Verhältnisse" [§3 Abs. 1 BDSG] definiert, womit sich der Datenschutz nicht auf aggregierte Werte bezieht, solange aus den aggregierten Werten nicht wieder auf personenbezogene Daten geschlossen werden kann. Somit fallen Angaben der Art „Die Durchschnittsgröße der Personen A, B und C beträgt 1,82 m" nicht unter den Datenschutz, da es sich nicht um Einzelangaben handelt und kein Personenbezug mehr hergestellt werden kann. Aussagen der Art „Die Personen A, B und C wohnen in München" fallen jedoch unter den Datenschutz, da hier ein Personenbezug hergestellt werden kann: Es kann für jede Person der Wohnort angegeben werden, wodurch es sich um eine personenbezogene Einzelangabe handelt. Weiter wird in §3 Abs. 1 BDSG die Anwendung des Datenschutzes auf den Kreis der „bestimmbaren" Personen eingeengt, also Personen, die eindeutig identifiziert werden können. Fraglich ist jedoch, wann eine Person bestimmbar ist, und wann sie nicht mehr als eindeutig bestimmbar gelten kann. §3 Abs. 6 und 6a BDSG geben die Möglichkeiten der Anonymisierung sowie der Pseudonymisierung an. Als Anonymisierung wird die Veränderung bezeichnet, so „...dass die Einzelangaben über persönliche oder sachliche Verhältnisse nicht

---

[79] „Die Würde des Menschen ist unantastbar. Sie zu achten und zu schützen ist Verpflichtung aller staatlicher Gewalt." [Art. 1 Abs. 1 GG]
[80] „Jeder hat das Recht auf die freie Entfaltung seiner Persönlichkeit, soweit er nicht die Rechte anderer verletzt und nicht gegen die verfassungsmäßige Ordnung oder das Sittengesetz verstößt." [Art. 2 Abs. 1 GG]

mehr oder nur mit einem unverhältnismäßig großen Aufwand an Zeit, Kosten und Arbeitskraft einer bestimmten oder bestimmbaren natürlichen Person zugeordnet werden können" [§3 Abs. 6 BDSG]. Es wird jedoch nicht geregelt, was unter einem „verhältnismäßig großen Aufwand" im genaueren zu verstehen ist. „Pseudonymisieren ist das Ersetzen des Namens und anderer Identifikationsmerkmale durch ein Kennzeichen zu dem Zweck, die Bestimmung des betroffenen auszuschließen oder wesentlich zu erschweren" [§3 Abs. 6a BDSG]. Auch hier lassen sich im Gesetzestext keine genaueren Angaben darüber finden, was genau unter „wesentlich zu erschweren" zu verstehen ist. [vgl. Koch und Arndt (2004), S. 201/202].

Nach der Feststellung des prinzipiellen Verbots der Speicherung von personenbezogenen Daten, gilt es zu überprüfen, wann eine Speicherung zulässig ist. §4 Abs. 1 BDSG regelt die Fälle, in denen die Speicherung erlaubt ist:

1. Wenn ein anderes Gesetz oder eine Rechtsvorschrift die Speicherung ausdrücklich erlaubt.
2. Wenn die Zustimmung über die Speicherung und Verarbeitung des Betroffenen vorliegt.

Bei der Analyse von Daten im Rahmen des Web Mining muss zuerst untersucht werden, ob personenbezogene Daten gespeichert und verarbeitet werden. Werden Weblogfiles herangezogen, um das Nutzungsverhalten innerhalb einer Webpräsenz zu untersuchen, ist es, wie in den vorangehenden Abschnitten gezeigt, notwendig, aus den einzelnen Logfileeinträgen ein zusammenhängendes Bild in Form von Visits zu erstellen. Erreicht werden kann dies durch die Verwendung der IP-Adresse, dem Einsatz von Cookies oder durch die Einführung einer Registrierung in Verbindung mit einem Loginverfahren bei dem Besuch des Webangebots. Meldet sich der Benutzer an, so können die zugehörigen Daten des Logfiles eindeutig einer Person zugeordnet werden und dürfen somit prinzipiell nicht gespeichert werden.[81] Im Falle von Cookies kann keine allgemeingültige Aussage darüber getroffen werden, ob es sich um personenbezogene Daten handelt oder nicht bzw. ob die Zustimmung des Betroffenen vorliegt. Bei der Verwendung eines Browsers kann sich der Benutzer entscheiden, ob auf seinem PC Cookies gespeichert werden, ob nur von speziellen Seiten Cookies akzeptiert werden oder ob gar keine Cookies angenommen werden. Doch die Einwilligung Cookies anzunehmen kann nicht als allgemeine Genehmigung der Speicherung von personenbezogenen Daten angesehen werden, insbesondere da häufig für den Benutzer nicht ersichtlich ist, welche Daten über-

---

[81] Es sei denn, der Benutzername stellt lediglich ein Pseudonym gemäß §3 Abs. 6a BDSG dar und ermöglicht nicht den Rückschluss auf eine natürliche Person.

haupt mit Hilfe des Cookies erfasst werden. Schließlich stellt sich die Frage, ob es möglich ist, die IP-Adresse als Identifikationsinstrument zu verwenden, wodurch die in einem Logfile gespeicherten Informationen als personenbezogene Daten anzusehen wären. Im Falle von dynamischen IP-Adressen ist durch die Vergabe einer neuen Adresse bei jeder Verbindung mit dem Internet der Personenbezug eher nicht zu sehen. Bei statischen IP-Adressen kann zumindest ein Rechner eindeutig identifiziert werden, wobei allerdings noch keine Aussage über die Anzahl der Nutzer dieses einen PCs getroffen werden kann. Prinzipiell können zwar über den entsprechenden ISP die Benutzer einer IP-Adresse ermittelt werden, jedoch ist diese Herausgabe von Informationen – zumindest in Deutschland – verboten. Somit ist das Herstellen des Personenbezugs über die IP-Adresse nicht möglich, bzw. nur durch „verhältnismäßig großen Aufwand", wodurch die Speicherung als legal angesehen werden kann. Anders sieht die Lage allerdings für einen Access Provider aus, der IP-Adressen bspw. zu Abrechnungszwecken speichert. Verfügt dieser Access Provider über eine eigene Webpräsenz, so kann über die IP-Adressen in den Logfiles durchaus ein Personenbezug – zumindest für die Kunden des eigenen Unternehmens - hergestellt werden und die Speicherung bedarf der Einwilligung der Betroffenen. Somit ist es situationsabhängig, ob über die IP-Adresse ein Personenbezug hergestellt werden kann oder nicht. [vgl. Arndt und Koch (2002), S. 95/96]

Da im Rahmen des Web Mining nicht auf die Erlaubnis aus anderen Gesetzen zurückgegriffen werden kann, bleiben für die Speicherung von personenbezogenen Daten folglich drei Möglichkeiten:

1. Die personenbezogenen Daten werden pseudonymisiert.
2. Die personenbezogenen Daten werden anonymisiert.
3. Die Einwilligung zur Speicherung der Daten wird eingeholt.

Insbesondere die Pseudonymisierung von personenbezogenen Daten ist im Rahmen einer analytischen Auswertung unter Gesichtspunkten des Datenschutzes von Bedeutung. Durch die Pseudonymisierung bspw. der Kreditkartennummer sind verschiedene Transaktionen ein und derselben Person als solche zu erkennen, ohne dass auf die konkrete Person geschlossen werden kann. Somit können die Verhaltensmuster der verschiedenen Kunden analysiert werden. Darüber hinaus ergibt sich die rechtliche Möglichkeit, die (pseudonymisierten) Daten an Dritte weiterzugeben. Dies kann bspw. dann sinnvoll sein, wenn die Datenanalyse nicht im eigenen Unternehmen durchgeführt werden kann oder soll. [vgl. Buhr (2005), S. 10]

Eine Möglichkeit der Erhebung personenbezogener Daten in Deutschland ergibt sich dann auch ohne Zustimmung des oder der Betroffenen, wenn es sich bei dem Erhebenden um eine Person oder ein Unternehmen im Ausland handelt. In diesem Fall gelten die dortigen Gesetzte und Vorschriften bezüglich des Datenschutzes, welche im Einzelfall als deutlich weniger restriktiv angesehen werden können. [vgl. Buxel (2002), S. 5] Im Hinblick auf das Vertrauen des Kunden in den Anbieter einer Webseite sollte ein solches Vorgehen bei der Datenerhebung jedoch nicht in Betracht gezogen werden.

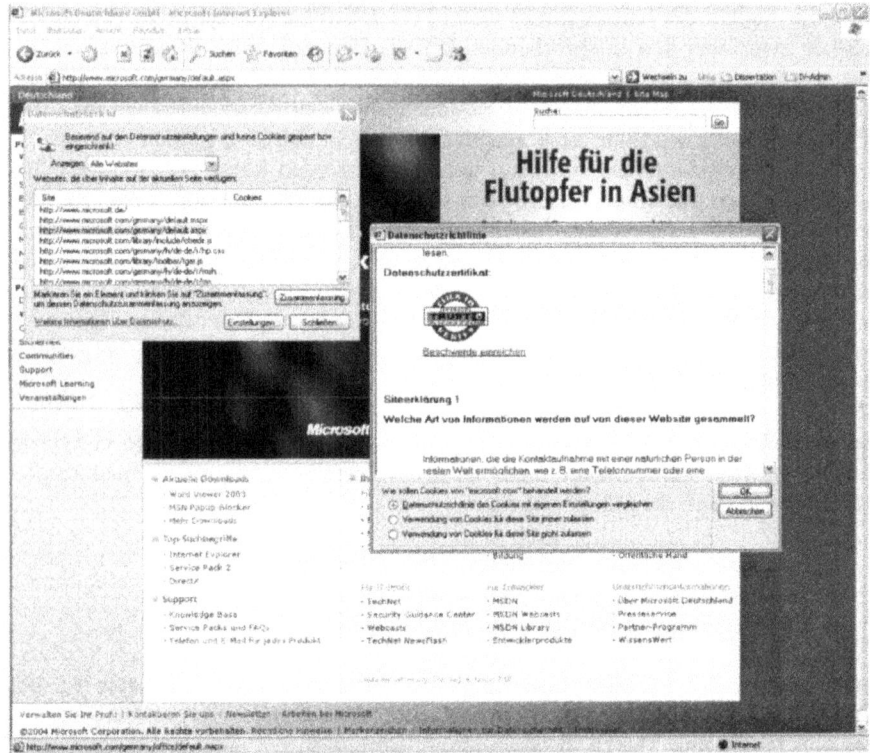

**Abbildung 39: Darstellung einer P3P-konformen Datenschutzrichtlinie mit dem MS® Internet Explorer 6**[82]

---

[82] Der MS® Internet Explorer unterstützt ab Version 6 P3P, jedoch sind die direkt durchführbaren Einstellungsmöglichkeiten noch relativ gering und beziehen sich im Wesentlichen auf die Darstellung der Datenschutzrichtlinie und ein verbessertes Cookiemanagement. Durch die Verwendung von Customized Privacy Import Files (http://msdn.microsoft.com/workshop/security/privacy/overview/privacyimportxml.asp) kann zwar eine genauere Abstimmung vorgenommen werden, diese dürfte aber für die meisten Nutzer zu kompliziert und damit nicht praktikabel sein. Eine weitere Möglichkeit besteht

Interessant im Zusammenhang mit datenschutzrechtlichen Bestimmungen ist das Ergebnis einer empirischen Untersuchung unter österreichischen Internetnutzern. Auf die Frage, ob die bestehenden gesetzlichen Regelungen zum Schutz von personenbezogenen Daten als ausreichend empfunden werden, antworteten 50,2% mit nein. [vgl. Treiblmaier und Dickinger (2005), S. 200] Somit scheint es über die Einhaltung von gesetzlichen Regelungen hinaus notwendig zu sein, in den Kunden ein Gefühl des Vertrauens zu erwecken, um persönliche Informationen von diesen zu erhalten. Um der allgemeinen Problematik der Speicherung von persönlichen Daten durch privatwirtschaftliche Unternehmen und öffentliche Stellen zu begegnen, wurde durch das W3C (World Wide Web Consortium) die „Platform for Privacy Preferences" (P3P)[83] entwickelt. P3P setzt einen Standard zum Austausch von Datenschutzpraktiken zwischen dem Betreiber einer Website und dem Besucher. Die Informationen, die dabei übermittelt werden, enthalten Angaben darüber, welche Daten gespeichert werden, zu welchem Zweck die Daten erhoben werden und in welchem Umfang der Benutzer Zugriff auf die von ihm gespeicherten Daten hat (insbesondere, ob die gespeicherten Informationen durch den Benutzer geändert oder gelöscht werden können). [vgl. Langheinrich (2001), S. 32] Die Übermittlung der Datenschutzpraktiken erfolgt in einem standardisierten XML-Format. Das auf der Website bereitgestellte XML-Dokument kann mit P3P-fähigen Browsern (Abbildung 39 zeigt das Auslesen der Datenschutzrichtlinien der deutschen Microsoft-Website mit dem MS® Internet Explorer 6) ausgelesen werden und der Besucher kann sich eine Übersicht über die Verwendung von persönlichen Daten durch den Betreiber der Website verschaffen und auf Basis dieser Informationen eine Entscheidung treffen, ob und inwieweit er Angaben zu seiner Person übermitteln will.

Ändert man den Blickwinkel von den Anbietern einer Webseite, die die Art der Verwendung der bereitgestellten Daten offen legen, zu den Nutzern einer Webseite, stellt sich für diese die Frage, welche persönlichen Informationen sie bereit sind zu übermitteln. Ein Ansatz, die eigenen persönlichen Informationen für die Webübermittlung zu verwalten, soll mit der kommenden Windowsversion, mit Windows Vista™, in Form der so genannten InfoCard[84] verwirklicht werden. Dabei kann der Webnutzer auf seinem eigenen PC unterschiedliche virtuelle Visitenkarten erstellen, auf denen verschiedene Kombinationen persönlicher In-

---

darin, P3P-Agents als Browser-Plugin zu verwenden (bspw. den Privacy Bird von AT & T, siehe http://privacybird.com/). Diese erlauben eine einfachere Konfiguration der eigenen Datenschutzbedürfnisse.
[83] Die vollständige P3P Spezifikation von *Cranor et al.* findet sich unter http://www.w3.org/TR/P3P/, Stand: 6.12.2005.
[84] Microsofts Infocards sind Teil eines geplanten Metasystems zur Benutzeridentifikation.

formationen gespeichert sind. Wird eine Webseite besucht, die Nutzerangaben erfordert, so kann der Benutzer aus denjenigen persönlichen Infocards auswählen, welche die Anforderungen der Webseite erfüllen. Somit wird für den Besucher schnell ersichtlich, welche Art von Information von der Seite angefordert wird, und eine Entscheidung, ob diese bereitgestellt wird oder nicht kann umgehend getroffen werden. So ergibt sich für den Nutzer von InfoCards zum einen der Vorteil aus einer Übersicht über die angeforderten Informationen und zum anderen kann die Übermittlung beschleunigt werden, da die Informationen nur einmal beim Anlegen einer InfoCard eingegeben werden müssen.

Prinzipiell erscheint der Gedanke, die Art und den Umfang der Verwendung von persönlichen Daten offen zu legen, ein Schritt in die richtige Richtung zur Lösung der Datenschutzproblematik zu sein. Allerdings ergeben sich momentan noch mehrere Probleme bei der Anwendung. Grundsätzlich muss festgehalten werden, dass die bereitgestellten Informationen über die Speicherung und den Umgang mit persönlichen Daten lediglich eine Zusicherung der Sitebetreiber darstellen und der Besucher selbst entscheiden muss, ob er diesen Angaben vertraut oder nicht.[85] Ein weiteres Problem ergibt sich durch die noch relativ geringe Verbreitung[86] von Webseiten, die P3P-konforme XML-Dokumente bereitstellen, wodurch für den Benutzer nicht auf allen Seiten schnell ersichtlich wird, welche Datenschutzbestimmungen dort gelten. Aber auch die Verbreitung des Wissens über P3P auf Seiten der Benutzer ist noch nicht weit genug fortgeschritten, so dass viele Nutzer sich noch gar nicht darüber bewusst sind, dass sie auf manchen Webseiten die Möglichkeit besitzen, einen tieferen Einblick in die Datenschutzrichtlinien zu erhalten. Als zusätzliche Maßnahme, um das Vertrauen der Benutzer zu gewinnen, können sich Betreiber von Webseiten diese zertifizieren lassen, wobei durch den Zertifikatsanbieter bestätigt wird, dass durch ihn vorgegebene Bestimmungen (in diesem Fall Bestimmungen zur Handhabung der persönlichen Daten der Besucher) im Rahmen des Betriebs der Webseite eingehalten werden. [vgl. Meyer et al. (2001), S. 8] Beispiele für Datenschutzzertifikate sind das TRUSTe-Zertifikat[87] oder das IPS-Zertifikat [vgl. O.V (2004), S. 3/4].

---

[85] Womit sich generell für den Besucher die gleiche Problematik ergibt wie auch ohne P3P-konforme Offenlegung der Datenschutzrichtlinie. Der einzige Unterschied besteht darin, dass er zumindest an solche Webseiten keine persönlichen Informationen übermittelt, bei denen er mit der in den Datenschutzrichtlinien offen gelegten Verwendung nicht einverstanden ist.
[86] Zwar existieren bereits etliche Internetseiten, die P3P unterstützen (z. B. www.microsoft.com, www.ibm.com oder www.spiegel.de) jedoch ist die Verbreitung solcher Seiten noch nicht umfassend genug (z. B. unterstützen www.amazon.de oder www.google.de kein P3P) (Stand: 18.11.2005).
[87] Die genauen Voraussetzungen für die Vergabe des TRUSTe-Zertifikats finden sich unter http://www.truste.org/requirements.php (abgerufen am 06.01.2005).

## 5.5 Sicherheitstechnische Aspekte im Rahmen der Personalisierung

Da die Umsetzung der Personalisierung von Webseiten die Anwendung von IT-Systemen voraussetzt, sollten die Anforderungen an ein sicheres System formuliert werden. Dies auch insbesondere vor dem Hintergrund, dass im Rahmen der Personalisierung in großem Ausmaß mit personenbezogenen Daten gearbeitet wird. Die Verwendung eines sicheren IT-Systems ist folglich die Grundvoraussetzung für die Umsetzung eines effektiven Datenschutzes. Im Allgemeinen wird die Sicherheit eines IT-Systems bzw. der Dienste, die durch das IT-System bereitgestellt werden, anhand der vier Kriterien **Integrität**, **Vertraulichkeit**, **Verbindlichkeit** und **Verfügbarkeit** bestimmt [vgl. Hansen und Neumann (2001), S. 174-185]:

*Integrität*: Ein System erfüllt die Bedingung der Integrität, wenn die in dem System gespeicherten und verwendeten Daten sowohl konsistent als auch korrekt sind. Von Datenkonsistenz spricht man, wenn sich die Daten eines Systems in einem widerspruchsfreien Zustand befinden. Die Daten eines Systems werden als korrekt angesehen, wenn sie den durch sie abzubildenden Teil der Realität in geeigneter Form repräsentieren.

*Vertraulichkeit*: Der Begriff der Vertraulichkeit beschreibt im Zusammenhang mit IT-Systemen den Zustand, dass nur berechtigte Personen über einen Zugriff auf die Daten des Systems verfügen. Um dies zu gewährleisten, wird im Allgemeinen das zweistufige Identitäts- und Rechtesystem eingesetzt.[88] Dieses besagt, dass sich eine Person, die auf Daten des Systems zugreifen möchte, zuerst identifizieren muss. Bei gelungener Identitätsüberprüfung verfügt die Person dann über die ihm zugewiesenen (möglicherweise eingeschränkten) Zugriffsrechte auf den Datenbestand des Systems. Daneben spielen Verschlüsselungsverfahren eine große Rolle, die vorhandene Daten für den allgemeinen Zugriff unlesbar machen und diese erst durch die Anwendung eines speziellen Algorithmus wieder in sinnvolle Informationen umwandeln.

*Verbindlichkeit*: Damit ein IT-System die Bedingung der Verbindlichkeit erfüllt, muss sichergestellt werden, dass die im System generierten Daten über einen zu definierenden Zeitraum erhalten bleiben und dass nachvollzogen werden kann, durch wen Daten gespeichert oder geändert wurden.

---

[88] Dieses zweistufige System kann auch durch eine Aufsplittung in die beiden Kriterien Authentifikation und Zugriffskontrolle den sicherheitsdefinierenden Kriterienkatalog erweitern.

*Verfügbarkeit:* Die Forderung nach Verfügbarkeit besagt, dass ein Benutzer mit den entsprechenden Rechten auf bestimmte Daten des Systems zugreifen zu dürfen, diese Daten zu jeder Zeit abrufen kann.

Bei den vier aufgeführten Kriterien handelt es sich um sehr allgemeine Ausführungen. Die praktische Klärung, ob ein System als sicher zu bezeichnen ist oder nicht, erfolgt zumeist anhand von Kriterienauflistungen von Sicherheitsstandards. Weltweit existieren verschiedene Sicherheitsstandards, die sich jedoch in ihrem Grundaufbau ähneln. Anhand der deutschen IT-Sicherheitskriterien soll ein kurzer Einblick in die Thematik der Sicherheitsstandards gegeben werden. Die deutschen IT-Sicherheitskriterien wurden 1989/1990 im Auftrag der Bundesregierung entwickelt und stellen eine Erweiterung des so genannten „Orange Book" dar, den Sicherheitsstandards, die durch das amerikanische Department of Defense entwickelt wurden. Die deutschen IT-Sicherheitskriterien untergliedern sich in zwei Bereiche. Dies sind zum einen Funktionalitätskriterien und zum anderen Qualitätskriterien. Im Rahmen der Funktionalitätskriterien wird überprüft inwieweit die spezifizierten Funktionen Identifikation und Authentisierung, Rechteverwaltung, Rechteprüfung, Beweissicherung, Wiederaufbereitung, Fehlerüberbrückung, Gewährleistung der Funktionalität und Übertragungssicherheit in dem zu untersuchenden System vorhanden sind und wie stark die einzelnen Funktionen ausgeprägt sind, d. h. wie leicht bzw. schwer es ist, die einzelnen Funktionen zu umgehen. Die Qualitätskriterien beschreiben die Qualität der Funktionen des Systems, also inwieweit die Funktionen vertrauenswürdig implementiert wurden. Für die Bewertung des Systems kann auf zehn Funktionsklassen und acht Qualitätsstufen zurückgegriffen werden, die jeweils unterschiedliche Anforderungen an das System stellen. [vgl. o. V. (1989/1990), o. S.]

## 5.6 Grenzen der Personalisierung

Bei all den positiven Aspekten und Möglichkeiten der Personalisierung, die in den vorhergehenden Abschnitten angeführt wurden, darf nicht vergessen werden, auch eine kritische Betrachtung der Personalisierung durchzuführen. Ein Problem, das sich im Rahmen der Personalisierung ergibt, ist die Speicherung von personenbezogenen Daten. Auch wenn die rechtliche Grundlage für die Speicherung der Daten geschaffen wurde (siehe Kapitel 5.4), bleibt die Frage bestehen, ob dem einzelnen Kunden bewusst ist, welche und wie viel Daten über ihn abgespeichert werden und für welche Zwecke diese Daten benutzt werden. Aus Angst vor Missbrauch der Daten kann der Benutzer vollständig darauf verzichten, dem System korrekte Daten über sich zu übermitteln, wodurch der Vorgang der Personalisierung erschwert bzw. unmöglich wird. Somit kann das fehlende Vertrauen bzw. die fehlende Akzeptanz der Personalisierung ein Hindernis darstellen. Die fehlende Akzeptanz von Personalisierungsmaßnahmen kann sich neben der Problematik der Preisgabe von persönlichen Informationen aber auch auf der Angst begründen, durch die Personalisierung etwas zu verpassen. In diesem Fall ist sich der Benutzer darüber im Klaren, dass das System den ihm dargebotenen Inhalt aus einem Pool von Informationen oder Produkten auswählt, er bezweifelt aber, dass diese Auswahl adäquat ist bzw. er möchte einen Überblick über die Gesamtheit des Angebots erhalten und selbst die Entscheidungsmacht besitzen.

Angelehnt an die Problematik der Speicherung von personenbezogenen Daten, muss abgewogen werden, wie lange Personalisierung als angenehm empfunden wird und wann das Gefühl eines Eingriffs in die Intimsphäre in den Vordergrund rückt. Dieser störende Eindruck kann schnell zu einem Vertrauensverlust in den Anbieter führen, was sich gerade im Umfeld des E-Business, in dem einer der wesentlichen Erfolgsfaktor im Vertrauen des Kunden zum Anbieter liegt, negativ auf das Unternehmensergebnis auswirken kann. So muss darauf hingewiesen werden, dass die Zustimmung des Kunden zur Anwendung von personalisierenden Maßnahmen eine notwendige Bedingung für dauerhaft erfolgreiche Kundenkontakte darstellt. [vgl. Terlutter und Diehl (2002), S. 441]

Ein weiteres Problem der Personalisierung ist die Ungleichbehandlung von Kunden, die sich automatisch aus dem Wesen der Bereitstellung von individuell angepassten Gütern und Leistungen ergibt. Wird eine Personalisierung von Produkten, Dienstleistungen oder Informationen vorgenommen, so bedeutet dies immer, dass Kunden individuell behandelt werden, was wiederum heißt, dass es zu einer Ungleichbehandlung der einzelnen Kunden kommt. Personalisierung zielt zwar in erster Linie auf ein für den Kunden maßgeschneidertes Angebot ab, jedoch sollte auch nicht vergessen werden, dass dies immer nur unter der Nebenbedingung der Wirtschaftlichkeit für das Unternehmen erfolgt. Dies kann durchaus dazu führen, dass manche Kunden bspw. bessere Preiskonditionen oder andere Vergünstigungen erhalten, die anderen Kunden verwehrt bleiben. Fraglich ist nun, inwieweit die einzelnen Kunden die Andersartigkeit der Behandlung anderer Kunden wahrnehmen und ob es zu einem Gefühl der ungerechten Behandlung kommt.

Da die Präferenzen der Benutzer die Grundlage der Personalisierung bilden, muss bedacht werden, dass diese sich über den Zeitablauf verändern können. Dies bedeutet, dass bereits ermittelte Präferenzen auf ihre Richtigkeit hin überprüft werden müssen bzw. die Verfahren, mit denen Präferenzen ermittelt werden, in gewissen Zeitabständen erneut durchgeführt werden müssen. Ändern sich die Präferenzen der Besucher sehr schnell, so kann es vorkommen, dass die Anpassung nicht schnell genug durchgeführt werden kann, wodurch die Personalisierung wiederum ungenau bzw. unmöglich wird. Auch gilt es festzuhalten, dass die Verfahren, die zur Personalisierung herangezogen werden, Daten einsetzen, die vergangenheitsbezogen sind. Die Folge ist eine Personalisierung für den Zustand der Vergangenheit, doch vielmehr sollte es Ziel sein, individuelle Produkte oder Dienste für die Bedürfnisse der Zukunft bereitzustellen. Neben der allgemein möglichen zeitlichen Veränderung von Präferenzen muss ebenfalls bedacht werden, dass die Präferenzen eines Benutzers bei einem Besuch einer Webpräsenz vom Grund des Besuchs abhängen und somit unterschiedlich ausfallen können. Bspw. kauft ein Kunde das ganze Jahr über in einem Onlineshop Produkte für sich selbst ein, doch am Ende des Jahres kehrt er auf der Suche nach Weihnachtsgeschenken erneut in den Onlineshop zurück. Nun unterscheiden sich eventuell die gesuchten Produkte von der Art der bisher durch diesen Kunden gesuchten Produkte. Somit muss festgehalten werden, dass die Präferenzen eines Benutzers auch durch den Grund seines Besuchs beeinflusst werden, so dass es schwer werden kann, ein allgemeines Präferenzschema für einen Benutzer zu erstellen, der häufig mit unterschiedlichen Absichten die Webseite besucht. [vgl. Fassott (2001), S. 137] Ähnlich gelagert ist die Problematik, ob gefundene Erkenntnisse, welche die Grundlage der Personalisierung bilden, allgemein gültig sind, oder nur für den Einzelfall, also für die zur Analyse verwendete Datenbasis gelten. Es muss also unterschieden werden, ob es sich bei den Erkenntnissen um Spezialfälle handelt, oder ob sie auch auf neue Fälle angewendet werden können. Dies kann je nach Aufgabenbereich bspw. durch einen Aufteilung der Datenbasis in einen Analysebestand und einen Testbestand überprüft werden.

Problematisch beim Einsatz von Personalisierungsmaßnahmen ist die notwendige Datenbasis. Wie bereits in Kapitel 4.1 dargestellt, können die Daten indirekt, also ohne bewusste Angaben der Benutzer, bspw. in Form von Logfiles, oder direkt, durch bewusste Angaben des Benutzer, bspw. in Form von Fragebögen, erhoben werden. Sollen persönliche Daten weitergegeben werden, so sind für den Bereich des Internets drei Dimensionen der Entscheidung, ob die Daten durch den Benutzer bereitgestellt werden oder nicht, zu beachten. Zum einen hat die Bekanntheit des Unternehmens, das Informationen über den Kunden erheben will, Einfluss auf Bereitschaft der Bereitstellung. Je bekannter das Unternehmen, desto eher sind Kunden bereit, Informationen über sich preiszugeben. Zum anderen spielt die Sicherheit der Verbindung, mit der die Daten zwischen Kunde und Unternehmen übertragen wird, eine Rolle. Je sicherer der Kunde die Kommunikation empfindet, desto eher ist er bereit, Informationen zu übermitteln. Als dritte Dimension ist schließlich die Art der Information von Bedeutung. So wird bspw. der Name noch relativ schnell bekannt gegeben, vor der Angabe einer Kreditkartennummer schrecken jedoch viele Kunden zurück. Die dargestellte Problematik der Datenerhebung betrifft in erster Linie die direkte Datenerhebung, bei welcher der Kunde explizit die Wahl hat, ob Informationen über ihn gespeichert werden. Allerdings stellen viele Informationen, die direkt erhoben werden, Angaben dar, deren Erhebung über indirekte Verfahren nicht möglich ist. [vgl. Treiblmaier und Dickinger (2005), S. 197-200]

Bei der Bereitstellung von personalisierten Inhalten muss beachtet werden, dass im Falle der Anwendung automatisierter Verfahren die Ergebnisse einer Überprüfung bedürfen. Dies resultiert aus zwei Überlegungen. Zum einen kann ein Unternehmen sich nicht ausschließlich an den für den Kunden optimalen Angeboten orientieren, d. h. es müssen auch betriebswirtschaftliche Aspekte wie Deckungsbeiträge, Sortimentspolitik etc. in das Angebotskalkül mit einfließen. Zum anderen muss bei der Durchführung von Empfehlungen bedacht werden, dass es Produktkombinationen gibt, die bspw. aus rechtlichen oder moralischen Gründen nicht zusammen angeboten werden sollten.[89] Um das automatisierte Anbieten solcher Produktkombinationen zu verhindern, müssen zusätzliche Regeln in das Personalisierungssystem integriert werden. [vgl. Gentsch (2002), S. 298/299]

Weiter gilt es zu beachten, dass es sich bei der Personalisierung lediglich um einen Faktor unter vielen handelt, der die Zufriedenheit und die Einstellung des Kunden gegenüber dem Unternehmen und dessen Güter- und Leistungsangebot beeinflusst und somit lediglich als Teil einer Gesamtstrategie eingesetzt werden kann. Insbesondere darf eine gelungene Personalisierung nicht als Gegengewicht zur fehlenden Qualität in anderen Bereichen herangezogen werden, denn die maßgeblichen Determinanten der Kundenloyalität im Onlinebereich sind ein guter Kundensupport, pünktliche Auslieferung, deutliche Produktbeschreibungen, bequeme Auslieferung zu einem angemessenen Preis, klare und vertrauenswürdige Datenschutzrichtlinien sowie selbstverständlich die Qualität der angebotenen Produkte und Leistungen selbst. [vgl. Reichheld und Schefter (2000), S. 112]

Die bisherige Betrachtung und Analyse der Personalisierung im Webbereich beleuchten die Ergebnisse, die durch die individuelle Behandlung von Kunden im Internet erzielt werden können. Jedoch muss die Frage gestellt werden, ob die erlangten Ergebnisse für den Kunden und das Unternehmen einer gleichen, nicht-webbasierten Interaktion vorzuziehen sind bzw. ob sie ein besseres Ergebnis erzielen. [vgl. Kuchinskas (2000)] Zieht man den Vergleich zwischen einem Verkauf über einen Onlineshop mit bereitgestellten Assistenz-, Empfehlungs- und Suchfunktionen und einer Katalogbestellung so mag das Einkaufserlebnis für den Kunden befriedigender ablaufen, da er bei seiner Suche geleitet wird.

---

[89] Man denke hierbei z. B. an Kombinationen aus Spielwaren und Produkte, die keine Jugendfreigabe gemäß §14 JuSchG besitzen. Wobei in Deutschland zusätzlich das Verbot des Versands solcher Produkte beachtet werden muss.

Weiß er genau, welches Produkt er erwerben möchte, so wird ihn die Suchfunktion schnell und komfortabel zu dem gewünschten Produkt leiten. Ist er sich nicht schlüssig darüber, was genau er erwerben möchte, so stehen ihm Empfehlungsfunktionen zur Verfügung, was er im Falle eines Katalogs nicht hätte. Anders gestaltet sich die Situation allerdings, wenn man den Kauf in einem Onlineshop mit einem Einkauf im stationären Handel vergleicht. Dort steht dem Kunden im Idealfall geschultes Personal zur Verfügung, das auf die Wünsche und Fragen des Kunden eingehen kann. Die Erfahrung und Intuition des Verkaufspersonals im stationären Handel kann in Onlineshops nur unzureichend abgebildet und implementiert werden. [vgl. Diller (2001), S. 76] So muss kritisch analysiert werden, inwieweit es überhaupt sinnvoll ist, menschliche Interaktion durch technische Interaktion zu ersetzen und inwieweit der Kunde diesen Austausch akzeptiert. Die Problematik wird dann umgangen, wenn für eine Unternehmung sowohl der Onlinekanal als auch der herkömmliche Absatzweg in Form von stationären Geschäften existieren. So kann der Kunden wählen, für welche Abwicklungsstufen einer Transaktion er welchen Kanal verwenden will, soweit diese Wahlmöglichkeit durch das Unternehmen offeriert wird. [vgl. Armbruster Reif (2005), S. 130/131] In diesem Fall kann zwar die Ablehnung der personalisierenden Maßnahmen im Rahmen des Webauftritts durch das Angebot in stationären Geschäften für das einzelne Unternehmen aufgefangen werden, an der Tatsache, dass Personalisierung gewisse Dienste noch nicht leisten kann, ändert dies jedoch nichts.

Insgesamt gilt es bei der Personalisierung die Vor- und Nachteile gegeneinander abzuwägen, um zu entscheiden, wann und in welchem Umfang die individuelle Ansprache und Bereitstellung von Inhalten sinnvoll erscheint. Damit erscheinen die vollkommen automatisiert ablaufenden Prozesse im Rahmen der Webpersonalisierung als Ansatzpunkt der Kostenersparnis und des Aufbaus individueller Kundenbeziehungen. Somit muss evaluiert werden, inwieweit zum einen die Ergebnisse den Wünschen der Kunden entsprechen und ob die Kunden überhaupt an einer Personalisierung interessiert sind oder ob sie nicht lieber selbst darüber bestimmen wollen, welche Informationen sie erhalten und welche nicht. Denn letztendlich muss festgehalten werden, dass die Vorauswahl von Informationen durch ein Personalisierungssystem dem Benutzer die nicht ausgewählten Informationen vorenthält, obwohl diese für ihn durchaus von Interesse gewesen wären bzw. Interesse an diesen Informationen beim „Stöbern" gefunden hätte.

# 6 Prototypische Konzeption eines Systems zur Unterstützung des Web Mining Prozesses zur Personalisierung

*Kapitel 6 beschreibt die Entwicklung und Anwendung eines Prototypen zur Unterstützung des Web Mining Prozesses wobei der Schwerpunkte des Prototypen auf der Aufbereitung und Analyse von Weblogfiles liegen. Kapitel 6.1 geht auf die Anforderungen und Entwicklungsmöglichkeiten eines Softwaresystems ein. Kapitel 6.2 enthält eine Beschreibung der Softwarearchitektur des Prototyps. Die Daten, die zum Test des Prototyps herangezogen wurden, werden in Kapitel 6.3 beschrieben. Dabei werden auch die Funktionen zur Datenaufbereitung näher erläutert. Kapitel 6.4 beschreibt die Auswertungsfunktionen des Prototyps, aufgeteilt nach beschreibenden und analysierenden Funktionen. Kapitel 6.5 fasst die Anwendungsergebnisse zusammen und leitet daraus Handlungsempfehlungen ab.*

Zur Durchführung des Web Mining Prozesses mit dem Ziel der der Personalisierung einer Webpräsenz wurde der Prototyp eines Softwaresystems implementiert, der die einzelnen Phasen des Web Mining Prozesses unterstützt. Der Schwerpunkt des Systems wurde dabei auf die Phasen der Aufbereitung und Analyse der Logfiledaten gelegt, während die eigentliche Personalisierung der Webpräsenz ausgeklammert blieb und lediglich Handlungsempfehlungen für personalisierende Maßnahmen für die betrachtete und untersuchte Webseite ausgesprochen werden. Somit wurde im Rahmen des Prototyps lediglich die erste Phase der Personalisierung durch Nutzungsdaten (siehe Kapitel 5.2.1) einbezogen.

## 6.1 Anforderungen und Entwicklung eines Softwaresystems

Zu Beginn der Entwicklung eines Softwaresystems steht die Definition der Anforderungen an das System, d. h. es gilt zu spezifizieren, welche Aufgaben durch das System übernommen werden sollen und welche Personen (bzw. welcher Personenkreis) die potenziellen Anwender des Systems darstellen. Für die eigentliche softwaretechnische Umsetzung, die Implementierung des Systems, wurden verschiedene Vorgehensmodelle entwickelt, die eine unterschiedliche Herangehensweise bei der Entwicklung eines Softwaresystems beschreiben. Generell unterscheidet man das Wasserfall-Modell, die evolutionäre Entwicklung von Softwaresystemen, die formale Systementwicklung sowie die Systementwicklung unter Wiederverwendung. [vgl. Sommerville (2001), S. 56/57]

Findet das Wasserfall-Modell Anwendung, so wird die Entwicklung des Softwaresystems in aufeinander folgende Phasen unterteilt. Die wichtigsten Phasen sind die Definition der System- und Softwareanforderungen, der Systementwurf, die Implementierung des Systems, die Integration mit anschließendem Test sowie der Betrieb des Systems. Prinzipiell wird dabei angenommen, dass eine Phase abgeschlossen wird, bevor mit der darauf folgenden Phase begonnen wird. In der Realität sind aber Überschneidungen und Rückkopplungen zwischen den einzelnen Phasen zu beobachten. [vgl. Royce (1970), S. 328-330]

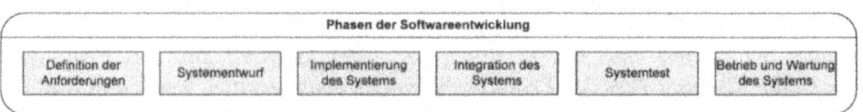

**Abbildung 40: Phasen der Softwareentwicklung**

Während das Wasserfall-Modell die genaue Spezifizierung der Systemanforderungen voraussetzt, ist für eine evolutionäre Systementwicklung lediglich eine grobe Vorstellung der Ziele des Systems erforderlich. Basierend auf der rudimentären Anforderungsbeschreibung finden die Phasen des Entwurfs, der Implementierung sowie des Tests des Systems mehr oder weniger parallel statt. Als Resultat ergeben sich verschiedene Versionen des Softwaresystems, deren Reifegrad mit der sukzessiven Weiterentwicklung zunimmt. Bis zur endgültigen Version entstehen somit Prototypen, die dem Anwender bereits zum Einsatz zur Verfügung stehen. [vgl. Sommerville (2001), S. 58-60]

Die formale Systementwicklung basiert auf einer formal mathematischen Repräsentation der Anforderungen, die in ein ausführbares Programm transformiert wird. Die große Ähnlichkeit zwischen formaler Anforderungsdefinition und Implementierung erleichtert dabei die Überprüfung, ob ein Programm die gestellten Anforderungen erfüllt. Somit eignet sich die formale Systementwicklung insbesondere für den Bereich sicherheitskritischer Anwendungen, in denen nur eine geringe Fehlertoleranz erlaubt ist. [vgl. Sommerville (2001), S. 60/61]

Die Systementwicklung unter Wiederverwendung basiert auf dem Gedanken, einzelne Komponenten, die spezielle Aufgaben erfüllen, aus einem Pool von Komponenten auszuwählen und so zusammenzufügen, dass ein Programm entsteht, welches die definierten Anforderungen erfüllt. [vgl. Sommerville (2001), S. 62/63] Somit ergeben sich im Vergleich zum Wasserfall-Modell die Phasen der Komponentensuche und –anpassung, die große Teile der Systemimplementierung im Sinne des Wasserfall-Modells ersetzen. Die Wiederverwendung einzelner Komponenten spiegelt sich auch in der objektorientierten Programmierung wieder, in der einzelne Klassen implementiert werden, die spezielle Aufgaben erfüllen, und die für andere Softwareprojekte erneut herangezogen werden bzw. innerhalb eines Projektes wiederholt die gleiche Aufgabe erledigen.

Die Umsetzung und Implementierung des Gesamtprozesses der Personalisierung erfordert mehr als die Einrichtung eines einzelnen Programms. Vielmehr geht es darum, durch Integration einzelner Komponenten ein System zu schaffen, welches die einzelnen Schritte des Web Mining und des Personalisierungsprozesses unterstützt. [vgl. Gentsch (2002), S. 271] Im Sinne der allgemeinen Systementwicklung gilt es somit zuerst, die Anforderungen an ein solches System zu definieren. Der Web Mining Prozess gliedert sich wie bereits in Kapitel 4 beschrieben in die Phasen Aufbereitung der Daten, Anreicherung der Daten, Transformation der Daten, Analyse der Daten, Interpretation und Umsetzung der Analyseergebnisse. Somit ergeben sich die Anforderungen an das System aus den Einzelaufgaben des Web Mining Prozesses. Die Entwicklung des prototypischen Systems erfolgte teilweise nach dem evolutionären Verfahren der Systementwicklung durch eine fortlaufende Weiterentwicklung einer ersten Version und teilweise nach dem Verfahren der Systementwicklung unter Wiederverwendung. Der wieder verwendende Aspekt ergab sich in erster Linie durch den Einsatz der objektorientierten Programmiersprache Java, die den wiederholten Zugriff auf verschiedene Komponenten (Klassen) erlaubt. Da es sich bei dem implementierten System um einen Prototypen handelt, sind in der vorliegenden Fassung nicht alle gestellten Anforderungen erfüllt. Die Phasen der Datenaufbereitung, -anreicherung, -transformation und –analyse werden unterstützt, die Umsetzung der Analyseergebnisse bleibt ausgeklammert. Im Rahmen eines Prototyps kann jedoch keine allumfassende Unterstützung gewährleistet werden. Vielmehr soll aufgezeigt werden, wie eine Unterstützung des Web Mining Prozesses generell erfolgen und welche Rolle Weblogfiles in diesem Kontext zukommen kann. Für die Datenanalyse wurde ein zweigleisiger Weg eingeschlagen. Prinzipiell ergeben sich beim Einsatz von Computerprogrammen die Möglichkeiten der dezidierten Eigenentwicklung oder des Fremdbezugs. Unter Fremdbezug ist eine Fremdentwicklung ebenso wie der Zukauf von Standardsoftwarelösungen für einen speziellen Aufgabenbereich zu verstehen. Um den Einsatz beider Optionen zu demonstrieren, wurde für den Prototypen eine Mischlösung verfolgt, die sowohl die Eigenentwicklung in Form der Warenkorbanalyse sowie des Entscheidungsbaumverfahrens als auch den Einsatz einer Standardlösung für den Bereich der Datenanalyse in Form der Statistiksoftware SPSS® beinhaltet. Im Sinne des Web Mining Prozesses musste dabei sichergestellt werden, dass aus den datenaufbereitenden Schritten das Datenmaterial in einer SPSS®-konformen Notation hervorgeht, so dass die Informationen aus den aufbereiteten Logfiles direkt in SPSS® analysiert werden können. Die Verwendung von SPSS als Standardlösung wird am Beispiel der Clusterung der Nutzer der Webseite dargestellt. Die Interpretation von Analyseergebnissen ist im Allgemeinen nur schwer durch ein System automatisierbar. So wurde auch im vorliegenden Fall die Interpretation aus dem Systemzusammenhang entkoppelt und durch ein manuelles Vorgehen ersetzt. Die Umsetzung der so erhaltenen Ergebnisse im Rahmen einer personalisierten Webseite wird lediglich in Form von Handlungshinweisen durchgeführt.

## 6.2 Architektur des Systems

Bei der Entwicklung eines Systems, dessen Ziel die Personalisierung eines Onlineangebots darstellt, gilt, dass eine Trennung der einzelnen Vorgänge durchgeführt werden muss. Als Vorgänge werden dabei die einzelnen Phasen im Sinne des Web Mining Prozesses verstanden: Datenaufbereitung, Datenanreicherung, Datentransformation, Datenanalyse sowie Interpretation und Umsetzung der Analyseergebnisse. Zur Unterstützung der einzelnen Phasen wurden aufeinander aufbauende Komponenten entwickelt, welche ein lineares Abarbeiten der Schritte ermöglichen. Dabei lässt sich jede einzelne Komponente entweder dem Funktionsbereich Datenaufbereitung (Data Preprocessing) oder dem Funktionsbereich Datenanalyse (Data Analysis) zuordnen. Das Gesamtsystem setzt dabei auf der relationalen Datenbank MySQL® in der Version 4.1.14 auf, die zum Zwecke einer performanten und dauerhaften Datenspeicherung eingesetzt wird. Die Softwarekomponenten zur Datenaufbereitung und –analyse wurden in Java in der Version 1.5.0_04 implementiert. Für die MySQL® Datenbankanbindung aus den Javaprogrammkomponenten heraus wurde der MySQL® Connector/J in der Version 3.1.11 verwendet.

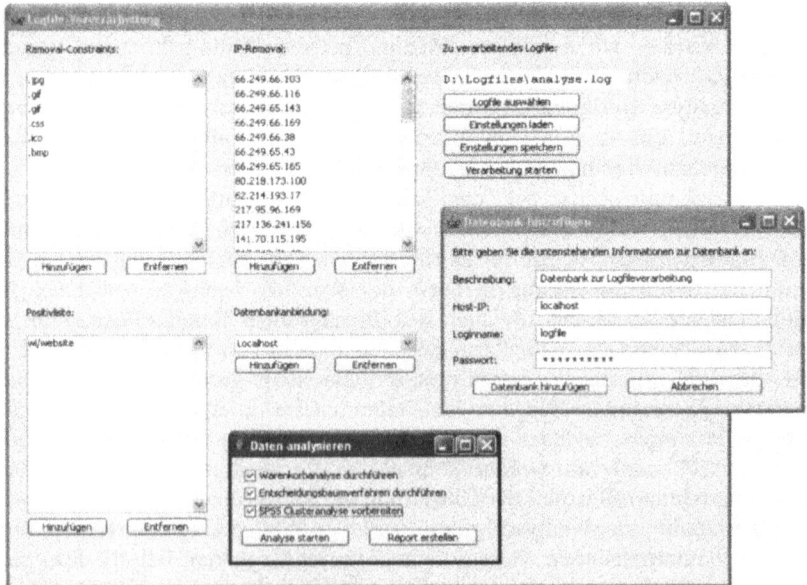

**Abbildung 41: Screenshot der Benutzeroberfläche der Javamodule**

Im Einzelnen setzt sich der Funktionsbereich der Datenaufbereitung aus den folgenden Einzelkomponenten zusammen: DataPre.class, DatabaseWindow.class, LogfileReader.class, LogfileTransformation.class, Encoding.class, DecisionTreePrep.class sowie PrepareClusteranalysis.class.

*DataPre.class*: Die Komponente Data.Pre.class beinhaltet die Programmierung der grafischen Benutzeroberfläche, über welche die Auswahl und Speicherung der Analysedaten sowie die Einstellungen zur Aufbereitung der Logfiledaten geregelt werden (siehe Abbildung 41).

*DatabaseWindow.class*: Aufgabe dieser Komponente ist die Einrichtung der Verbindung zum verwendeten MySQL® Server.

*LogfileReader.class*: Der Hauptbestandteil dieser Komponente ist eine Routine zur Aussortierung von nicht gewünschten Einträgen in den ursprünglichen Logfiles. Dazu wird das Quelllogfile zeilenweise eingelesen, die definierten Ausschlussconstraints werden sequentiell abgearbeitet und ein bereinigtes Logfile wird erstellt.

*LogfileTransformation.class*: Diese Komponente verwendet das bereinigte Logfile, um zeilenweise die dort gespeicherten Informationen zu separieren und in der relationalen Datenbank zu speichern.

*Encoding.class*: Aufgabe dieser Komponente ist die Vorbereitung der Analysedaten für die Warenkorbanalyse, welche im Funktionsbereich der Datenanalyse angesiedelt ist (siehe unten). Dabei werden als Grundlage die aufbereiteten und in der Datenbank gespeicherten Einzelinformationen verwendet. Die transformierten Daten werden ebenfalls wieder in der Datenbank abgelegt.

*DecisionTreePrep.class:* Die Aufbereitung der Daten für das zweite in Java implementierte Analyseverfahren (Entscheidungsbaumverfahren) wird mit Hilfe dieser Komponente durchgeführt. Neben benötigten Datentransformationen findet dabei auch eine Aufteilung der vorhandenen Daten in eine Trainings- und eine Testmenge statt.

*PrepareClusteranalysis.class*: In dieser Komponente werden die Daten für die Analyse in einer systemexternen Softwarelösung (SPSS®) vorbereitet.

Gemäß dem Web Mining Prozess zählen die Phasen Aufbereitung, Anreicherung sowie Transformation zum Bereich der Datenaufbereitung. Für den Prototyp lassen sich nun einzelne Komponenten diesen Aufgabenbereichen zuordnen. LogfileReader.class übernimmt die Hauptfunktion der Aufbereitung der Quelllogfiles. Encoding.class, DecisionTreePep.class sowie PrepareClusteranalysis.class stellen Beispiele für die Transformation der Daten in ein Format für ein spezielles Analyseverfahren dar. Die Anreicherung der Daten erfolgt direkt über den Webauftritt. Informationen zu den einzelnen Nutzern, die bei der Registrierung bereitgestellt werden, werden direkt über ein PHP-Script der Webpräsenz in der später benötigten Form in die Datenbank geschrieben. Sollen verschiedene Datenbanken verwendet werden, müssen die entsprechenden Datenbanktabellen kopiert werden.

Zum Funktionsbereich der Datenanalyse gehören die Komponenten: Analyzer.class, Clickstream.class, DecisionTree.class, DecisionTreeClassify.class sowie DecisionNode.class.

*Analyzer.class*: Ähnlich der Komponente DataPre.class des Funktionsbereichs Datenaufbereitung handelt es sich hier um die Implementierung der grafischen Benutzeroberfläche, von der aus die entsprechenden Analysemethoden aufgerufen werden können.

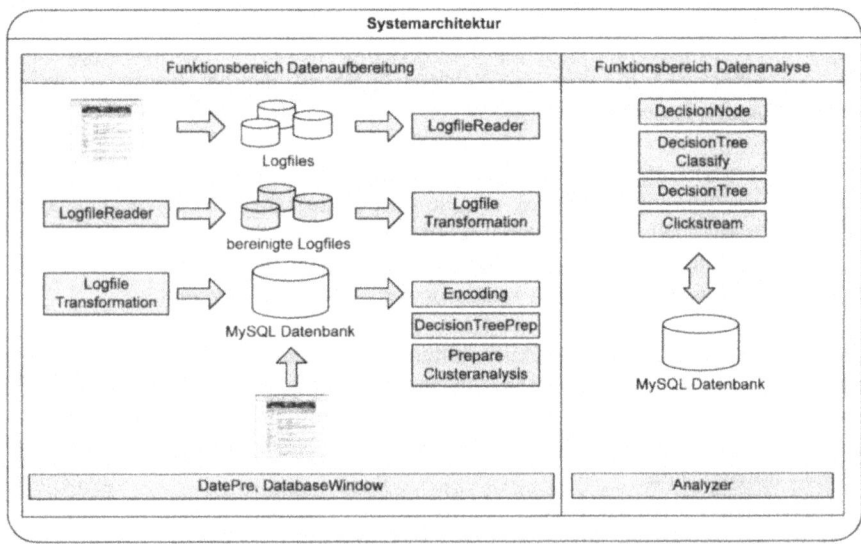

**Abbildung 42: Systemarchitektur**

*Clickstream.class*: In dieser Komponente wurde als Beispiel einer selbstimplementierten Analyselösung eine Warenkorbanalyse programmiert, die als Ergebnis häufig gemeinsam in einer Session aufgerufene Seiten liefert. Die verschiedenen Warenkörbe werden in der Datenbank gespeichert.

*DecisionTree.class:* Diese Komponente stellt den Hauptteil der Implementierung des Entscheidungsbaumverfahrens dar. Dabei wird ein Entscheidungsbaum generiert, der einen Besucher der Webseite einer der beiden Klassen „registrierter Benutzer" oder „nicht registrierter Benutzer" zuordnet.

*DecisionTreeClassify.class:* Mit Hilfe dieser Komponente werden Elemente der Testmenge klassifiziert und die Güte des generierten Entscheidungsbaums untersucht.

*DecisionNode.class:* Diese Komponente stellt ein Hilfskonstrukt dar, mit dessen Hilfe Informationen über die einzelnen Knoten in einem Entscheidungsbaum gespeichert werden können.

Die Komponenten Clickstream.class, DecisionTree.class, DecisionTreeClassify.class sowie DecisionNode.class lassen sich im Sinne des Web Mining Prozesses der Phase der Analyse zuordnen. Die letzte Phase der Interpretation und Umsetzung der Analyseergebnisse wird durch den Prototyp nicht unterstützt. Die Ergebnisse der Analyseverfahren für die verwendeten empirischen Daten sowie Handlungsempfehlungen im Sinne einer Personalisierung, die aus diesen Ergebnissen abgeleitet werden können, finden sich in Kapitel 6.4 und 6.5.

Die für die Analyse benötigten Logfiles entstammen dem Betrieb der Webseite des Lehrstuhls für Wirtschaftsinformatik der Albert-Ludwigs-Universität Freiburg. Zentral für die Gestaltung der Webseite ist die Trennung der inhaltlichen Komponenten von der Layoutkomponente. [vgl. Gentsch (2002), S. 274] Da die dargestellten Inhalte für einzelne Besucher bzw. Besuchergruppen variieren, können diese nicht fest an eine einzelne Seite gebunden werden. Vielmehr ist eine dynamische Gestaltung der Webseiten notwendig, die es erlaubt, die Inhalte zur Laufzeit (also zum Anforderungszeitpunkt durch den Benutzer) zu generieren bzw. aus einem Informationspool auszuwählen. Die Inhalts- und die Layoutebene werden durch Komponenten des Gesamtsystems unterstützt. Die Bereitstellung der Inhalte erfolgt über eine Datenbankanbindung des Webservers. Die Schnittstelle zum Benutzer bilden der Webserver und der Mailserver, welche die Übermittlung der Inhalte zu den Benutzern durchführen. Als Gegenstück auf Seite der Benutzer stehen dessen Mailprovider und Webbrowser.

### 6.2.1 Entwicklungssprachen Java, PHP, SQL

Für die praktische Umsetzung des Systems zur Unterstützung des Web Mining Prozesses wurde, wie in Kapitel 6.2 bereits erläutert, ein Mehrkomponentensystem implementiert. Da als Vorgehensweise für die Entwicklung des Systems eine Mischform der evolutionären Systementwicklung und der Entwicklung unter Wiederverwendung gewählt wurde (siehe Kapitel 6.1), galt es, eine oder mehrere adäquate Programmiersprachen für die Umsetzung auszuwählen. Dabei sollten durch die Auswahl der Programmiersprachen die einzelnen Ebenen des Systems sinnvoll unterstützt werden. Die Aufteilung der Ebenen erfolgt anhand der drei Aufgabenbereiche Datengenerierung, Datenaufbereitung und –analyse sowie Datenspeicherung.

*Datengenerierung*: Da es sich um ein System zur Analyse von Webseitenlogfiles handelt, kann die Datengenerierung nur über den Webauftritt selbst erfolgen. Die Webseiten wurden in der Open Source Scriptsprache PHP (Hypertext Preprocessor) implementiert, wodurch zum einen ein dynamischer Aufbau der Webseite und zum anderen der Zugriff auf die relationale Datenbank MySQL® ermöglicht wurden. Bei PHP handelt es sich um eine serverseitige Scriptsprache, d. h. das Script in Form einer PHP-Datei wird auf dem Webserver ausgeführt und dabei in ein statisches HTML-Dokument übersetzt, welches an den aufrufenden Client (Webbrowser) gesendet wird. [vgl. Achour et al. (2005), o. S.] Der Vorteil von serverseitigen Scriptsprachen besteht darin, dass an den Webbrowser keine zusätzlichen Anforderungen wie bspw. die Installation von funktionserweiternden Plugins gestellt werden und somit eine korrekte Darstellung ohne zeitlichen Zusatzaufwand ermöglicht wird.[90] Der generelle Vorteil von Scriptsprachen liegt in der Möglichkeit, Inhalte zu dynamisieren, d. h. abhängig von bestimmten Bedingungen wie bspw. einem bestimmten angemeldeten Benutzer oder einer bestimmten Tageszeit wird für ein und dasselbe Dokument ein unterschiedlicher Inhalt im Browser des Benutzers dargestellt. Die unterschiedlichen Inhalte können dabei entweder direkt im Quelltext der Scriptdatei definiert werden oder über Funktionen der Scriptsprache aus einer Datenbank ausgelesen werden. Die eigentliche Datengenerierung des Systems erfolgt zweistufig. Die erste und wichtigste Stufe stellt die serverseitige Erstellung von Logfiles in einem erweiterten Format dar. Die zweite Stufe bildet die Abspeicherung von Registrierungsinformationen und Sessiondaten in der relationalen Datenbank. Die Anbindung an die Datenbank und die Befehle zum Speichern der Daten wurden über die Scriptsprache PHP implementiert. Somit liefert das System zwei Datenquellen: Die rohen Logfiles sowie erweiterte Nutzerinformationen. Zur Lösung des Problems der Sessionidentifikation (siehe Kapitel 4.2) wurden Session-IDs eingesetzt. Dabei wird beim Aufruf eines Dokuments eine Kombination aus Buchstaben und Ziffern an die URL angehängt, die mittels PHP innerhalb einer Session an jedes weitere aufgerufene Dokument übermittelt wird. Somit bleibt die Session-ID während einer Sitzung konstant und wird mit jedem Dokumentenaufruf in den Serverlogfiles im Item Request (siehe Kapitel 4.1.1.1 bis 4.1.1.4) abgespeichert. Durch Zusammenfassen der Dokumentaufrufe mit

---

[90] Somit kann das Problem umgangen werden zu überprüfen, ob spezielle clientseitige Anforderungen für die Seitendarstellung erfüllt sind.

gleicher Session-ID lässt sich das Surfverhalten eines Besuchers innerhalb einer Sitzung analysieren (siehe Abbildung 43).

Adresse http://www.vwl.uni-freiburg.de/fakultaet/vwl/webske/index.php?=27e19db377e01e662821 3e99392d1ce3

**Abbildung 43: Session-ID**

*Datenaufbereitung und –analyse*: Für die Entwicklung der Komponenten für die Datenaufbereitung und –analyse wurde die objektorientierte Programmiersprache Java gewählt. Das Konzept der Objektorientierung unterstützt dabei die Systementwicklung unter Wiederverwendung, da einzelne, in sich abgeschlossene Komponenten entwickelt werden, deren Funktionalität wiederholt eingesetzt werden kann, ohne dass der Code selbst wiederholt werden muss. Somit bietet sich der Klassenaufbau einer objektorientierten Sprache für die Wiederverwendung an. Das Zusammenfassen von logisch zusammengehörenden Funktionalitäten (Methoden) in einer gemeinsamen Klasse fördert darüber hinaus die Übersichtlichkeit des Codes. Insbesondere Aufgaben, die im Zusammenhang mit dem lesenden und schreibenden Zugriff auf die Datenbank stehen sowie Aufgaben der Logfileaufbereitung werden durch den objektorientierten Programmaufbau unterstützt. Als Weiterführung der Ebene der Datengenerierung, wo die Open Source Scriptsprache PHP zum Einsatz kam, wurde für die Ebene der Datenaufbereitung und –analyse mit Java eine Sprache gewählt, für die eine frei zu beziehende Compiler/Interpreter-Kombination[91] in Form des JDK (Java Development Kit) erhältlich ist.

*Datenspeicherung*: Der Gedanke der Verwendung von frei erhältlichen Entwicklungswerkzeugen wurde auch für die Ebene der Datenspeicherung weiter verfolgt. Um sichere und schnelle Lese- und Schreibzugriffe auf die großen Datenmengen zu ermöglichen, wurde zur Datenspeicherung die relationale Open Source Datenbank MySQL® herangezogen. Der Zugriff auf die in der Datenbank gespeicherten Daten erfolgte über die Querysprache SQL (Structured Query Language). Diese SQL-Zugriffe wurden jedoch indirekt entweder aus den Javaprogrammen oder den PHP-Scripts mittels der entsprechenden Schnittstellen ausgeführt und somit automatisiert. Manuelle Arbeiten an der Datenbank selbst wurden lediglich teilweise zum Erstellen und Exportieren bestimmter Tabellen notwendig.

---

[91] Da es sich bei Java um eine plattformunabhängige Programmiersprache handelt, reicht das Kompilieren des Source Codes alleine nicht aus. Vielmehr erzeugt der Javacompiler den so genannten Byte Code, eine Art vorkompilierter Source Code, der durch den plattformspezifischen Javainterpreter bei der Ausführung interpretiert wird. Somit lässt sich der mit dem Javacompiler kompilierte Code auf jeder Computerplattform mit Hilfe der adäquaten Laufzeitumgebung ausführen. Ein erneutes Kompilieren für die einzelnen Plattformen entfällt.

## 6.2.2 Datenbankeinsatz und Aufbereitung der Logfiles
Der Einsatz der Datenbank erfolgte zweistufig, aufgeteilt in einen Online- und einen Offlineprozess. Der Offlineprozess beinhaltet die Aufbereitung und Analyse der Logfiles. Der Onlineprozess bildet den Echtzeitzugriff auf das Datenbanksystem zur Bereitstellung von dynamischen Inhalten und Informationen mittels PHP. Die Aufbereitung der Logfiledaten wird in mehrere Teilschritte zerlegt:

*Bereinigung des Logfiles*: Hierbei werden Logfileeinträge entfernt, die für die weitere Analyse keinen zusätzlichen Informationen beinhalten und somit den weiteren Fortgang unnötig verlängern würden. Dazu zählen Dokumentzugriffe auf Bilddateien (bei der Anwendung wurden Zugriffe mit den Dateiendungen .jpg, .bmp, .gif, .png und .ico aus dem Logfile entfernt), Dokumentzugriffe auf Cascading Style Sheets (Dateiendung .css), erfolglose Dokumentzugriffe sowie Zugriffe von unerwünschten IP-Adressen (dazu zählten bei der Anwendung bspw. Zugriffe von Mitarbeitern in der Entwicklungsphase des Systems sowie Zugriffe von Web Robots).

*Speicherung des bereinigten Logfiles*: Das im ersten Schritt bereinigte Logfile wird nun wieder im Logfileformat (reines Textformat, in dem eine Zeile einem Zugriff auf den Webserver entspricht) abgespeichert. Dieses verkürzte Logfile dient der weiteren Analyse.

*Zerlegung der Informationen einer Logfilezeile*: Die Informationen des verkürzten Logfiles werden in die Einzelbestandteile zerlegt und in der Datenbank in der Tabelle „einzelinformation" abgelegt. Als Einzelinformation ergeben sich dabei die IP-Adresse (Spalte „ip"), das Datum des Zugriffs (Spalte „datum"), die Methode des Zugriffs (Spalte „methode"), das angeforderte Dokument (Spalte „dokument"), der Status des Zugriffs (Spalte „status"), der Referrer des angeforderten Dokuments (Spalte „referrer") sowie die Session-ID des Zugriffs (Spalte „session"). Während der Speicherung wird aus dem angeforderten Dokument die in der URL angehängte Session-ID entfernt und der Datumswert des Logfiles wird in einen SQL konformen Timestamp umgewandelt.

Die Aufbereitung und Speicherung der Logfiles erfolgt somit im Sinne einer zielgerichteten Vorbereitung für die spätere analytische Auswertung. Durch die Ablage der Logfiledaten in einer relationalen Datenbank wird die spätere Integration von Daten aus anderen Bereichen erleichtert (siehe Kapitel 4.8).

## 6.3 Datengrundlage
Um die Funktionen des Systems einsetzen zu können, sind zunächst Daten über das Benutzungsverhalten von Besuchern der Website notwendig. Diese Daten

wurden über den Zeitraum vom 14. Dezember 2004 bis zum 31. August 2005 in Form von Webserverlogfiles im Combined Logfile Format erhoben. Während des gesamten Beobachtungszeitraumes wurde die grundlegende Struktur der Webseite nicht verändert[92], es wurden lediglich vereinzelt neue Inhalte in die bestehenden Strukturen eingefügt (aktuelle Hinweise sowie neue Vorlesungsunterlagen). Die dauerhafte Konstanz des Aufbaus der Webseite verhindert somit Probleme bei der Auswertung der Logfiles. Die bereitgestellte Webseite beinhaltete allgemeine Informationen über den Lehrstuhl, Angaben zu Forschungsaktivitäten, Publikationsverzeichnisse der (ehemaligen) Mitarbeiter des Lehrstuhls sowie Informationen über das Lehrangebot und weitere Dienstleistungen des Lehrstuhls.[93] Das Gesamtangebot der Webseite des Lehrstuhls für Wirtschaftsinformatik umfasste im Beobachtungszeitraum insgesamt 162 Dokumente. Die Dateitypen der Dokumente setzten sich zusammen aus .php, .pdf, .xls, .exe, .zip, .avi, html und .ps. In der Gesamtzahl der Dokumente nicht enthalten waren jegliche Art von Bilddateien (.jpg, .bmp, .ico, .png, .gif) sowie in einzelne Dateien ausgelagerte Cascading Style Sheets (.css).

Nach dem Löschen der Bilddateien und Cascading Style Sheets enthielten die Logfiles 80584 Dokumentzugriffe. Diese Zugriffe verteilten sich auf insgesamt 12121 Sessions. Die bisher genannten Informationen stellen Angaben dar, die im Rahmen der ersten beiden Phasen des CRISP-DM (siehe Kapitel 4.4), Collect und Describe, zur Erlangung eines besseren Datenverständnisses generiert wurden. Die folgenden Informationen wurden in der dritten Phase (Explore) erstellt, Aus der vierten Phase (Verify) ergaben sich keine besonderen Erkenntnisse, da bei den automatisch generierten Logfiles während des Beobachtungszeitraums keine Qualitätsprobleme auftraten.

| Anzahl der Dokumentabrufe | Anzahl der Sessions | Erhebungszeitraum |
|---|---|---|
| 84584 | 12121 | Dezember 2004 – August 2005 |

Tabelle 6: Informationen über Analysedaten

Abbildung 44 gibt die Verteilung der Sessions über die Monate hinweg an. Die niedrige Anzahl an Sessions im Dezember 2004 ergibt sich aus der kürzeren Betrachtungsdauer, da dort erst zur Mitte des Monats die Aufzeichnungen be-

---

[92] Die gleich bleibende Struktur bzw. die Dokumentation von Veränderungen an der Struktur ist eine wichtige Voraussetzung für die Analyse von Weblogfiles (siehe Kapitel 4.3).
[93] In erster Linie handelte es sich dabei um Informationen über den Betrieb von Computerräumen für die Studierenden sowie Hinweise für IV-Administratoren der Wirtschafts- und Verhaltenswissenschaftlichen Fakultät der Universität Freiburg.

gannen. Die höhere Anzahl an Sessions in den ersten Monaten des Jahres 2005 lässt sich durch das unterschiedliche Lehrangebot des Lehrstuhls für Wirtschaftsinformatik im Wintersemester 2004/2005 verglichen mit dem Lehrangebot im darauf folgenden Sommersemester 2005 erklären. Im Wintersemester wurden zwei Pflichtveranstaltungen im Grundstudium, eine Pflichtveranstaltung für die integrierten Masterstudiengänge sowie eine Veranstaltung im Pflichtwahlfach Wirtschaftsinformatik über die Webseite mit Vorlesungsunterlagen versorgt, während im Sommersemester nur eine Veranstaltung im Grundstudium sowie Veranstaltungen im Hauptstudium und im Wahlbereich eines Masterstudiengangs versorgt wurden. Dadurch ergab sich für das Sommersemester eine geringere Anzahl an betreuten Studenten.

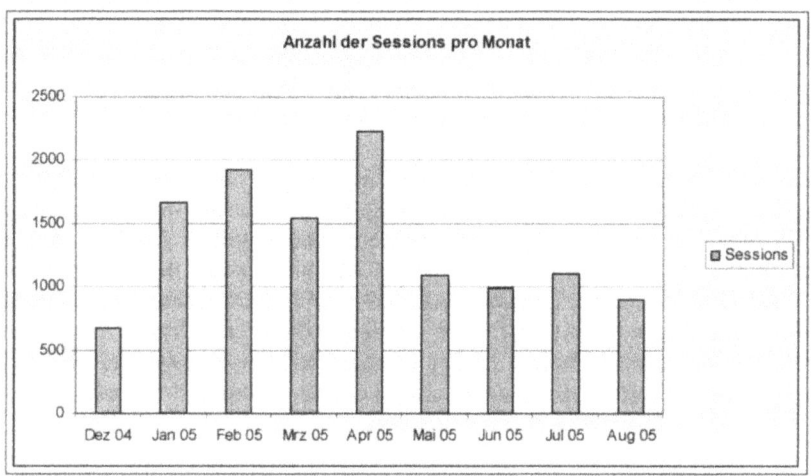

**Abbildung 44: Anzahl der Sessions pro Monat**[94]

Abbildung 45 gibt einen Überblick über die Frequentierung der Seite über die Wochentage hinweg. In den ersten beiden Tagen der Woche lässt sich die höchste Anzahl an Sessions verzeichnen, im Laufe der Woche nehmen die Zugriffe langsam ab, am Samstag und Sonntag bricht die Anzahl der Sessions ein.

---

[94] Im Monat Dezember muss beachtet werden, dass lediglich Daten für etwa die Hälfte des Monats (14. – 31. Dezember) vorlagen.

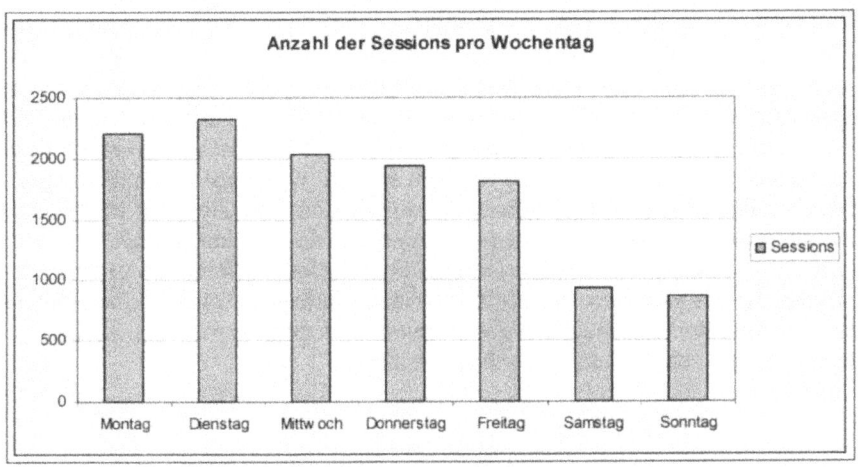

**Abbildung 45: Anzahl der Sessions pro Wochentag**

Die Logfiles wurden anschließend wie in Kapitel 6.2.2 beschrieben aufbereitet. Zusätzlich zu den Logfiles wurden Registrierungs- und Sessioninformationen in der Datenbank abgelegt, wodurch die Zusammenführung von Benutzern und Sessions ermöglicht wurde. Außerdem wurden zu den indirekt durch die Logfiles erhobenen Daten bei der Registrierung auf freiwilliger Basis demografische Informationen über das Alter und das Geschlecht erhoben (man könnte in diesem Zusammenhang von einem rudimentären Customer Data Warehouse sprechen) (siehe Abbildung 46).

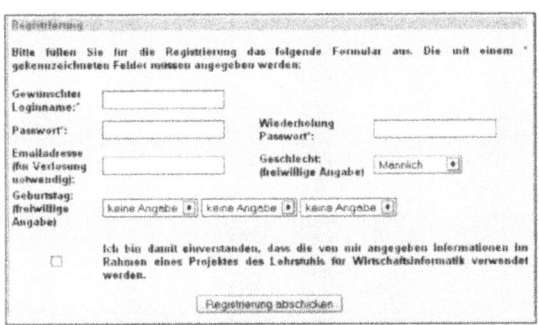

**Abbildung 46: Registrierungsformular**

Über den Beobachtungszeitraum registrierten sich auf der Webseite 162 Benutzer (siehe Abbildung 48). Nach Geschlecht setzen sich die registrierten Nutzer zu 67% aus Männern und zu 27% aus Frauen zusammen, 6% der Benutzer machten keine Angaben über ihr Geschlecht. Das Alter der Nutzer konzentriert sich auf den Bereich zwischen 20 und 30 Jahren. In dieser Spanne liegen 88% der Nutzer, die ihr Alter angegeben haben. Dies ist nicht weiter verwunderlich, da es sich bei der betrachteten Webpräsenz in erster Linie um ein Angebot für Studierende handelt und deren Alter überwiegend im betrachteten Bereich liegt. Die Spanne ergibt sich, da auf der Website sowohl Angebote für Studierende im Grundstudium als auch für Studierende im Hauptstudium sowie für Studierende der integrierten Masterstudiengänge existierten. Aus diesem Grund lässt sich auch der Großteil der Neuregistrierungen in der Zeit des Wintersemesters beobachten, da dies das Semester mit der höheren Studienanfängerzahl darstellt. In der (großen) Benutzergruppe, für die keine Altersangabe vorliegt, können jedoch auch noch ältere Nutzer vermutet werden.

| Geschlecht | |
|---|---|
| Männlich | 109 |
| Weiblich | 44 |
| Keine Angabe | 9 |

| Alter | Anzahl |
|---|---|
| Unter 20 | 2 |
| 20-25 | 52 |
| 26-30 | 15 |
| Über 30 | 7 |
| Keine Angabe | 86 |

**Abbildung 47: Geschlechterverteilung und Alterszusammensetzung der registrierten Benutzer**

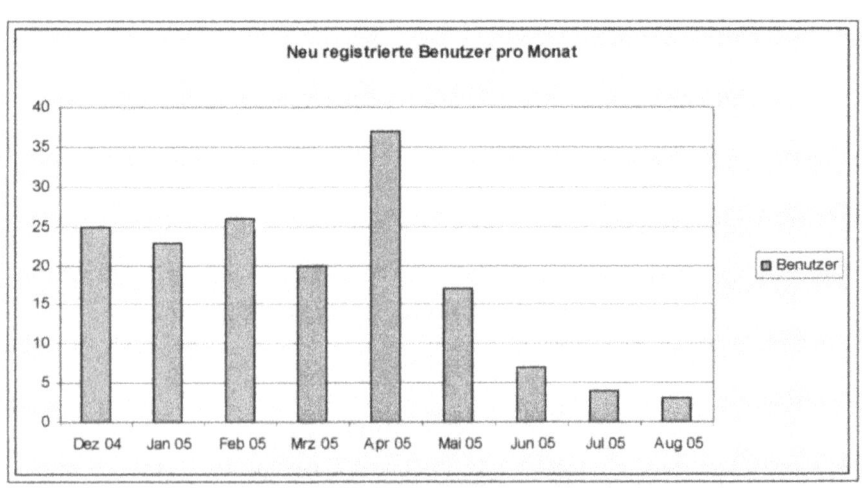

**Abbildung 48: Neu registrierte Benutzer**

## 6.4 Analysefunktionen und deren Umsetzung

Im Folgenden werden die einzelnen Analysefunktionen bzw. durchgeführten Analysen aufgeführt. Dabei wird eine Unterteilung in beschreibende und analysierende Funktionen vorgenommen. Um das Verständnis der Funktionen zu erleichtern, soll zu Beginn der strukturelle Aufbau der zugrunde liegenden Webseite und der inhaltlichen Bedeutung der wichtigsten Dokumente aufgeführt werden.

Insgesamt beinhaltete der Webauftritt im Zeitraum, über den die Logfiles erstellt wurden, 162 Dokumente. Diese setzten sich mengenmäßig wie in Tabelle 7 beschrieben zusammen.

| Dokumenttyp | Anzahl |
|---|---|
| pdf | 132 |
| php | 20 |
| zip | 3 |
| html/htm | 2 |
| avi | 2 |
| xls | 1 |
| ps | 1 |
| exe | 1 |
| Gesamt: | 162 |

**Tabelle 7: Dokumenttypen und Häufigkeiten**

Die Navigation innerhalb der Webpräsenz erfolgt über die einzelnen PHP-Dokumente. Eine vollständige Auflistung der einzelnen PHP-Dokumente mit einer Kurzbeschreibung der Bedeutung findet sich in Anhang B. Die PDF- und PS-Dokumente umfassen in erster Linie spezielle Informationen für Studierende, wie bspw. Vorlesungsskripte, sowie Einzelpublikationen des Lehrstuhls für Wirtschaftsinformatik. Bei den AVI-Dokumenten handelt es sich um zwei Versionen eines Films über die Ziele der Grundstudiumsveranstaltungen des Lehrstuhls für Wirtschaftsinformatik, die EXE-Datei beinhaltet einen Codec, um diese Filme darstellen zu können. Die XLS- und ZIP-Dokumente enthalten weitere Informationen für die Studierenden.

## 6.4.1 Beschreibende Funktionen

Basierend auf den aufbereiteten und in der Datenbank gespeicherten Logfiles lässt sich eine Vielzahl von deskriptiven Statistiken in Anlehnung an die in Kapitel 4.7 beschriebenen Kennziffern des Webcontrollings erstellen. Die Bereitstellung der deskriptiven Statistiken beruht auf rohen und weiterverarbeiteten SQL-Abfragen an die relationale Datenbank (siehe Abbildung 49)[95]. Im Folgenden soll eine Übersicht über die implementierten Abfragen und die Ergebnisse, bezogen auf die verwendete Datengrundlage gegeben werden. Die Darstellung der Funktionen erfolgt in den nächsten Unterkapiteln nach dem gleichen Schema: Zuerst wird die generelle beschreibende Funktion dargestellt. Daran schließen sich die Beschreibung des relevanten SQL-Befehls sowie ein Überblick über die Ergebnisse bezogen auf die empirische Datengrundlage an.

**Abbildung 49: Screenshot der SQL-Umgebung**

---

[95] Für die Verarbeitung der SQL-Anweisungen wurde der MySQL Query Browser in der Version 1.1.10 verwendet.

## 6.4.1.1 Absolute und relative Anzahl an Dokumentzugriffen

Darstellung der Verteilung des Zugriffs auf die im Rahmen der Webpräsenz bereitgestellten Dokumente über den Betrachtungszeitraum. Hierbei lassen sich bevorzugt angeforderte Dokumente identifizieren, aber auch Dokumente, die (zumindest momentan) nicht das Interesse der Benutzer wecken.

Der zugrunde liegende SQL-Befehl für die Ermittlung der absoluten Dokumentzugriffe lautet:

```
SELECT COUNT(*) AS 'anzahl', dokument
FROM einzelinformation
GROUP BY dokument
ORDER BY anzahl DESC;
```

Das SQL-Script zur Ermittlung des relativen Anteils eines Dokumentes an der Gesamtzahl der Dokumentzugriffe lautet:

```
SELECT @gesamt:=COUNT(*)
FROM einzelinformation;
SELECT COUNT(*)/@gesamt AS 'relativ', dokument
FROM einzelinformation
GROUP BY dokument
ORDER BY relativ DESC;
```

Angewandt auf die empirischen Daten ergibt sich ein wenig überraschendes Bild. Sämtliche über den Webauftritt angebotenen Dokumente wurden angefordert, wobei die am häufigsten angeforderten Dokumente die Startseite start.php sowie die darauf aufbauende Seite index.php waren. Tabelle 8 gibt anteilig die Aufrufe der zehn wichtigsten Dokumente aufgeteilt nach den beiden häufigsten Dokumentgruppen .php (Anteil der aufgerufenen php-Dokumente an den Gesamtabrufen beträgt 59,86%) und .pdf (Anteil der aufgerufenen pdf-Dokumente an den Gesamtaufrufen beträgt 38,89 %) wider.

Insgesamt kann mit den jeweils zehn am häufigsten abgerufenen Dokumenten eine Gesamtabdeckung von 74,33% erreicht werden.

| Dokument (.php) | Anteil in Prozent | Dokument (.pdf) | Anteil in Prozent |
|---|---|---|---|
| start.php[96] | 20,67 | gwi04-05-teil1.pdf | 5,27 |
| index.php | 14,62 | si05-teil1.pdf | 2,67 |
| downloads.php | 5,68 | mp04-05-teil1.pdf | 1,75 |
| veranstaltungen.php | 4,65 | ce04-05-teil3.pdf | 1,70 |
| team.php | 3,35 | dd05-teil1.pdf | 1,59 |
| registrieren.php | 1,98 | ce04-05-teil1.pdf | 1,54 |
| diplomarbeiten.php | 0,93 | gwi04-05-teil3.pdf | 1,46 |
| kontakt.php | 0,91 | info05-teil1.pdf | 1,44 |
| anmelden.php | 0,83 | dd05-teil3.pdf | 1,37 |
| publikationen.php | 0,74 | seminararbeiten.pdf | 1,18 |
| **Gesamt** | **54,36** | **Gesamt** | **19,97** |
| **Gesamt** | | 74,33 % | |

Tabelle 8: Übersicht über die am häufigsten abgerufenen Dokumente

### 6.4.1.2 Absolute Anzahl an Visits

Bestimmung der Anzahl der Visits über den Betrachtungszeitraum. Der zugrunde liegende SQL-Befehl lautet:

```
SELECT COUNT(DISTINCT session)
FROM einzelinformation;
```

Für die empirischen Daten kann eine Anzahl von 12121 Visits ermittelt werden. Davon können 327 Visits auf der Grundlage des Loginverfahrens spezifischen Nutzern zugeordnet werden. Somit ergibt sich lediglich ein Anteil von 2,70% an den Gesamtsessions, bei denen sich der Benutzer eingeloggt hat.

### 6.4.1.3 Clickstreams

Darstellung der Clickstreams der einzelnen Sessions im Betrachtungszeitraum. Der zugrunde liegende SQL-Befehl lautet:

---

[96] Auf der Seite start.php wird die Session-ID für alle folgenden Seiten gesetzt. Sie wird für die weitere Auswertung der Sessions nicht einbezogen.

```
SELECT dokument, session, timestamp
FROM einzelinformation
ORDER BY session, timestamp;
```

Die Ergebnistabelle dieses SQL-Befehls ordnet jedoch nur die einzelnen Dokumentzugriffe den einzelnen Sessions in chronologischer Reihenfolge zu. Durch Aneinanderfügen der Dokumentzugriffe einer Session zu einem vollständigen Clickstream, wird erst eine weitergehende Analyse möglich. Die Verknüpfung wurde mit Hilfe eines selbstimplementierten javabasierten Analysetools umgesetzt. Die einzelnen Clickstream wurden dann wieder in die Datenbank geschrieben, in die Tabelle clickstreaminformation[97]. Daraus lässt sich in einfacher Weise die Anzahl der unterschiedliche Clickstream ermitteln (siehe Kapitel 6.4.1.6).

### 6.4.1.4 Dokumente pro Session

Darstellung der pro Session abgerufenen Dokumente. Dabei wird in der virtuellen Spalte anzahl die Anzahl der in einer Session aufgerufenen Dokumente festgehalten. Der zugrunde liegende SQL-Befehl lautet:

```
SELECT session, COUNT(*) AS 'anzahl'
FROM einzelinformation
WHERE session != '-'
GROUP BY session;[98]
```

Auf der Grundlage dieser SELECT-Abfrage wird eine temporäre Tabelle temp erstellt.[99] Aus dieser werden dann letztendlich die Häufigkeiten der einzelnen Sessiontiefen[100] ermittelt. Der zugrunde liegende SQL-Befehl lautet:

```
SELECT anzahl, COUNT(*) AS 'häufigkeit'
FROM temp
GROUP BY anzahl
ORDER BY häufigkeit DESC;
```

---

[97] Die Tabelle clickstreaminformation enthält zwei Attribute: session und clickstream. Das Attribut session speichert die zu einem spezifischen Clickstream gehörige Session-ID. Das Attribut clickstream enthält in kodierter Form die vorhandenen Clickstreams. Jedes Dokument wurde dazu in vierstelliger Form kodiert, somit ergibt sich für einen Clickstream, in dessen Verlauf 14 Dokumente aufgerufen wurden eine Kodierung der Länge 56 (4x14).
[98] Die WHERE-Bedingung stellt sicher, dass Zugriffe, für die keine Session-IDs vorliegen, nicht Teil der Analyse sind.
[99] Die Erstellung der temporären Tabelle erfolgt über den CREATE TABLE temp AS SELECT [...] Befehl.
[100] Die Sessiontiefe gibt die Anzahl der pro Session aufgerufenen Dokumente an.

Für die empirischen Daten ergeben sich für die zehn häufigsten Sessiontiefen die Anzahlen und Häufigkeiten bezogen auf die Gesamtzahl der Sessions (12121) entsprechend Tabelle 9.

| Sessiontiefe (Dokumentanzahl) | Anzahl | Häufigkeit (in %) |
|---|---|---|
| 1 | 4107 | 33,88 |
| 2 | 2760 | 22,77 |
| 3 | 1466 | 12,09 |
| 4 | 875 | 7,22 |
| 5 | 469 | 3,87 |
| 6 | 348 | 2,87 |
| 7 | 299 | 2,47 |
| 8 | 242 | 2,00 |
| 9 | 149 | 1,23 |
| 10 | 128 | 1,06 |

Tabelle 9: Übersicht über Häufigkeiten unterschiedlicher Sessiontiefen

Die untersuchte Webpräsenz zeichnete sich damit vor allem durch Besuche mit einer relativ geringeren Sessiontiefe aus.

### 6.4.1.5 Durchschnittliche Anzahl an Dokumenten pro Session

Darstellung der Anzahl der durchschnittlich abgerufenen Dokumente pro Session (Sessiontiefe). Der zugrunde liegende SQL-Befehl lautet:

```
SELECT SUM(anzahl)/COUNT(*)
FROM temp;
```

Für die empirischen Daten ergibt sich eine durchschnittliche Sessiontiefe von 3,08 Dokumenten pro Session.

### 6.4.1.6 Clickstreamhäufigkeiten

Darstellung der Häufigkeit, mit der die unterschiedlichen Clickstreams in den Logfiles vorzufinden sind. Der zugrunde liegende SQL-Befehl lautet:

```sql
SELECT DISTINCT clickstream, COUNT(*) AS 'anzahl'
FROM clickstreaminformation
WHERE LENGTH(clickstream) > 4
GROUP BY clickstream
ORDER BY anzahl DESC;[101]
```

| Clickstream (Tiefe ≥ 2) | Anzahl |
|---|---|
| index.php → team.php | 644 |
| index.php → downloads.php | 578 |
| index.php → veranstaltungen.php | 395 |
| index.php → index.php | 290 |
| index.php → veranstaltungen.php → index.php | 209 |
| registrieren.php → passwort.php | 175 |
| index.php → veranstaltungen.php → info05-teil1.pdf | 118 |
| index.php → veranstaltungen.php → downloads.php | 62 |
| anmelden.php → downloads.php | 62 |
| registrieren.php → downloads.php | 57 |

Tabelle 10: Übersicht über häufige Clickstreams[102]

Für die empirischen Daten lassen sich hierbei 3411 unterschiedliche Clickstreams ermitteln. Davon besitzen 3372 Clickstreams eine Mindesttiefe von zwei Dokumentaufrufen. Tabelle 10 fasst die zehn häufigsten Clickstreams für eine Clickstreamtiefe von ≥ 2 zusammen.

Die bereits in Kapitel 6.4.1.5 aufgedeckte geringe Sessiontiefe spiegelt sich auch in den häufig wiederkehrenden Clickstreams wider. Lässt man auch eine Sessi-

---

[101] Durch das Einfügen der Bedingung einer Mindestlänge von fünf Zeichen für den kodierten Clickstream werden Clickstreams ausgesondert, die lediglich aus einem einzelnen Seitenzugriff bestehen.
[102] Das wiederholte Aufrufen des Dokuments index.php resultiert aus dem angebotenen Inhalt: Über ein Webformular sind die auf der Seite dargestellten aktuellen Meldungen anhand unterschiedlicher Kategorien reduzierbar. Über die POST-Methode des Webformulars wird erneut die Seite index.php aufgerufen, auf der dann nur die ausgewählten Kategorien angezeigt werden. Somit lassen sich wiederholte Aufrufe dieses Dokuments über eine Anwendung der Auswahlfunktion für aktuelle Meldungen erklären.

ontiefe von nur einem Dokumentaufruf zu, so finden sich unter den zehn häufigsten Clickstreams drei dieser Art (index.php, registrieren.php und anmelden.php).

### 6.4.1.7 Einstiegsseiten
Darstellung der absoluten Häufigkeit, mit der ein bestimmtes Dokument als Einstiegsseite des Besuchs fungierte. Der zugrunde liegende SQL-Befehl lautet:

```
SELECT    SUBSTRING(clickstream,    1,    4)    AS
'einstiegsseite', dokument, COUNT(*) AS 'anzahl'
FROM clickstreaminformation, dokumente
WHERE SUBSTRING(clickstream, 1, 4) = kodierung
GROUP BY einstiegsseite
ORDER BY anzahl DESC;
```

Die zehn häufigsten Einstiegsseiten für die empirischen Daten sind in Tabelle 11 dargestellt.

| Einstiegsseite | Häufigkeit (in %) |
|---|---|
| index.php | 78,09 |
| registrieren.php | 9,23 |
| anmelden.php | 4,63 |
| downloads.php | 1,02 |
| veranstaltungen.php | 0,97 |
| registrieren-englisch.php | 0,71 |
| anmelden-englisch.php | 0,68 |
| team.php | 0,66 |
| passwort.php | 0,59 |
| kontakt.php | 0,31 |

Tabelle 11: Übersicht über Einstiegsseiten

Für die empirischen Daten ergibt sich damit das erwartete Bild, dass die überwiegende Mehrheit der Besucher (78,09%) über die vorgesehene Startseite (index.php) die Webpräsenz betritt.

## 6.4.2 Analytische Funktionen

Neben den deskriptiven Statistiken, die in Kapitel 6.4.1 beschrieben wurden, bietet die Gesamtimplementierung analytische Funktionen zur Auswertung der aufbereiteten Logfiles an. Unter analytischen Funktionen werden dabei Methoden verstanden, deren Ziel (im Sinne des Web Mining Prozesses) die Generierung von neuem, interessantem und entscheidungsrelevantem Wissen ist. Für die prototypische Implementierung des Systems wurden dabei verschiedene Lösungsansätze verfolgt. Zum einen wurden Methoden neu implementiert, um eine möglichst genaue Anpassung für das mit dem System verfolgte Ziel zu erreichen. Zum anderen wurde auf bestehende Softwarelösungen zurückgegriffen. Im Folgenden werden die einzelnen Funktionen näher beschrieben. Die Darstellung erfolgt analog zu Kapitel 6.4.1 mit einer Erläuterung der Funktion selbst, der Beschreibung der Durchführung sowie der Präsentation der Ergebnisse, die sich aus der Anwendung der Methode auf die Datenbasis ergibt.

### 6.4.2.1 Warenkorbanalyse

Das Ziel der Assoziationsanalyse ist das Erstellen von Assoziationsregeln der Art $X \Rightarrow Y$ wobei $X$ und $Y$ Mengen von Elementen darstellen, die in einem Datensatz $D_n$ der Gesamtdatensatzmenge $D$ enthalten sein können. Es wird somit versucht, Aussagen der Art „wenn A und B Elemente eines Datensatzes sind, dann ist auch C Element dieses Datensatzes" aus der Gesamtdatenbasis zu extrahieren. Meist handelt es sich bei den einzelnen Datensätzen um Transaktionen (also bspw. einen Einkauf, weshalb die Assoziationsanalyse auch häufig als Warenkorbanalyse bezeichnet wird). Die Aussagekraft einer Regel wird durch die Evaluationskriterien Confidence und Support bestimmt. Die Confidence ermöglicht eine Aussage über die Stärke des Zusammenhangs zwischen $X$ und $Y$. Sie gibt den Anteil der Datensätze, die $X$ und $Y$ enthalten, an bezogen auf alle Datensätze, die $X$ enthalten. Der Support kann als Hinweis auf die Stärke der Regel innerhalb der Gesamtdatenbasis angesehen werden. Er gibt den Anteil der Datensätze an, die $X$ und $Y$ enthalten, bezogen auf die Gesamtheit $D$ aller Datensätze. [vgl. Hettich und Hippner (2001), S. 427/428]

Durch die Festlegung von minimal zulässigen Werten für Confidence und Support einer Regel, lassen sich aus der Vielzahl der Regeln, die eine Assoziationsanalyse liefert, diejenigen bestimmen, die eine gewisse Stärke in ihrer Aussagekraft besitzen. Es muss jedoch angemerkt werden, dass durch die alleinige Regelbestimmung mit Hilfe der Assoziationsanalyse keine Aussagen über den kausalen Zusammenhang der Regeln getroffen werden können.

Wird die Assoziationsanalyse im Rahmen des Web Mining eingesetzt, so lässt sich eine Transaktion mit einer Session gleichsetzen. Darauf aufbauend lassen sich Dokumente, die häufig gemeinsam innerhalb einer Session abgerufen wurden, identifizieren. Im Gegensatz zu den in Kapitel 6.3.1.6 besprochenen Clickstreams spielt bei der Warenkorbanalyse die Reihenfolge der aufgerufenen Seite keine Rolle. Vielmehr ist nur das wiederholte gemeinsame Vorkommen von unterschiedlichen Dokumenten in einer Session von Interesse. Zur Durchführung der Assoziationsanalyse im Rahmen des Prototypen wurde die Grundidee des von *Agrawal* und *Srikant* entwickelten Apriori-Algorithmus aufgegriffen und modifiziert [Agrawal und Srikant (1994), S. 5-8]:

Ziel des Apriori-Algorithmus ist es, diejenigen Itemmengen zu identifizieren, deren Support[103] einen festgelegten minimalen Support überschreitet. Eine Itemmenge besteht aus $i = 1,2,3...G$ Elementen. Für die Itemmengen mit identischem $i$ wird der Support berechnet, beginnend mit $i = 1$. Es werden die Itemmengen, welche die Mindestsupportbedingung erfüllen ermittelt. In der nächsten Stufe werden die Itemmengen mit $i = 2$ analysiert. Jedoch kann die Auswahl der zu analysierenden Itemmengen ausgehend auf den Berechnungen der Vorstufe eingeschränkt werden, denn es gilt: Liegt der Supportwert für eine Itemkombination $c_m, c_n$ unter dem minimal geforderten Wert, so liegt auch der Supportwert für alle Itemkombinationen $c_m, c_n, c_o \; \forall o \neq m, n$ unter dem minimal geforderten Wert. Die auf einer Stufe ermittelten Itemmengen mit adäquatem Support werden als häufige Itemmengen (**Large Itemsets**) bezeichnet. Aus ihnen werden die möglichen häufigen Itemmengen (**Candidate Itemsets**) der nächsten Stufe ermittelt. Die Ermittlung der Supportwerte wird so lange fortgeführt bis die Menge der möglichen häufigen Itemmengen die leere Menge ist. Als Ergebnis erhält man für jedes $i$ die Itemsets, die die Minimumsupportbedingung erfüllen.

Im Rahmen der Implementierung wurde die Assoziationsanalyse mit Hilfe einer Javaapplikation umgesetzt, die die benötigten Daten aus der Datenbank ausliest und als Ergebnis die Tabelle warenkorbanalyse anlegt. Dort werden die unterschiedlichen extrahierten Dokumentkombinationen abgespeichert, gemeinsam mit der absoluten Häufigkeit, mit der sie in der Gesamtmenge der Transaktionen (eine Transaktion entspricht hier einer Session) vorkommen, sowie dem zugehörigen Supportwert.

---

[103] Der Support gibt den Anteil der Itemmengen an der Grundgesamtheit an, die eine Kombination aus bestimmten Items beinhaltet. In der betrachteten Auswertung stellt die Gesamtheit der Sessions die Grundgesamtheit dar. Ein aufgerufenes Dokument entspricht einem Item. Gemeinsam in einer Session aufgerufene Dokumente ergeben eine Kombination aus Items. Werden bspw. die beiden Dokumente index.php und downloads.php in 3084 der 12121 Sessions gemeinsam aufgerufen, dann entspricht dies einem Supportwert von 25,44% für die Itemmenge {index.php; downloads.php}.

Das Vorgehen zur Ermittlung der Dokumentkombinationen entspricht dabei weitgehend dem Apriori-Algorithmus. In einem ersten Schritt werden für $i = 1$ die Einzeldokumente $c_j$ extrahiert, für die gilt $s_{c_j} \geq s_{min}$ wobei $s_{c_j}$ den Supportwert des Dokuments $c_j$ und $s_{min}$ den minimal erforderlichen Supportwert angibt. Das Ergebnis wird in einer temporären Tabelle der relationalen Datenbank gespeichert und dient als Grundlage der nächsten Stufen, in denen die relevanten[104] Dokumentkombinationen mit $i > 1$ ermittelt werden. Für $i = 2$ wird das Kartesische Produkt aus den relevanten Dokumentkombinationen für $i = 1$ mit sich selbst gebildet. Die so entstehenden Itemkombinationen formen die möglichen relevanten Dokumentkombinationen für $i = 2$. Aus diesen werden wiederum die relevanten Dokumentkombinationen für $i = 2$ ermittelt und in einer temporären Datenbanktabelle gespeichert. Dieses Vorgehen wird so lange für größere Dokumentkombinationen ($i > 2$) fortgesetzt bis sich keine relevanten Dokumentkombinationen mehr ergeben, d. h. es auf einer Stufe von $i$ keine Itemkombinationen mehr gibt, die den erforderlichen Supportwert erreichen. Das Gesamtvorgehen lässt sich somit anhand der folgend beschriebenen Schritte, deren Struktur in Abbildung 50 grafisch abgebildet ist, darstellen:

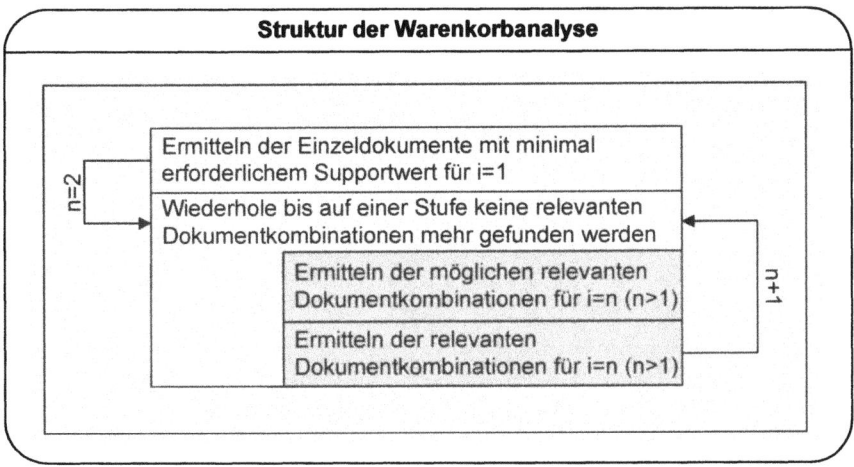

**Abbildung 50: Struktur der Warenkorbanalyse**

*Schritt 1*: Ermitteln der Einzeldokumente $c_j$ für die $s_{c_j} \geq s_{min}$ gilt.

---

[104] Im Folgenden sollen diejenigen Dokumentkombinationen, die mindestens den minimal erforderlichen Supportwert erreichen, als relevante Dokumentkombinationen bezeichnet werden.

*Schritt 2*: Ermitteln der möglichen relevanten Dokumentkombinationen für $i = n$ $\forall n > 1$ durch das Erstellen des Kartesischen Produktes aus den relevanten Dokumenten für $i = 1$ und den relevanten Dokumentkombinationen für $i = n-1$.

*Schritt 3*: Ermitteln der relevanten Dokumentkombinationen für $i = n$ $\forall n > 1$.

*Schritt 4*: Wiederholen der Schritte 2 und 3 wobei für jede Iteration $n$ um 1 erhöht wird. Die Iterationen werden so lange fortgesetzt bis es auf einer Stufe keine Dokumentkombinationen $c_j, c_k, c_l...$ gibt für die $s_{c_j, c_k, c_l...} \geq s_{min}$ gilt.[105]

Die Analyse der empirischen Daten ergibt, dass sich bei einem Mindestsupport von 5% lediglich eine maximale Kombinationsgröße von drei Dokumenten ergibt ($i_{max} = 3$). Die Anzahl der unterschiedlichen Dokumentkombinationen beläuft sich auf 5. Wird der Mindestsupport auf 2% verringert, steigt die Anzahl der unterschiedlichen Kombinationen auf 1525, die maximale Anzahl an Items erhöht sich auf 6 ($i_{max} = 6$). Erst bei einer Senkung des minimal erforderlichen Supports auf 1% wird eine Vielzahl an Dokumentkombinationen mit vielen Items ermittelt. Tabelle 12 stellt die Anzahl der unterschiedlichen Dokumentkombinationen für Mindestsupport 1%, 2% und 5% dar.

| Mindestsupport 1% | | Mindestsupport 2% | | Mindestsupport 5% | |
|---|---|---|---|---|---|
| Items | Anzahl | Items | Anzahl | Items | Anzahl |
| 2 | 112 | 2 | 95 | 2 | 4 |
| 3 | 307 | 3 | 293 | 3 | 1 |
| 4 | 719 | 4 | 635 | 4 | 0 |
| 5 | 1287 | 5 | 438 | 5 | 0 |
| 6 | 1716 | 6 | 64 | 6 | 0 |

Tabelle 12: Übersicht über Dokumentkombinationen

Das Ergebnis ist aufbauend auf der deskriptiven Analyse nicht weiter überraschend. Dort wurde bereits auf die geringe durchschnittliche Sessiontiefe hingewiesen, was sich folglich auch in den Dokumentkombinationen ausdrückt. Betrachtet man die Kombinationen mit den 10 höchsten Supportwerten, so ist in sieben dieser Kombinationen das Dokument index.php zu finden. Dies überrascht nicht, da es sich bei diesem Dokument um die vorgesehen Einstiegsseite

---

[105] Alternativ könnte auch eine maximale Größe von i angegeben werden, bei der die Analyse abgebrochen wird.

in die Webpräsenz handelt. Auch das häufige Vorkommen der Dokumente veranstaltung.php (6) und downloads.php (3) verwundert nicht, da auf diesen Seiten Informationen über aktuelle Veranstaltungen und die zugehörigen Lehrmaterialien zu finden sind. In Anhang C findet sich eine Übersicht über die 50 Dokumentkombinationen mit den höchsten Supportwerten.

Die Ergebnisse der Warenkorbanalyse lassen sich heranziehen, um ein Regelwerk für das Bereitstellen personalisierter Informationen zu erstellen. Daraus lässt sich bspw. ein Recommendersystem erstellen, dass bei dem Besuch einer Seite der Webpräsenz auf häufig gemeinsam aufgerufene Seiten verweist.

### 6.4.2.2 Entscheidungsbaumverfahren

Entscheidungsbäume ermöglichen es, Objekte einer von mehreren a priori bekannten Klassen zuzuordnen. Um die Klasseneinteilung zu realisieren, ist es dabei zuerst notwendig, den Entscheidungsbaum für das vorliegende Klassifikationsproblem zu generieren. Dieser untergliedert sich in Abhängigkeit von der zu bearbeitenden Problematik in eine flexible Anzahl an Ästen und Blättern. Die Blätter kennzeichnen das Ende einer Verästelung und geben Aufschluss über die prognostizierte Klassenzugehörigkeit eines Elements. Zur Klassifikation durchläuft ein Objekt ausgehend von der Wurzel des Entscheidungsbaumes die einzelnen Äste. Eine Gabelung eines Entscheidungsbaumes entspricht einer Regel, welche die wertmäßige Ausprägung eines Objektmerkmals überprüft. Je nach Übereinstimmung wird die Überprüfung weiterer Merkmalsausprägungen entlang des entsprechenden Astes fortgesetzt bis ein Blatt erreicht ist und eine Klassifikation möglich wird.

Die Hauptaufgabe bei der Verwendung von Entscheidungsbäumen ist die Erstellung des Baumes, da die spätere Klassifikation lediglich aus dem Vergleichen von Merkmalsausprägungen einzelner Objekte mit den Werten der Regeln des Entscheidungsbaumes und daraus abgeleitet dem Abarbeiten der Äste des Baumes besteht. Zur Generierung eines Entscheidungsbaumes wird eine Menge von Objekten herangezogen, für welche die Klassenzugehörigkeit bereits aus der Vergangenheit bekannt ist. Die Objekte dieser Trainingsmenge besitzen eine Anzahl von Merkmalen und für jedes dieser Merkmale eine bestimmte Merkmalsausprägung. Um die Regeln für die Aufteilung des Baumes zu erstellen, beginnt man an der Wurzel des Baumes. Für die erste Aufteilung werden nun sukzessive alle Merkmale und innerhalb der einzelnen Merkmale in definierten Abständen alle möglichen Ausprägungsgruppen gebildet. Für jede dieser möglichen Trennungsregeln wird anschließend ein Verschiedenheitsindex berechnet. Dieser gibt an, wie homogen die Objektmengen vor und nach der Aufteilung des Entscheidungsbaumes sind. Dabei bezieht sich die Homogenität auf die Zusammensetzung aus Objekten mit unterschiedlicher Klassenzugehörigkeit. Eine

Menge, die aus vielen Klassen einige Objekte enthält ist somit weniger homogen als eine Menge, die aus einer Klasse viele Objekte und aus einigen Klassen wenige Objekte enthält. Das Ziel einer Aufteilung innerhalb eines Entscheidungsbaumes ist es, die Homogenität der neu entstehenden Objektmengen im Vergleich zu ihrer im Baum übergeordneten Objektmenge zu erhöhen. Auf einer Aufteilungsstufe werden die Merkmalsausprägungen (bzw. Bereiche von Merkmalsausprägungen) ausgewählt, die eine maximale Erhöhung der Homogenität gewährleisten. Dies wird für alle Äste des Baumes so lange durchgeführt, bis keine Erhöhung der Homogenität mehr möglich ist bzw. eine vorher definierte minimale Erhöhung nicht mehr erzielt werden kann. [Berry und Linoff (2000), S. 113-119]

Durch die Anwendung der Regeln des so generierten Entscheidungsbaumes zur Klassifikation der Elemente einer Testmenge, also einer Menge von Objekten, für die ebenfalls die Klassenzugehörigkeit bekannt ist, die aber nicht für die Erstellung des Entscheidungsbaumes verwendet wurden, kann überprüft werden, inwieweit sich die Ergebnisse verallgemeinern lassen bzw. ob sich das Problem des Overfitting, also der Spezialisierung der Ergebnisse auf die Trainingsmenge, ergibt. Sollte eine solche Spezialisierung festgestellt werden, muss der Entscheidungsbaum angepasst werden. Dies kann bspw. dadurch geschehen, dass die Abbruchsbedingung (also die Größe der minimal notwendigen Veränderung der Homogenität) verändert wird.

Im Rahmen des eCRM können Entscheidungsbäume für eine Vielzahl von Klassifikationsaufgaben herangezogen werden. Einsatzmöglichkeiten bestehen z. B. für die Auswahl von Kunden für das Versenden von Angeboten. Interessant ist aber auch die Anwendung von Entscheidungsbäumen im Rahmen der Personalisierung von Webseiten, da die Regelstruktur gut geeignet ist, eine schnelle Klassifikation von neuen Objekten durchzuführen und auf diesem Wege bspw. spezielle Werbebanner für Mitglieder einer bestimmten Kundengruppe eingeblendet werden können.

Mit Hilfe des Entscheidungsbaumverfahrens soll im Rahmen der Implementierung[106] versucht werden, anhand der innerhalb einer Session abgerufenen Dokumente festzustellen, ob es sich um einen registrierten Benutzer oder um einen nicht registrierten Benutzer handelt. Somit ergeben sich die beiden Klassen registrierter Benutzer und nicht registrierter Benutzer. Die Entscheidung, zu welcher Klasse ein Benutzer $b_w$ $\forall w = 1,..,W$ zugeordnet werden kann, ergibt sich anhand der abgerufenen Dokumente. Ein Dokument $d_n$ $\forall d = 1,..,N$ kann

---

[106] Anhang D beinhaltet als Beispiel für die Implementierung des gesamten Systems den Source Code für das Entscheidungsbaumverfahren.

während einer Session durch einen Benutzer entweder abgerufen werden oder nicht. Somit handelt es sich bei den zur Entscheidung herangezogenen Attributen um binäre Variablen, womit sich das Gesamtproblem als Klassifikation mittels Entscheidungsbaumverfahren mit 2 Klassen auf Grundlage von $N$ binären Attributen beschreiben lässt. Als Maß der Homogenität der gebildeten Äste wurde ein wahrscheinlichkeitsbasierter Index der Form $i_{p_1 p_2} = 2 p_1 p_2 \; \forall p_2 = 1 - p_1$ gewählt. [vgl. Berry und Linoff (2000), S. 116/117] $p_1$ gibt dabei die Wahrscheinlichkeit an, mit der ein Objekt der Klasse registrierter Benutzer aus der Objektmenge des betrachteten Astes gezogen wird. $p_2$ gibt die Wahrscheinlichkeit für Objekte der Klasse der nicht registrierten Benutzer an. Bei maximaler Heterogenität nimmt der gewählte Index einen Wert von 0,5 an, bei maximaler Homogenität einen Wert von 0. Um die Homogenität eines Astpaares[107] zu ermitteln, wird ein mit den Objektanzahlen der Äste gewichteter Mittelwert der Indizes gebildet. Damit soll gewährleistet werden, dass Äste mit kleinen Objektmengen nur gemäß der Anzahl ihrer Objekte gewichtet werden und eine Verzerrung des Homogenitätswertes verhindert wird. Der zugehörige Entscheidungsbaum wird nach dem folgenden Ablauf generiert (siehe auch Abbildung 51[108]):

*Schritt 1*: Erstelle die Wurzel des Baumes. Die Wurzel enthält alle Objekte der Trainingsmenge.

*Schritt 2*: Suche einen noch nicht untersuchten Ast des Baums und ermittle alle potenziellen weiterführenden Astpaare.

*Schritt 3*: Wähle das Astpaar aus der Menge der potenziellen Astpaare, für das sich eine maximale Homogenität ergibt.

*Schritt 4*: Erweitere den Entscheidungsbaum um das in Schritt 3 gewählte Astpaar, wenn es die Mindestanforderungen im Sinne der definierten Abbruchbedingungen erfüllt. Ansonsten brich den Baum an dieser Stelle ab.

---

[107] Da es sich durchgehend um binäre Attribute handelt, kann sich ein Ast nur in zwei weitere Äste aufgabeln, wobei ein Ast die Ausprägung „Dokument aufgerufen" und der zweite Ast die Ausprägung „Dokument nicht aufgerufen" symbolisiert.
[108] In der strukturellen Darstellung des Entscheidungsbaumverfahrens weist die Bezeichnung „abgebrochen" auf ein Element des Entscheidungsbaumes hin, dessen weitere Verästelung bereits auf die Möglichkeit der Erstellung von neuen Astpaaren untersucht wurde. Nach Abschluss des Verfahrens tragen somit alle Elemente des Baums von der Wurzel über die Äste bis zu den eigentlichen Blättern die Bezeichnung „abgebrochen".

*Schritt 5:* Wiederhole die Schritte 2, 3 und 4 bis keine neuen Astpaare erzeugt werden können, die die Mindestanforderung der Abbruchbedingungen erfüllen.

Jeder Abbruch in Schritt 4 erzeugt ein Blatt des Entscheidungsbaums. Ein Abbruch wird dann durchgeführt, wenn eine weitere Aufteilung in zwei neue Äste als nicht mehr relevant angesehen wird. Die fehlende Relevanz kann sich zum einen dadurch ergeben, dass sich die Homogenität von einem Ast zu seinem nachgelagerten Astpaar nicht mehr erhöht bzw. eine definierte minimal notwendige Erhöhung unterschritten wird. Zum anderen erfolgt ein Abbruch dann, wenn ein Ast des nachgelagerten Astpaars zu wenig Objekte beinhaltet und somit die Aussagekraft der Aufteilung nur sehr gering ist bzw. befürchtet werden muss, dass die Aussage nur für die Elemente der Trainingsmenge zutrifft (Overfitting). Für jedes Blatt ergibt sich eine Regel, die als SQL-Befehl gespeichert wird und die Attributskombination beinhaltet, die von der Wurzel des Baumes bis zu dem betrachteten Blatt führt. Mit Hilfe dieser SQL-Befehle können später noch nicht klassifizierte Objekte einer Klasse zugeordnet werden.

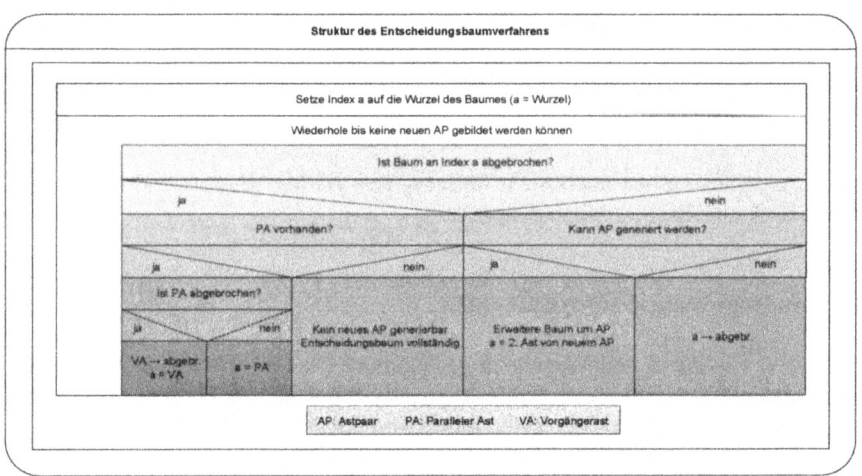

**Abbildung 51: Struktur des Entscheidungsbaumverfahrens**

Nachdem der Entscheidungsbaum erstellt ist, wird dieser mittels der Testmenge überprüft. Die Testmenge beinhaltet Objekte, deren Klassenzugehörigkeit bekannt ist, die jedoch nicht für die Generierung des Entscheidungsbaums verwendet wurden. Somit wird sichergestellt, dass die Überprüfung des Baumes unabhängig von den Objekten, die zur Erstellung verwendet wurden, erfolgt. Für den Test selbst werden die Objekte der Testmenge anhand der Regeln des Entscheidungsbaums klassifiziert und das Ergebnis dieser Klassifikation mit der

bekannten Klassenzugehörigkeit verglichen. Der Anteil der richtig klassifizierten Objekte kann als Gütemaß für den Entscheidungsbaum herangezogen werden.
Zur Durchführung des Entscheidungsbaumverfahrens wurden eine Trainings- sowie eine Testmenge erstellt. Beide Mengen enthielten 326 Objekte, von denen jeweils die Hälfte der Klasse der registrierten Benutzer und der Klasse der nicht registrierten Benutzer zuzuordnen waren. Um die Relevanz der erstellen Baumelemente (Äste und Blätter) sicherzustellen, wurde auf die beiden oben genannten Kriterien der minimalen Homogenitätsänderung sowie der relativen Objektmenge eines Astes zurückgegriffen. Tabelle 13 zeigt die Klassifikationsergebnisse für unterschiedliche Werte der Relevanzkriterien. Für jede dargestellte Kombination der Relevanzkriterien wurden fünf Entscheidungsbäume basierend auf unterschiedlichen Trainings- und Testmengen erstellt und der Mittelwert der Klassifikationsergebnisse ermittelt. Zusätzlich wurde die durchschnittliche Anzahl an generierten Regeln berechnet.

| Minimale $\Delta$Homogenität | Min. relative Objektmenge | Ø Richtige Klassifikation | Ø Falsche Klassifikation | Ø Anzahl Regeln |
|---|---|---|---|---|
| 0,0001 | 0,001 | 52,56 % | 47,44 % | 23,2 |
| 0,0002 | 0,001 | 50,79 % | 49,21 % | 23,2 |
| 0,0005 | 0,001 | 51,83 % | 48,17 % | 22,8 |
| 0,001 | 0,001 | 51,04 % | 48,96 % | 23,6 |
| 0,005 | 0,01 | 51,22 % | 48,78 % | 10,6 |
| 0,005 | 0,05 | 49,82 % | 50,18 % | 6 |

Tabelle 13: Klassifikationsergebnisse

Die Anwendung des Entscheidungsbaumverfahrens auf die empirischen Daten konnte keinen Baum generieren, der für eine sinnvolle Klassifikation der Benutzer der betrachteten Webseite eingesetzt werden kann. Bei einer maximalen Heterogenität innerhalb der Trainings- und Testmenge (50% registrierte Benutzer, 50% nicht registrierte Benutzer) würden im Falle einer zufälligen Klassenzuordnung keine schlechteren Ergebnisse erzielt werden als mit den generierten Entscheidungsbäumen. Daraus können zwei Schlüsse gezogen werden. Auf der einen Seite besteht die Möglichkeit, dass sich registrierte Benutzer beim Besuch der Webseite häufig nicht einloggen und somit das Verhalten der beiden Gruppen verfälscht wird. Auf der anderen Seite könnte es aber auch sein, dass generell kein Verhaltensunterschied zwischen registrierten und nicht registrierten Benutzern besteht, was spezielle personalisierende Maßnahmen für diese Benutzerklassen als nicht sinnvoll erscheinen lässt.

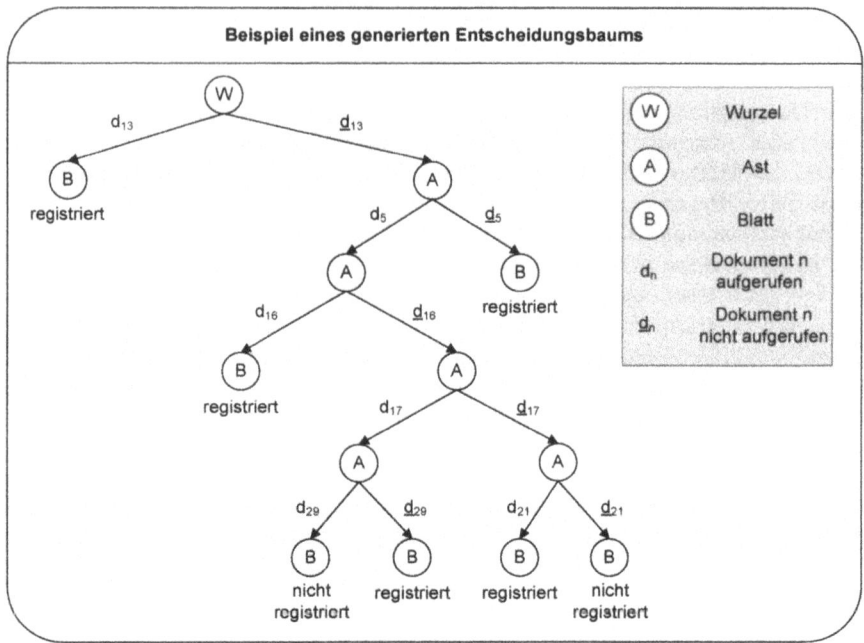

**Abbildung 52: Beispiel eines generierten Entscheidungsbaums[109]**

## 6.4.2.3 Clusteranalyse

Die Aufgabe der Clusteranalyse als segmentierendem Verfahren (siehe Kapitel 3.1.2) besteht darin, eine Menge von Objekten so aufzuteilen, dass Gruppen gebildet werden, die in sich homogen, untereinander aber möglichst heterogen sind. Der Grad der Homogenität wird anhand der Eigenschaftsausprägungen der Objekte ermittelt. Die untersuchten Objekte können unterschiedlichster Natur sein, so kann es z. B. das Ziel einer Clusteranalyse sein, den Gesamtkundenstamm in einzelnen Kundengruppen zu unterteilen. Möglich wäre aber bspw. auch eine Clusteranalyse mit dem Ziel, aus einer Menge an Unternehmen homogene Untergruppen zu bilden. Die Gruppen, die sich durch die Einteilung der Gesamtmenge durch die Clusteranalyse ergeben, sind im allgemeinen a priori nicht bekannt. Die inhaltlich, semantische Kennzeichnung der Gruppen erfolgt nicht durch die Clusteranalyse selbst. Sie bedarf der Interpretation der Cluste-

---

[109] Der dargestellte Entscheidungsbaum wurde mit einer Mindesthomogenitätsänderung von 0,005 und einer relativen Mindestobjektanzahl von 0,05 erstellt. Die Klassenzuordnung an einem Blatt des Entscheidungsbaums erfolgt zu derjenigen Klasse, für die mehr Objekte in der Menge des betrachteten Blattes vorliegen.

rungsergebnisse durch die durchführende Person bzw. durch eine Person, die über spezifisches Wissen über die untersuchte Domäne verfügt und somit sinnvolle Schlüsse aus den Ergebnissen ziehen kann.

Die beiden Hauptaufgaben bei der Durchführung einer Clusteranalyse bestehen in der Auswahl eines geeigneten Ähnlichkeitsmaßes sowie in der Auswahl eines Algorithmus zur Clusterbildung. Ähnlichkeitsmaße quantifizieren die Ähnlichkeit bzw. die Unterschiede zwischen zwei Objekten anhand von Merkmalsausprägungen der Objekte. Die Auswahl eines geeigneten Ähnlichkeitsmaßes hängt in erster Linie von der Art der Variablen ab, mit denen die Objekteigenschaften kodiert werden. Für binäre Variablen müssen bspw. andere Ähnlichkeitsmaße verwendet werden als für metrisch skalierte Variablen. Den zweiten Schritt der Clusteranalyse stellt die Auswahl des eigentlichen Clusterverfahrens dar. Allgemein werden dabei partitionierende und hierarchische Verfahren unterschieden. Der Unterschied zwischen den beiden Verfahrensarten besteht darin, dass partitionierende Verfahren die finalen Gruppen durch Umverteilen von Objekten, ausgehend von einer gegebenen Startclusterung, erreichen, während hierarchische Verfahren keine Objektumverteilungen zwischen einmal gebildeten Gruppen erlauben. Hierarchische Verfahren starten entweder mit der größtmöglichen Verteilung, in der jedes Objekt eine eigene Gruppe bildet, und fassen dann die ähnlichsten Objekte zusammen, oder sie beginnen mit der größtmöglichen Gruppe, d. h. alle Objekte gehören einem Cluster an und dieser wird durch ablösen von einzelnen Objekten aufgelöst. [Backhaus et al. (2000), S. 349]

Mit der Clusteranalyse wurden die Daten der Sessions untersucht, die eindeutig einem Benutzer zugeordnet werden konnten. Diese Zuordnung wurde durch das Zusammenführen der Logininformationen der Webseite mit den Informationen aus den Logfiles erreicht. Die einzelnen Benutzer wurden nun mittels einer Clusteranalyse gruppiert. Als Gruppierungsmerkmale wurden dabei aufgerufene Dokumente als Indikator für das Surf- und Informationsverhalten gewählt. Die einzelnen Dokumente wurden für jede Session in Form binärer Variablen kodiert, wobei eine 1 als Aufruf und eine 0 als Nichtaufruf eines bestimmten Dokuments festgelegt wurde. Als nicht praktikabel erwies sich dabei das Vorgehen, sämtliche auf dem Webserver angebotenen Dokumente zu verwenden. Da sich, wie bereits in Kapitel 6.4.1.5 gezeigt, die durchschnittliche Sessiontiefe als relativ gering erwiesen hat, wird bei einem Besuch nur ein Bruchteil der verfügbaren Dokumente aufgerufen, d. h. die binären Variablen, die als Gruppierungsmerkmale der Clusteranalyse fungieren, erhalten überwiegend den Wert 0. Aus diesem Grund wurde zunächst die Anzahl der für die Clusteranalyse verwendeten Klassifizierungsvariablen eingeschränkt. Es wurden im Folgenden nur noch solche Dokumente zur Clusterung herangezogen, die in mindestens einem Prozent der Sessions, die eindeutig einem Benutzer zuzuordnen waren, vorkamen. Die Gesamtzahl der relevanten Dokumente lag damit bei 53.

Die Clusteranalyse wurde mit der Statistiksoftware SPSS® durchgeführt. Die Daten für die Analyse wurden als kommaseparierte Datei aus der relationalen Datenbank heraus erstellt und konnten auf diese Weise direkt in SPSS® importiert werden. Geclustert wurden die einzelnen Fälle, wobei ein Fall einer Session entsprach, die eindeutig einem spezifischen Nutzer zugeordnet werden konnten. Als Clustermerkmale wurden aufgerufene Dokumente in binärer Form codiert verwendet. Eine 1 diente dabei als Indikator dafür, dass das Dokument im Rahmen der Session aufgerufen wurde. Eine 0 gibt hingegen an, dass das Dokument nicht aufgerufen wurde (siehe Abbildung 53).

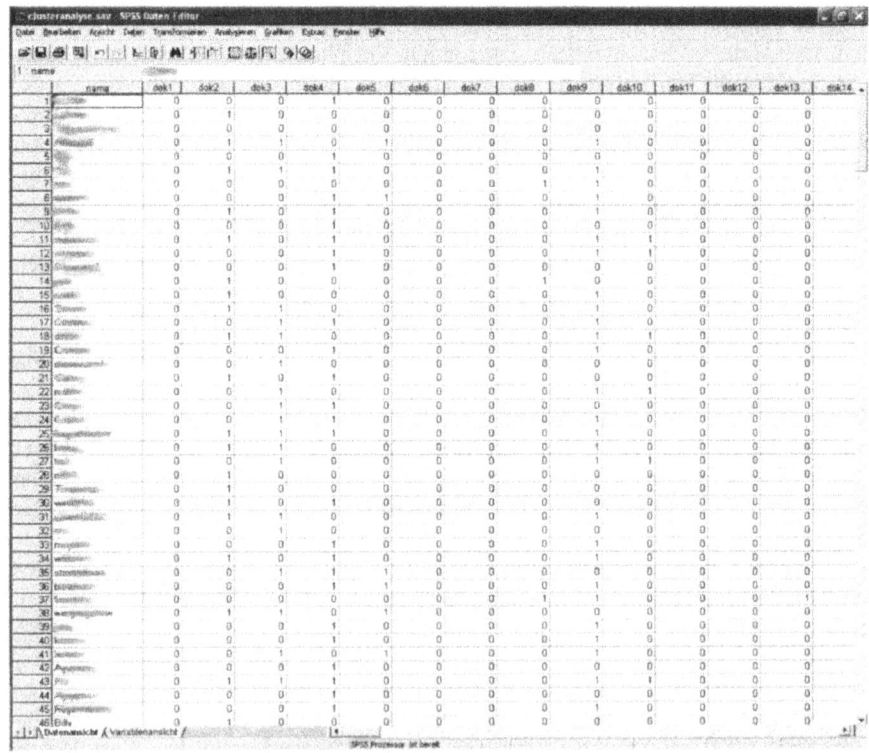

**Abbildung 53: Daten der Clusteranalyse**

Als Ähnlichkeitsmaß für die Grundlage der Berechnung der Cluster diente das Ähnlichkeitsmaß nach Sörensen, bei dem für die Ähnlichkeit zwischen zwei

Objekten lediglich das gemeinsame Vorkommen einer Eigenschaft ($a$, mit doppelter Gewichtung), jedoch nicht das gemeinsame Fehlen einer Eigenschaft herangezogen wird. Dies wird in Verhältnis gesetzt mit einseitig auftretenden Eigenschaften ($b, c$) sowie dem gemeinsamen Vorkommen einer Eigenschaft ($a$):

$$\text{Ähnlichkeit} = \frac{2a}{2a + (b + c)}$$

Somit wird die Ähnlichkeit zwischen zwei Benutzern bei der Betrachtung unterschiedlicher Benutzer in Logfiles nur dann erhöht, wenn gleiche Dokumente aufgerufen wurden, jedoch nicht, wenn Dokumente existieren, die von zwei verglichenen Benutzer nicht aufgerufen wurden. Durch das Ähnlichkeitsmaß werden somit die Anzahl der gemeinsam aufgerufenen Dokumente (Zähler) und die Anzahl der insgesamt durch beide Benutzer aufgerufenen Dokumente (Nenner) in ein Verhältnis gesetzt.

| Größe 1 | Größe 2 | Größe 3 | Größe 4 | Größe 5 | Größe 6 | Größe 7 | Größe 8 | Größe 9 | Größe 10 |
|---|---|---|---|---|---|---|---|---|---|
|   | 1 | 1 | 1 | 1 | 1 | 1 | 1 | 1 | 1 |
|   |   | 2 | 2 | 2 | 2 | 2 | 2 | 2 | 2 |
|   |   |   |   | 10 | 10 | 10 | 10 | 10 | 10 |
|   |   |   | 23 |   |   |   |   |   | 7 |
|   |   |   |   | 13 | 13 | 13 | 13 | 13 | 6 |
| 327 | 326 | 324 |   |   | 155 | 155 | 42 | 42 | 42 |
|   |   |   |   |   |   |   | 113 | 113 | 113 |
|   |   |   | 301 | 301 |   | 25 | 25 | 25 | 25 |
|   |   |   |   |   | 146 |   |   | 103 | 103 |
|   |   |   |   |   |   | 121 | 121 |   |   |
|   |   |   |   |   |   |   |   | 18 | 18 |

Abbildung 54: Clusterzerlegung

Als Methode der Clusterbildung wurde ein hierarchisches Verfahren in Form des Linkage zwischen den Gruppen gewählt. Anhand des erstellten Eiszapfendiagramms konnten anschließend die vorhandenen Fälle den Clustern für unterschiedliche Clusteranzahlen zugeordnet werden. Für die empirischen Daten ergibt sich erst ab einer Clustermenge von sechs eine deutliche Teilung der betrachteten Benutzer, während bei einer kleineren Clustermenge im Wesentlichen ein großer Cluster identifiziert werden kann. Abbildung 54 verdeutlicht die sequentielle Zerlegung der einzelnen Cluster bei einer Vergrößerung der Anzahl der Cluster. Trotz der eher weniger deutlichen Clusterung soll im Folgenden versucht werden, – wenn möglich – eine Interpretation der zehn Cluster auf der letzten betrachteten Stufe der Clusterung durchzuführen.

*Cluster 1 (Element: 1) / Cluster 2 (Elemente: 2) / Cluster 4 (Elemente: 7) / Cluster 5 (Elemente: 6):* Aufgrund der geringen Elementanzahl in den Clustern 1, 2, 4 und 5 konnte für diese Cluster keine sinnvolle Interpretation vorgenommen werden.

*Cluster 3 (Elemente: 10):* Die Elemente von Cluster 3 zeichnen sich durch den Besuch des Downloadbereichs aus, von dem unterschiedliche PDF-Dokumente zu verschiedenen englischsprachigen Lehrveranstaltungen abgerufen wurden. Die Anmeldung der Benutzer erfolgt über den englischsprachigen Einstiegsbereich der Webseite. Somit lassen sich die Elemente des Clusters 3 als Studenten der integrierten Masterstudiengänge an der Wirtschafts- und Verhaltenswissenschaftlichen Fakultät der Universität Freiburg interpretieren, da es sich hierbei um in erster Linie Englisch sprechende Studenten handelt.

*Cluster 6 (Elemente: 42):* Elemente von Cluster 6 sind gekennzeichnet durch eine Anmeldung über den deutschsprachigen Einstiegsbereiche sowie das Betrachten verschiedener PHP-Dokumente mit einem deutlichen Schwerpunkt auf Informationen über Lehrveranstaltungen, inklusive dem Download von PDF-Dokumenten, mit spezifischeren Informationen zu den Veranstaltungen des Lehrstuhls für Wirtschaftsinformatik. Die Elemente dieses Clusters können aufgrund der aufgeführten Beobachtungen als Studierende auf allgemeiner Informationssuche über die Lehrveranstaltungen klassifiziert werden.

*Cluster 7 (Elemente: 113):* Cluster 7 ist gekennzeichnet durch den Besuch des Downloadbereichs der Webseite, allerdings ohne dabei angebotene Dokumente anzufordern. Es handelt sich dabei wahrscheinlich um Studenten, die überprüfen, ob neue Unterrichtsmaterialien zur Verfügung stehen und die Seite wieder verlassen, da kein neues Material vorhanden ist.

*Cluster 8 (Elemente: 25):* Für Cluster 8 konnten keine interpretierbaren Muster aufgedeckt werden

*Cluster 9 (Elemente: 103):* Die Elemente dieses Clusters sind durch den Besuch des Downloadbereichs in Verbindung mit dem Download eines oder mehrerer der dort angebotenen PDF-Dokumente charakterisiert. Die Anmeldung erfolgt über den deutschsprachigen Einstiegsbereich der Seite. Es dürfte sich somit um Studenten auf der (erfolgreichen) Suche nach Unterrichtsmaterialien handeln.

*Cluster 10 (Elemente: 18):* Bei den Elemente von Cluster 10 handelt es sich um Besucher, die in erster Linie die unterschiedlichen Informationen über den Lehrstuhl (Mitarbeiter, Kontaktmöglichkeiten, Veranstaltungen etc.) abrufen, ohne Unterrichtmaterialien anzufordern. Als Gruppe können somit Personen auf der Suche nach allgemeinen Informationen über den Lehrstuhl identifiziert werden.

## 6.5 Handlungsempfehlungen

Im folgenden Kapitel sollen auf Grundlage der im fünften Kapitel herausgearbeiteten Aspekte der Personalisierung und der in den vorangehenden Abschnitten gewonnen Erkenntnisse der Analyse der Logfiles Handlungsempfehlungen für die untersuchte Webpräsenz ausgesprochen werden.

Um Handlungsempfehlungen für die Personalisierung einer Webpräsenz auszusprechen, gilt es als erstes zu klären, ob eine Anpassung der Inhalte an einzelne Benutzer bzw. Benutzergruppen überhaupt sinnvoll erscheint, oder ob nicht ein einheitliches Erscheinungsbild der Webseite und deren Inhalte für alle Besucher als ausreichend erachtet werden kann. Gemäß der Personalisierungsmatrix von *Peppers* und *Rogers* (siehe Kapitel 5.1) lässt sich anhand der Ausprägungen der Dimensionen **Kundenwert** und **Kundenbedürfnis** identifizieren, ob eine Personalisierung in Betracht gezogen werden kann. Als Kunden im Rahmen einer Webseite können deren Besucher angesehen werden. Betrachtet man die hier zu untersuchende Webpräsenz, so kann festgestellt werden, dass es sich bei den Besuchern im Wesentlichen um Studenten sowie um wissenschaftliches Personal handelt. Da es nicht das Ziel des Betriebs der Webseite ist, Geld umzusetzen bzw. Gewinne zu erzielen, und generell im Rahmen der universitären Ausbildung in Deutschland eine Gleichbehandlung aller Studierenden angestrebt wird, kann die Dimension des Kundenwerts nicht als Entscheidungskriterium der Personalisierung herangezogen werden bzw. der Kundenwert muss als konstant angesehen werden. Somit bleibt lediglich die Ausprägung der Dimension der Kundenbedürfnisse bestehen. In ihren Extremformen können diese Ausprägungen entweder vollkommen identisch oder unterschiedlich sein. Den Hauptteil der Besucher der Webseite machen Studenten[110] aus. Bei diesen handelt es sich jedoch nicht um eine Gruppe mit homogenen Zielen. Je nach Phase des Studiums (Grundstudium im Diplomstudiengang, Hauptstudium im Diplomstudiengang, Masterstudiengang, Anfertigen einer Diplomarbeit oder einer Masterthesis) ver-

---

[110] Dies lässt sich vor allem daraus schließen, dass die auf der Seite angebotenen Inhalte in erster Linie an Studierende gerichtet sind. Dass diese Annahme in der Realität zutrifft lässt sich bspw. anhand der Untersuchung der IP-Adressen der zugreifenden Clients belegen: Allein 34,13% der gesamten Sessions innerhalb des Untersuchungszeitraums wurden von PCs aus einem Computerraum der Universität Freiburg geführt, auf die nur Studenten Zugriff haben.

ändern sich die Bedürfnisse der Studierenden[111], womit im Sinne der Personalisierungsmatrix von unterschiedlichen Kundenbedürfnissen gesprochen werden kann. Somit erreichen wir für die untersuchte Webseite mit der Ausprägungskombination (Kundenwert gleich):(Kundenbedürfnisse unterschiedlich) das zweite Feld der Matrix. Gemäß den in Kapitel 5.1 geführten Überlegungen erscheint ein personalisiertes Angebot von Gütern und Leistungen sinnvoll. Als zweckmäßige Mittel wurden dabei Systeme angesehen, welche die Auswahl des Kunden erleichtern. Als Güter, die über die Webseite „vertrieben" werden, lassen sich die Unterlagen zu den einzelnen Vorlesungen ansehen. Da diese aus Gründen der Gleichbehandlung der Studierenden jedoch nicht in unterschiedlichen inhaltlichen Fassungen angeboten werden können, bleibt lediglich die Möglichkeit einer sprachlichen Anpassung bestehen, indem Unterlagen zu ausgewählten Veranstaltungen bspw. in deutscher und englischer Sprache zur Verfügung gestellt werden.

*Handlungsempfehlung 1: Personalisierung der angebotenen „Güter" durch Bereitstellung von unterschiedlichen (Sprach)Variationen der Dokumente.*

Im Falle der untersuchten Webseite spielt die Personalisierung der eigentlichen Güter (PDF-Dokumente) somit eher eine untergeordnete Rolle. Wichtiger erscheinen jedoch Systeme, welche dem Besucher die für ihn passenden Informationen bereitstellen, also eine inhaltliche Personalisierung der PHP-Dokumente durchführen. Gemäß Kapitel 5.2.1 kann bei der inhaltlichen Anpassung einer Webseite zwischen einer kundengesteuerten und eine softwaregesteuerten Personalisierung unterschieden werden. Eine generelle Angabe, in welcher Form die Personalisierung durchgeführt werden sollte, kann für die untersuchte Webpräsenz nicht gegeben werden. Die kunden- bzw. nutzergesteuerte Anpassung erfordert zum einen einen größeren Analyseaufwand, da die Anpassungsoptionen a priori durch die Implementierung der Webseite vorgegeben werden müssen, zum anderen muss der Benutzer selbst Zeit investieren, wodurch er jedoch die Kontrolle über die angezeigten Inhalte behält. Die softwaregesteuerte Personalisierung hingegen erfordert ein ausgereiftes System, welches die Anpassung automatisiert. Nutzerseitige Aktivitäten werden in diesem Fall nicht benötigt. Da es sich bei der untersuchten Seite um eine Webpräsenz aus dem universitären Umfeld handelt und somit angenommen werden kann, dass die zur Verfügung stehenden Mittel eher begrenzt sind, sollte zumindest auf ein leicht zu wartendes

---

[111] Im universitären Bereich ergeben sich momentan im Rahmen des Bolognaprozesses [vgl. Bologna (1999)] Umbrüche, die vorübergehend zu einer heterogenen Abschlusslandschaft führen. Daraus ergeben sich unterschiedliche Bedürfnisse der Studenten in den parallel existierenden Studiengängen, wodurch sich die Sinnhaftigkeit personalisierender Maßnahmen erhöht.

System zurückgegriffen werden. Eine Mischung aus einem teilweise benutzergesteuerten und teilweise softwaregesteuerten System wäre hier bspw. sinnvoll. Der benutzergesteuerte Teil[112] kann als zweckmäßig angesehen werden, da zum Einführungszeitpunkt des Systems nur eine begrenzte Anzahl an Daten zur Auswertung bereit steht und durch die benutzergesteuerte Personalisierung zusätzliche Analysedaten erhoben werden können, die dann wiederum im softwaregesteuerten Teil eingesetzt werden können. Der softwaregesteuerte Teil sollte es ermöglichen, auch neuen, nicht angemeldeten Benutzern eine einfache Form der Personalisierung zu bieten. Die Notwendigkeit, auch nicht registrierte Benutzer in die Personalisierung einzubeziehen ergibt sich dabei vor allem aus der geringen Akzeptanz des Registrierungs- und Anmeldeverfahrens (siehe Kapitel 6.4.1.2).

*Handlungsempfehlung 2: Implementierung einer Mischform aus benutzergesteuerter und softwaregesteuerter Form der Personalisierung.*

Im nächsten Schritt gilt es zu klären, welche Aspekte der Webseite personalisiert werden sollen. Dabei gibt es grundsätzlich die Möglichkeit der Personalisierung des Inhalts einer Webseite sowie die Möglichkeit der Personalisierung des Designs einer Webseite (siehe Kapitel 5.3). Für die untersuchte Webseite erscheint es wenig sinnvoll, das Design individuell anzupassen, da dem dafür notwendigen Aufwand eher ein geringer zusätzlicher Nutzen auf Seite der Besucher der Webseite gegenüber stehen dürfte. Eine Personalisierung der Inhalte, sprich die Bereitstellung von Dokumenten[113], die den individuellen Bedürfnissen der Benutzer entsprechen, scheint dagegen sinnvoll, um den Prozess der Informationssuche zu erleichtern und die verschiedenen Studentengruppen mit den passenden Informationsangeboten zu versorgen.

*Handlungsempfehlung 3: Personalisierung der angebotenen Inhalte, jedoch keine Personalisierung des Designs der Webseite.*

Den letzten Schritt im Rahmen der Personalisierung stellt die genaue Auswahl von Methoden und Inhalten der Personalisierung dar. Die Inhalte ergeben sich dabei aus den Ergebnissen der Analyse der Weblogfiles (und falls vorhanden aus weiteren Daten über die Benutzer einer Webseite). Da im zweiten Schritt ein

---

[112] Für eine dauerhafte nutzerseitige Anpassung ist eine Anmeldung erforderlich. Für die untersuchte Webseite besteht die Möglichkeit eines Logins und somit der permanenten Speicherung der persönlichen Einstellungen.
[113] Der Begriff Dokumente bezieht sich in diesem Zusammenhang in erster Linie auf PHP-Dokumente und nicht auf herunterladbare Unterrichtsunterlagen. Das diese angepasst werden können, wurde bereits in Handlungsempfehlung 1 erörtert.

Mischsystem vorgeschlagen wurde, gilt es nun, die Features der einzelnen Teilsysteme näher zu spezifizieren. In der nutzergesteuerten Sicht könnten inhaltliche Kategorien der Webseite ausgewählt werden, die in einer individuellen Fassung der Seite angezeigt werden. Damit wird es jedem (registrierten) Benutzer ermöglicht, eine für ihn passende Zusammenstellung der angebotenen Dokumente zu generieren. Darüber hinaus könnte sich der Benutzer einer der Gruppen anschließen, die zuvor bei der Analyse der Benutzerdaten ermittelt wurden. Für die einzelnen Gruppen können anschließend spezielle Informationen bereitgestellt werden, bspw. nur Neuigkeiten, welche die spezielle Nutzergruppe betreffen (siehe Abbildung 55). Der softwaregesteuerte Aspekt könnte bspw. in der automatischen Empfehlung von bestimmten Dokumenten der Webpräsenz liegen.[114]

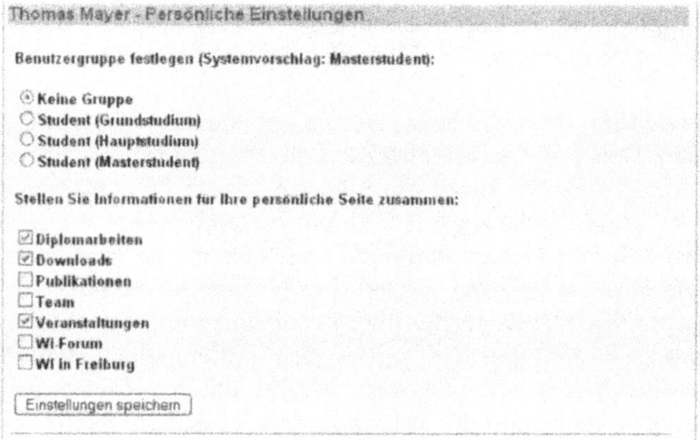

**Abbildung 55: benutzergesteuerte Personalisierung**

*Handlungsempfehlung 4: Implementieren eines automatisierten Recommendersystems sowie einer benutzerdefinierten (Start)Seite für registrierte[115] Besucher.*

Anhand der geführten Betrachtungen lässt sich ein allgemeines vierstufiges Vorgehensmodell zur Personalisierung von Webseiten ableiten. In der ersten Stufe gilt es zu klären, ob das Vorhaben der Personalisierung für die untersuchte Webseite generell sinnvoll ist. Die Beantwortung dieser Frage kann bspw. durch

---

[114] Einzelne Aspekte der Personalisierung wurden bereits in einem Testsystem implementiert, andere befinden sich jedoch erst in der Entwicklungsphase.
[115] Inwieweit die benutzergetriebene Personalisierung im Rahmen der Webpräsenz akzeptiert wird, muss noch untersucht werden, da der Anteil an registrierten Benutzer noch relativ gering ist.

die Anwendung der Personalisierungsmatrix nach *Peppers* und *Rogers* erfolgen. Wird diese grundsätzliche Frage positiv beantwortet müssen die einzelnen Aspekte der Personalisierung näher spezifiziert werden. In der zweiten Stufe muss dabei geklärt werden, ob es sich bei dem für die Personalisierung verwendeten System um ein nutzergesteuertes System, ein softwaregesteuertes System oder um eine Mischform aus beiden handeln soll. Als nächste Stufe im Prozess der Personalisierung muss entschieden werden, was genau den Gegenstand der Personalisierung darstellt: die Inhalte einer Webseite, das Design oder beide Elemente. Die letzte Stufe des Vorgehensmodells bildet schließlich die Auswahl der Methoden und Verfahren, mit denen die in den vorherigen Stufen definierte Struktur des Personalisierungssystems umgesetzt wird (siehe Abbildung 56).

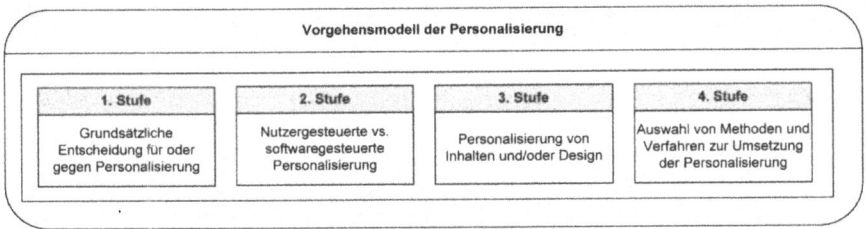

**Abbildung 56: Vorgehensmodell der Personalisierung**

Werden die einzelnen Schritte des Vorgehensmodells der Personalisierung für die untersuchte Webseite zusammengefasst, ergibt sich das in Abbildung 57 dargestellte Bild.

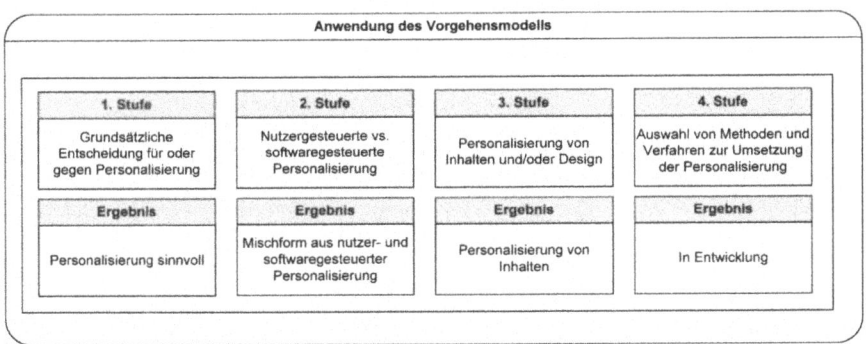

**Abbildung 57: Anwendung des Vorgehensmodells**

# 7 Zusammenfassung und Ausblick
*Kapitel 7 gibt einen zusammenfassenden Überblick über die vorliegende Arbeit. Neben den Ergebnissen und Erkenntnissen werden weitere Forschungsgebiete und Forschungsschwerpunkte identifiziert.*

## 7.1 Zusammenfassung
Die vorliegende Arbeit beschäftigte sich mit der Betrachtung des Kundenbeziehungsmanagements, insbesondere der Beziehungen zu Kunden im Internet. Dazu wurde das Konzept des Customer Relationship Management als Form der kundenorientierten Unternehmensführung vorgestellt. Hervorgehoben wurden mit der strategischen Komponente und der informationstechnischen Komponente die beiden Hauptbestandteile des CRM. Es wurde festgestellt, dass eine Konzentration der Betrachtung auf den informationstechnischen Aspekt nur ein unvollständiges Bild des Kundenbeziehungsmanagements liefert, da der Informationstechnik zwar eine Enablerfunktion zukommt und CRM im heutigen theoretischen und praktischen Sinne erst ermöglicht, als alleiniges Mittel der Beeinflussung der Kundenbeziehung im Sinne der Unternehmung jedoch unzureichend ist. Vielmehr muss eine kundenorientierte Geschäftsprozessgestaltung den Einsatz der Informationstechnik begleiten, um die gesteckten Ziele im Bereich der Kundenbeziehungen zu erreichen. Dabei handelt es sich bei der Umsetzung der Unternehmensstrategie nicht um ein in sich geschlossenen Projekt, sondern um einen ständig fortlaufenden Prozess, der an die sich ändernden Gegebenheiten angepasst werden muss. Das Ziel, dauerhafte Bindungen zu den rentablen Kunden eines Unternehmens aufzubauen, gilt nicht nur für den Bereich der Old Economy, sondern in gleichem Maße für die New Economy. Die Forderung der Kundenbindung ergibt sich aus dem Umstand, dass die Kosten der Akquise von Neukunden, verglichen mit dem Aufwand für Kundenbindungsmaßnahmen, deutlich höher liegen. Darüber hinaus verstärkt im Internetbereich die längere Zeitspanne, die ein Kunde bei einem Unternehmen verweilen muss, bis der Gewinnbereich für das Unternehmen erreicht wird, die Dringlichkeit der Zielerreichung.

CRM lässt sich in drei funktionale Teilbereiche zerlegen: operatives CRM, analytisches CRM sowie kommunikatives CRM. Dabei umfasst oCRM jene Geschäftsprozesse, die auf den direkten Kundenkontakt abzielen, also in erster Linie Prozesse aus den Bereichen Marketing, Sales und Service. aCRM bezeichnet alle Tätigkeiten, die sich mit der Speicherung und Auswertung von kundenbezogenen Daten beschäftigen. aCRM bildet somit die Grundlage sämtlicher kundenorientierter Handlungen in der Unternehmung. kCRM schließlich befasst sich mit der Auswahl der geeigneten Kommunikationskanäle, die für ein bestimmtes Kommunikationsvorhaben verwendet werden, um mit einzelnen Kunden bzw. Kundengruppen in Kontakt zu treten.

Im weiteren Verlauf wurde die Betrachtung auf den Bereich des aCRM als wesentlicher Quelle entscheidungsrelevanter Erkenntnisse fokussiert. Die Betrachtung wurde dabei auf die Webloganalyse als Instrument der Informationsgewinnung gerichtet. Die Webloganalyse wertet Logdaten von Webservern aus, in denen Informationen über das Verhalten von Besuchern einer Webseite gespeichert werden. Somit zielt diese Form der Datenanalyse in erster Linie auf Kundenbeziehungen im Internet ab, man spricht hier auch von eCRM (electronic Customer Relationship Management). Der Schwerpunkt wurde im Folgenden auf die Aufbereitung von Logfiles und deren Auswertung in deskriptiver und analytischer Form gelegt, um aufzuzeigen, welche Erkenntnisse aus den Angaben, die innerhalb eines Logfiles gespeichert werden, gewonnen werden können. Diese Erkenntnisse können für die Personalisierung von Webseiten herangezogen werden. Die Personalisierung stellt dabei ein Instrument des eCRM dar, mit dem Ziel einer kundenindividuellen Betreuung und eines kundenindividuellen Produkt- und Leistungsangebots.

Zur Darstellung der Auswertung von Logdaten wurden Logfiles des Internetauftritts des Lehrstuhls für Wirtschaftsinformatik der Universität Freiburg herangezogen. Zu deren Auswertung wurden Prototypen javabasierter Analysetools entwickelt, die zur Informationsspeicherung und -verarbeitung auf der relationalen Datenbank MySQL® aufbauen. Abschließend wurden Handlungsempfehlungen aufgrund der erhaltenen Ergebnisse ausgesprochen. Diese Handlungsempfehlungen beziehen sich in erster Linie auf die Möglichkeiten der Personalisierung des Webauftritts. Dabei wird die Option der Personalisierung als Instrument der Kundenbindung angesehen.

## 7.2 Schlussbemerkung und weitere Forschungsfragen

Der generelle Nutzen von langfristigen Kundenbeziehungen ist unbestritten. Dies gilt sowohl für die Old Economy als auch für die New Economy. In einer Zeit, in der sich die Produkte und Leistungen konkurrierender Unternehmen immer mehr angleichen, ist es eine wichtige Aufgabe, den Kunden durch eine individuelle Betreuung und den Aufbau einer Beziehung, an das eigene Unternehmen zu binden und somit das Risiko einer Abwanderung zu verringern. Die Kundenzufriedenheit bzw. die Kundenloyalität werden damit mehr und mehr zu einem entscheidenden Faktor erfolgreichen unternehmerischen Handelns. Als eine Möglichkeit, Kundenloyalität zu generieren, wurde der Aufbau von individualisierten Kundenbeziehungen identifiziert. Diese können zum einen durch das Angebot kundenindividueller Leistungen und Produkte und zum anderen durch einen Personalisierung der Kommunikation mit den Kunden erreicht werden.

Im Bereich des Internets besteht eine Möglichkeit, individuelle Beziehungen zu generieren, darin, den Internetauftritt für den einzelnen Besucher zu personalisieren. Welche Möglichkeiten der Personalisierung existieren und welche Rolle Weblogfiles in diesem Kontext zukommt, wurde im Rahmen dieser Arbeit dargestellt. Jedoch besteht weiterhin die Notwendigkeit, die Akzeptanz dieser Maßnahmen bei den Kunden zu untersuchen, insbesondere in Verbindung mit der Frage, inwieweit sich die einzelnen Besucher einer Webseite über die personalisierenden Maßnahmen, die für den einzelnen versteckt ablaufen, im Klaren sind.[116] Da die momentane Entwicklung eher auf ein schnelleres Fortschreiten der technologischen Möglichkeiten als auf eine rasche Weiterentwicklung des Bewusstseins der Kunden für diese Möglichkeiten hindeutet, dürfte es interessant sein, zu beobachten, in welcher Form die vorhandenen technologischen und methodischen Instrumente in der Praxis eingesetzt werden und welche Reaktion bei den Kunden auf deren Einsatz zu beobachten sind, vor allem dann, wenn sich ein Bewusstsein dafür entwickelt, welche Daten über den einzelnen Kunden gespeichert und für welche Zwecke diese Daten eingesetzt werden. Datenschützer sehen insbesondere in der für den Kunden unbewussten Erfassung und Speicherung von Daten ein Problem, da hierbei die informationelle Selbstbestimmung des Einzelnen gefährdet wird. Der Einsatz von neuen Technologien bzw. Techniken, die bisher nicht im Kontakt mit den Kunden eingesetzt wurden, eröffnet für Unternehmen neue Möglichkeiten der Datenerfassung. Diese wurden jedoch bspw. im Falle des Einsatzes von RFID-Chips (Radio Frequency Identification zur berührungslosen Datenübertragung) im Future Store der Metro Group[117] aus datenschutzrechtlichen Gründen stark kritisiert, so durch den Verein zur Förderung des öffentlichen bewegten und unbewegten Datenverkehrs e. V. (FoeBud e.V.). Dabei bezog sich die Kritik in erster Linie auf die Intransparenz bezüglich des genauen Einsatzzweckes der RFID-Chips. Es kann jedoch davon ausgegangen werden, dass Technologien wie der RFID-Chip, welche es ermöglichen, Produkte durch das Hinzufügen von auslesbaren Informationen „intelligenter" zu machen, in Zukunft eine größere Rolle spielen werden, insbesondere da mit der Einführung des ePass[118] zum 1. November 2005 ein offiziel-

---

[116] Somit bezieht sich die Fragestellung auf die implizite Form der Personalisierung und nicht auf die explizite Form, bei der für jeden Benutzer sofort ersichtlich ist, dass eine individualisierte Version einer Webseite für ihn bereitgestellt wird.
[117] Ausführliche Informationen über die Future Store Initiative der Metro Group finden sich auf deren Webpräsenz unter www.future-store.org (Stand: 26.09.2005).
[118] Ab dem 1. November 2005 ersetzt der ePass den bisherigen deutschen Reisepass. In die Vorderseite des Passes wird ein RFID-Chip integriert, auf dem ein Passbild des Besitzers gespeichert ist. Für die Folgejahre ist die zusätzliche Speicherung von Fingerabdrücken sowie eines Irisscans geplant (siehe http://www.bsi.de/fachthem/epass/merkmale.htm, abgerufen am 19.10.2005). Die Entscheidung für die Speicherung von biometrischen Daten in Pässen und

les Dokument mit einem RFID-Chip ausgestattet wird und somit die Schranken für weitere Einsatzmöglichkeiten verringern dürfte.

Generell bleibt das Problem des Schutzes von personenbezogenen Daten bestehen. Dieser Schutz kann zum einen durch eine freiwillige Einschränkung der Speicherung und Verarbeitung der Daten durch Unternehmen und andere erhebende Stellen erfolgen oder durch eine gesetzliche Regelung. Da momentan eine freiwillige Selbstkontrolle und –regulierung nur unzureichend stattfindet, wird zu beobachten sein, in welcher Form gesetzliche Grundlagen zum Schutz von personenbezogenen Daten geschaffen werden. [vgl. o. V. (2005)] Dabei stellt sich jedoch wiederum die Frage, wie eine internationale Anpassung der gesetzlichen Regelungen stattfinden kann bzw. wie in einzelnen Ländern überhaupt erste Schritte in Richtung eines staatlich verordneten Datenschutzes gegangen werden können. Die Frage nach dem gesetzlich Erlaubten wird in Zukunft insbesondere auch bei der Speicherung und Auswertung der persönlichsten Daten – der Gendaten eines Individuums – bspw. für wirtschaftliche Zwecke[119] eine hohe Brisanz besitzen.

Neben einer kritischen Betrachtung sollten aber die positiven Seiten und Chancen des Kundenbeziehungsmanagements und der auf der Webloganalyse basierenden Personalisierung nicht vergessen werden. Schließlich liegt der Nutzen nicht ausschließlich auf Seiten des Unternehmens, sondern ebenso auf der Kundenseite. Einkaufs- und Serviceprozesse werden vereinfacht, was zu zeitlichen und finanziellen Einsparungen für beide Transaktionspartner führen kann. Dem Kunden werden für ihn passende Informationen bereitgestellt, die er aus Eigeninitiative nicht finden würde. Oder umfassend ausgedrückt: Das Produkt- und Serviceangebot eines Unternehmens wird individuell an den einzelnen Kunden angepasst. Es gilt zu beobachten, ob sich durch den Einsatz personalisierender Maßnahmen die generelle Art, wie Kunden und Unternehmen miteinander interagieren, verändert und wie die auf diesem Weg induzierten Veränderungen Auswirkungen auf die Anbahnung und Durchführung von Transaktionen haben.

Wird der Aspekt der Personalisierung betrachtet, so gilt es für die Zukunft, zuverlässige Verfahren zu entwickeln, die eine Individualisierung von Inhalten und Produkten ermöglichen, welche noch genauer an die Wünsche des einzelnen Kunden angepasst ist. Erfolgsversprechende Verfahren müssen identifiziert und die Möglichkeiten der Implementierung für verschiedene Bereiche evaluiert werden. Im Rahmen der Personalisierung von Webseiten kann dem Instrument

---

Reisedokumenten von EU-Bürgern ergibt sich aus einer entsprechenden Verordnung vom 13. Dezember 2004. [vgl. Amtsblatt der Europäischen Union (2004), S. 1]
[119] Bspw. zur Evaluierung des Versicherungsrisikos einzelner Personen.

der Webloganalyse eine hohe Bedeutung zugemessen werden. Dabei wird es in Zukunft von Bedeutung sein, inwieweit die momentane aus den Logfiles zur Verfügung stehende Datenbasis erweitert werden kann. Dabei spielt insbesondere die integrierte Nutzung von Logfiledaten, allgemeinen Kundendaten sowie Daten aus dem operativen Geschäft eine wichtige Rolle. Erst durch eine ganzheitliche Sicht auf die zu einem Besuch einer Webseite gehörenden Informationen kann gewährleistet werden, dass die Schlüsse, die sich aus deren Analyse ergeben, ein besseres Resultat erzielen. Somit gilt es zum einen zu untersuchen, welche Daten für ein ganzheitliches Ergebnis heranzuziehen sind und zum anderen, wie eine Zusammenführung dieser Informationen zu einer einheitlichen Analysebasis in der Praxis implementiert werden kann. Aus den Ergebnissen dieser Forschung könnten bspw. neue Logfileformate abgeleitet werden, die eine zügigere Bereitstellung von Analysedaten ermöglichen.

# Literatur

*Achour, Mehdi / Betz, Friedhelm / Dovgal, Antony / Lopes, Nuno / Olson, Philip / Richter, Georg / Seguy, Damien / Vrana, Jakub (2005)*: PHP Manual, erhältlich unter: http://de2.php.net/manual/en/, abgerufen am: 24.10.2005.

*Agrawal, Rakesh und Srikant, Ramakrishnan (1994)*: Fast Algorithms for Mining Association Rules, Proceedings of the 20$^{th}$ International Conference on Very Large Databases, Santiago, Chile, September 1994, PDF-Version erhältlich unter: http://www.almaden.ibm.com/software/quest/Publications/papers/vldb94.pdf, abgerufen am: 08.04.2005.

*Agrawal, Rakesh / Mannila, Heikki / Srikant, Ramakrishnan / Toivonen, Hannu / Verkamo, A. Inkeri (1996)*: Fast Discovery of Association Rules, in: *Fayyad, Usama / Piatetsky-Shapiro, Gregory / Smyth, Padhraic (Hrsg.)*: Advances in Knowledge Discovery and Data Mining, Menlo Park: MIT Press, S. 307-328.

*Ahlert, Dieter / Becker, Jörg / Knackstedt, Ralf / Wunderlich, Maren (2002)*: Customer Relationship Management im Handel – Strategien, Konzepte, Erfahrungen, Berlin / Heidelberg / New York: Springer.

*Albers, Sönke / Clement, Michel / Peters, Kay / Skiera, Bernd (2001)*: Marketing mit Interaktiven Medien – Strategien zum Markterfolg, 3. Aufl., Frankfurt a. M.: Frankfurter Allgemeine Buch.

*Amtsblatt der Europäischen Union (2004)*: Verordnung (EG) Nr. 2252/2004 des Rates vom 13. Dezember 2004 über Normen für Sicherheitsmerkmale und biometrische Daten in von den Mitgliedsstaaten ausgestellten Pässen und Reisedokumenten.

*Apache Software Foundation (2004)*: Apache HTTP Server Documentation Version 2.0, PDF-Version erhältlich unter: http://ftp.unierlangen.de/pub/mirrors/apache/httpd/docs/httpd-docs-2.0.en.pdf, abgerufen am: 12.08.2004.

*Armbruster Reif, Karin (2005)*: E-Commerce in Multikanalunternehmen, Frankfurt a. M.: Peter Lang.

*Arndt, Dirk (2002)*: Web Mining für Marketinganwendungen – Pilotprojekt der DaimlerChrylser AG, in: *Hippner, Hajo / Merzenich, Melanie /Wilde, Klaus D. (Hrsg)*: Handbuch Web Mining im Marketing – Konzepte, Systeme, Fallstudien, Braunschweig / Wiesbaden: Vieweg, S. 339-354.

*Arndt, Dirk und Koch, Diana (2002)*: Datenschutz im Web Mining – Rechtliche Aspekte im Umgang mit Nutzerdaten, in: *Hippner, Hajo / Merzenich, Melanie / Wilde, Klaus D. (Hrsg.)*: Handbuch Web Mining im Marketing – Konzepte, Systeme, Fallstudien, Braunschweig / Wiesbaden: Vieweg, S. 77-103.

*Backhaus, Klaus / Erichson, Bernd / Plinke, Wulff / Weiber, Rolf (2000)*: Multivariate Analysemethoden – Eine anwendungsorientierte Einführung, 9. Aufl., Berlin / Heidelberg / New York: Springer.

*BCG (Boston Consulting Group) (2000)*: Winning the Online Consumer: Insights Into Online Consumer Behavior, PDF-Version erhältlich unter: http://www.bcg.com/publications/files/Winning_Online_Consumer_Insights_Report_Mar00.pdf, abgerufen am: 08.01.2005.

*Beck, Susanne und Leutenegger, Jean-Marc (1999)*: e-Business aus Kundensicht – vom Web-Zapper zum treuen virtuellen Kunden, in: *IBM Consulting Group (Hrsg.)*: Das e-Business Prinzip – Von Spinnern, Visionären und Realisten – Idee und Funktionsweise der neuen Wirtschaft, Frankfurt a. M.: Frankfurter Allgemeine Buch, S. 107-124.

*Becker, Jörg / Kugeler, Martin / Rosemann, Michael (2002)*: Prozessmanagement – Ein Leitfaden zur prozessorientierten Organisationsgestaltung, 3. Aufl., Berlin / Heidelberg / New York: Springer.

*Belz, Christian / Brademann, Erika / Fuchs, Hans Joachim (1998.)*: Management von Geschäftsbeziehungen – Konzepte, integrierte Ansätze, Anwendungen in der Praxis, St. Gallen: Ueberreuter.

*Bensberg, Frank (2002)*: Website-Optimierung – Aufgabenstellung und Vorgehensweise, in: *Hippner, Hajo / Merzenich, Melanie / Wilde, Klaus D. (Hrsg.)*: Handbuch Web Mining im Marketing – Konzepte, Systeme, Fallstudien, Braunschweig / Wiesbaden: Vieweg, S. 249-265.

*Bensberg, Frank und Weiß, Thorsten (1999)*: Web Log Mining als Marktforschungsinstrument für das World Wide Web, in: Wirtschaftsinformatik, Jg. 41, Nr. 5, S. 426-432.

*Bernard, Michael (2001)*: User Expectations For the Location of Web Objects, in: Proceedings of CHI 2001, New York: ACM Press, S. 171/172.

*Berry, Leonard L. (1983)*: Relationship Marketing, in: *Berry, Leonard L. / Shostack, G. Lynn / Upah, Gregory D. (Hrsg.)*: Emerging Perspectives on Services Marketing, Chicago: American Marketing Association, S. 25-28.

*Berry, Leonard L. / Shostack, G. Lynn / Upah, Gregory D. (1983)*: Emerging Perspectives in Services Marketing, Chicago: American Marketing Association.

*Berry, Michael J. A. und Linoff, Gordon S. (1997)*: Data Mining Techniques for Marketing, Sales, and Customer Support, New York: Wiley.

*Berry, Michael J. A. und Linoff, Gordon S. (2000)*: Mastering Data Mining – The Art and Science of Customer Relationship Management, New York: Wiley.

*Bologna (1999)*: Bologna Deklaration – Gemeinsame Erklärung der Europäischen Bildungsminister, Bologna, online erhältlich unter: http://www.bmbf.de/pub/bologna_deu.pdf, abgerufen am: 22.12.2005.

*Broder, Alan J. (2000)*: Data Mining, the Internet, and Privacy, in: *Masand Brij und Spiliopoulou, Myra (Hrsg.)*: Web Usage Analysis and User Profiling – International WEBKDD'99 Workshop, Berlin, S. 56-73.

*Broniarczyk, Susan M. und Nakamoto, Kent (2002.)*: Advances in Consumer Research XXIX, Valdosta: Association for Consumer Research.

*Bruhn, Manfred (1998)*: Nationale Kundenbarometer als Ansatzpunkte zur Verbesserung der Kundenorientierung – Konzept und empirische Ergebnisse des Schweizer Kundenbarometers, in: Die Unternehmung, Jg. 52, Nr. 5/6, S. 271-295.

*Bruhn, Manfred (2002)*: Marketing: Grundlagen für Studium und Praxis, 6. überarbeitete Aufl., Wiesbaden: Gabler.

*Bruhn, Manfred und Homburg Christian (2005)*: Handbuch Kundenbindungsmanagement, 5. Aufl., Wiesbaden: Gabler.

*Bruhn, Manfred und Stauss, Bernd (2002)*: Electronic Services – Dienstleistungsmanagement Jahrbuch 2002, Wiesbaden: Gabler.

*Brynjolfsson, Erik und Hitt, Lorin M. (2000)*: Beyond Computation: Information Technology, Organizational Transformation and Business Performance, in: Journal of Economic Perspectives, Vol. 14, No. 4, S. 23-48.

*Buchanan, Robin W. T. und Gillies, Crawford S. (1990)*: Value Managed Relationship – The Key to Customer Retention and Profitability, in: European Management Journal, Vol. 8, No. 4, S. 523-526.

*Buck-Emden, Rüdiger (2001)*: mySAP CRM – Geschäftserfolg mit dem neuen Kundenbeziehungsmanagement, Bonn: Galileo Press.

*Buhr, Carl-Christian (2005)*: Machen Warenkorbdaten Kundenkarten überflüssig?, in: Science Factory, Jg. 7, Nr. 2, S. 9-15.

*Bundesverfassungsgericht (1983)*: BVerfGE 65,1 – Volkszählung – Urteil des Ersten Senats vom 15. Dezember 1983 auf die mündliche Verhandlung vom 18. und 19. Oktober 1983 – 1 BvR 209, 269, 362, 420, 440, 484/83 in den Verfahren über die Verfassungsbeschwerden.

*Buxel, Holger (2002)*: Customer Profiling im Internet: den Kunden im Visier, in: Science Factory, Jg. 4, Nr. 1, S. 1-6.

*Cabena, Peter / Hadjinian, Pablo / Stadler, Rolf / Verhees, Jaap / Zanasi, Alessandro (1998)*: Discovering Data Mining – From Concept to Implementation, Upper Saddle River: Prentice Hall.

*Chapman, Peter / Clinton, Julian / Kerber, Randy / Khabaza, Thomas / Reinartz, Thomas / Shearer, Colin / Wirth, Rüdiger (2000)*: CRISP-DM 1.0 – Step-By-Step Data Mining Guide, PDF-Version erhältlich unter: http://www.crisp-dm.org/CRISPWP-0800.pdf, abgerufen am: 20.09.2004.

*Choi, Soon-Yong / Stahl, Dale O. / Whinston, Andrew B. (1997)*: The Economics of Electronic Commerce, Indianapolis: Macmillan Technical Publishing.

*Clement, Michel / Peters, Kay / Preiß, Friedrich J. (2001)*: Electronic Commerce, in: *Albers, Sönke / Clement, Michel / Peters, Kay / Skiera, Bernd (Hrsg.)*: Marketing mit Interaktiven Medien – Strategien zum Markterfolg, 3. Aufl., Frankfurt a. M.: Frankfurter Allgemeine Buch, S. 56-70.

*Coase, Ronald H. (1937)*: The Nature of the Firm, in: Economica, Vol. 4, No. 16, S. 386-405.

*Cooley, Robert / Mobasher, Bamshad / Srivastava, Jaideep (1997)*: Web Mining: Information and Pattern Discovery on the World Wide Web, in: Proceedings of the 9th IEEE International Conference on Tools with Artificial Intelligence (ICTAI'97), November 97, Newport Beach, California, S. 558-567.

*Cornelsen, Jens (1996)*: Kundenwert: Begriff und Bestimmungsfaktoren, Arbeitspapier Nr. 43, Arbeitspapiere des Lehrstuhls für Marketing an der Universität Erlangen-Nürnberg, Nürnberg.

*Cornelsen, Jens (2001)*: Kundenwertanalysen im Beziehungsmarketing, in: Science Factory, Jg. 3, Nr. 3, S. 1-12.

*Cranor, Lorrie / Langheinrich, Marc / Marchiori, Massimo / Presler-Marshall, Martin / Reagle, Joseph (2002)*: The Platform for Privacy Preferences 1.0 (P3P 1.0) Specification, erhältlich unter: http://www.w3.org/TR/P3P/, abgerufen am: 04.01.2005.

*Cutler, Matt und Sterne, Jim (2000)*: E-Metrics: Business Metrics for the New Economy, Cambridge, MA: NetGenesis Corp., PDF-Version erhältlich unter: http://www.targeting.com/emetrics.pdf, abgerufen am: 16.08.2004.

*Davis, Fred D. (1989)*: Perceived Usefulness, Perceived Ease of Use, and User Acceptance of Information Technology, in: MIS Quarterly, Vol. 13, Issue 3, S. 319-340.

*Davis, Fred D. / Bagozzi, Richard P. / Warshaw, Paul R. (1989)*: User Acceptance of Computer Technology: A Comparison of Two Theoretical Models, in: Management Science, Vol. 35, No. 8, S. 982-1003.

*Dholakia, Nikhilesh und Dholakia, Ruby Roy (1999)*: Markets and Marketing in the Information Age, in: *Fritz, Wolfgang (Hrsg.)*: Internet-Marketing, Stuttgart: Schäffer-Poeschel, S. 21-54.

*Dholakia, Nikhilesh / Fritz, Wolfgang / Dholakia, Ruby Roy / Mundorf, Norbert (2002a)*: Online Marketing: An Introduction to the E-Commerce Revolution, in: *Dholakia, Nikhilesh / Fritz, Wolfgang / Dholakia, Ruby Roy / Mundorf, Norbert (Hrsg.)*: Global E-Commerce and Online Marketing – Watching the Evolution, Westport: Greenwood Press, S. 1-13.

*Dholakia, Nikhilesh / Fritz, Wolfgang / Dholakia, Roby Roy / Mundorf Norbert (2002b)*: Global E-Commerce and Online Marketing – Watching the Evolution, Westport: Greenwood Press.

*Dieterich, Hartmut / Malinowksi, Uwe / Kühme, Thomas / Schneider-Hufschmidt, Matthias (1993)*: State of the Art in Adaptive User Interfaces, in: *Schneider-Hufschmidt, Matthias / Kühme, Thomas / Malinowski, Uwe (Hrsg.)*: Adaptive User Interfaces: Principle and Practice, Amsterdam: North Holland, S. 13-48.

*DIHK (2005)*: Weiterbildung für die Wissensgesellschaft – Online-Befragung des unternehmerischen Ehrenamtes der IHK-Organisation, Berlin, Brüssel: DIHK, PDF-Version erhältlich unter: http://www.dihk.de/inhalt/download/umfrage_wissensgesellschaft.pdf, abgerufen am: 27.09.2005.

*Diller, Hermann (1995a):* Beziehungs-Marketing, in WiSt, Nr. 9, S. 442-447.

*Diller, Hermann (1995b)*: Kundenbindung als Zielvorgabe im Beziehungs-Marketing, Arbeitspapier Nr. 40, Arbeitspapiere des Lehrstuhls für Marketing an der Universität Erlangen-Nürnberg, Nürnberg.

*Diller, Hermann (1996)*: Kundenbindung als Marketingziel, in: Marketing ZFP (Zeitschrift für Forschung und Praxis), Jg. 18., Nr. 2, S. 81-94.

*Diller, Hermann (2001)*: Die Erfolgsaussichten des Beziehungsmarketing im Internet, in: *Eggert, Andreas und Fassott, Georg (Hrsg.)*: Electronic Customer Relationship Management, Stuttgart: Schäffer-Poeschel, S. 65-85.

*Eggert, Andreas und Fassott, Georg (2001)*: Electronic Customer Relationship Management, Stuttgart: Schäffer-Poeschel.

*Englbrecht, Andreas / Hippner, Hajo / Wilde, Klaus D. (2004a)*: Kundenorientierung im Web – Eine Analyse der Internet-Auftritte deutscher Unternehmen, in: *Hippner, Hajo und Wilde, Klaus D. (Hrsg.)*: IT-Systeme im CRM, Wiesbaden: Gabler, S. 511-541.

*Englbrecht, Andreas / Hippner, Hajo / Wilde, Klaus D. (2004b)*: eCRM – Konzeptionelle Grundlagen und Instrumente zur Unterstützung der Kundenprozesse im Internet, in: *Hippner, Hajo und Wilde, Klaus D (Hrsg.)*: IT-Systeme im CRM, Wisebaden: Gabler, S. 417-451.

*Englbrecht, Andreas / Hippner, Hajo / Wilde, Klaus D. (2005)*: CRM 2005 – So binden Sie Ihre Kunden, Marktstudie, in: Absatzwirtschaft.

*Evans, Philip und Wurster, Thomas S. (1999)*: Getting Real About Virtual Commerce, in: Harvard Business Review, Vol. 77, No. 6, S. 85-94.

*Fassott, Georg (2001)*: eCRM-Instrumente: Ein beziehungsorientierter Überblick, in: *Eggert, Andreas und Fassott, Georg (Hrsg.)*: Electronic Customer Relationship Management, Stuttgart: Schäffer-Poeschel.

*Fayyad, Usama / Piatetsky-Shapiro, Gregory / Smyth, Padhraic(1996a)*: The KDD Process for Extracting Useful Knowledge from Volumes of Data, in: Communications of the ACM, Vol. 39, No. 11, S. 27-34.

*Fayyad, Usama / Piatetsky-Shapiro, Greogory / Smyth, Padhraic (1996b)*: Advances in Knowledge Discovery and Data Mining, Menlo Park: MIT Press.

*Fayyad, Usama / Piatetsky-Shapiro, Gregory / Smyth, Padhraic (1996c)*: From Data Mining to Knowledge Discovery: An Overview, in: *Fayyad, Usama / Piatetsky-Shapiro,Gregory / Smyth, Padhraic (Hrsg.)*: Advances in Knowledge Discovery and Data Mining, Menlo Park: MIT Press, S. 1-34.

*Ferstl, Otto K. / Sinz, Elmar J. / Eckert, Sven / Isselhorst, Tilman (2005)*: Wirtschaftsinformatik 2005 – eEconomy, eGovernment, eSociety, Heidelberg: Physica.

*Fielding, Roy T. / Gettys, Jim / Mogul, Jeffrey C. / Frystyk, Henrik Frystyk / Masinter, Larry / Leach, Paul J. / Berners-Lee, Tim (1999)*: Hyptertext Transfer Protocol – HTTP/1.1, PDF-Version erhältlich unter: http://www.faqs.org/ftp/rfc/rfc2616.pdf, abgerufen am: 13.08.2004.

*Fink, Diemtar (2003)*: Management Consulting Fieldbook – Die Ansätze der großen Unternehmensberater, Vahlen: München.

*Fournier, Susan / Dobscha, Susan / Mick, David Glen (1998)*: Preventing the Premature Death of Relationship Marketing, in: Harvard Business Review, Vol. 76, No. 1, S. 42-50.

*Frielitz, Claudia / Hippner, Hajo / Wilde, Klaus D. (2002)*: eCRM als Erfolgsbasis für Kundenbindung im Internet, in: *Bruhn, Manfred und Stauss,*

*Bernd (Hrsg.)*: Electronic Services – Dienstleistungsmanagement Jahrbuch2002, Wiesbaden: Gabler, S. 537-562.

*Fritz, Wolfgang (1999)*: Internet-Marketing, Stuttgart: Schäffer-Poeschel.

*Fritz, Wolfgang (2001)*: Internet-Marketing – Marktorientiertes E-Business in Deutschland und den USA, 2. Aufl, Stuttgart: Schäffer-Poeschel.

*Fritz, Wolfgang (2004)*: Internet-Marketing und E-Commerce – Grundlagen – Rahmenbedingungen – Instrumente, 3. Auflage, Wiesbaden: Gabler.

*Frost, Fraser (1999a)*: Relationship Marketing und das Internet, in: *Lampe, Frank (Hrsg.)*: Marketing und Electronic Commerce, Braunschweig / Wiesbaden: Vieweg, S. 99-116.

*Frost, Fraser (1999b)*: Elektronische Marktforschung: E-Mail und Web-Umfragen, in: *Lampe, Frank (Hrsg.)*: Marketing und Electronic Commerce, Braunschweig / Wiesbaden: Vieweg, S. 49-68.

*Gabriel, Roland und Hoppe, Uwe (2002)*: Electronic Business – Theoretische Aspekte und Anwendungen in der betrieblichen Praxis, Heidelberg: Physica.

*Gentsch, Peter (2002)*: Personalisierung der Kundenbeziehung im Internet – Methoden und Technologien, in: *Hippner, Hajo / Merzenich, Melanie / Wilde, Klaus D. (Hrsg.)*: Handbuch Web Mining im Marketing – Konzepte, Systeme, Fallstudien, Braunschweig / Wiesbaden: Vieweg, S. 266-307.

*Gerpott, Thorsten J. (2002)*: Wettbewerbsstrategische Positionierung von Mobilfunknetzbetreibern im Mobile Business, in: *Silberer, Günter / Wohlfahrt, Jens / Wilhelm, Thorsten H. (Hrsg.)*: Mobile Commerce – Grundlagen, Geschäftsmodelle, Erfolgsfaktoren, Wiesbaden: Gabler, S. 45-65.

*Giehler, Miriam und Rapp, Reinhold (1999)*: Relationship Marketing im Internet, in: *Payne, Adrian und Rapp, Reinhold (Hrsg.)*: Handbuch Relationship Marketing, München: Vahlen, S. 275-292.

*Giering, Annette (2000)*: Der Zusammenhang zwischen Kundenzufriedenheit und Kundenloyalität – Eine Untersuchung moderierender Effekte, Wiesbaden: Deutscher Universitäts-Verlag.

*Gillies, Crawford / Rigby, Darrell / Reichheld, Frederick F. (2002)*: The Story Behind Successful Customer Relations Management, in: European Business Journal, Vol. 14, No. 2, S. 73-77.

*Givon, Moshe (1984)*: Variety Seeking Through Brand Switching, in: Marketing Science, Vol. 3, No. 1, S. 1-22.

*Godin, Seth (1999)*: Permission Marketing – Turning Strangers Into Friends, and Friends Into Customers, New York: Simon & Schuster.

*Good, Nathanie /, Schafer, J. Ben / Konstan, Joseph A. / Borchers, Al / Sarwar, Badrul / Herlocker, Jon / Riedl, John (1999)*: Combining Collaborative Filtering with Personal Agents for Better Recommendations, in: Proceedings of the Sixteenth National Conference on Artificial Intelligence (AAAI), S. 439-446.

*Gummesson, Evert (2001)*: eCRM and hCRM: Martial Rivalry or Marital Bliss?, in: *Eggert, Andreas und Fassott, Georg (Hrsg.)*: Electronic Customer Relationship Management, S. 109-127.

*Hansen, Hans Robert und Neumann, Gustaf (2001)*: Wirtschaftsinformatik I – Grundlagen betrieblicher Informationsverarbeitung, 8. Aufl., Stuttgart: Lucius & Lucius.

*Hanson, Ward (2000)*: Principles of Internet Marketing, Cincinnati: South-Western College Publishing.

*Hermanns, Arnold (1999)*: Electronic Commerce – Herausforderung für das Marketing-Management, in: *Hermann, Arnold und Sauter, Michael (Hrsg.)*: Management-Handbuch Electronic Commerce – Grundlagen, Strategien, Praxisbeispiele, München: Vahlen, S. 87-100.

*Hermanns, Arnold und Sauter, Michael (1999a)*: Management-Handbuch Electronic Commerce – Grundlagen, Strategien, Praxisbeispiele, München: Vahlen.

*Hermanns, Arnold und Sauter, Michael (1999b)*: Electronic Commerce – Grundlagen, Potenziale, Marktteilnehmer und Transaktionen, in: *Hermanns, Arnold und Sauter, Michael (Hrsg.)*: Management-Handbuch Electronic Commerce – Grundlagen, Strategien, Praxisbeispiele, München: Vahlen, S. 13-29.

*Hettich, Stefanie und Hippner, Hajo (2001)*: Assoziationsanalyse, in: *Hippner, Hajo / Küsters, Ulrich / Meyer, Matthias / Wilde, Klaus D. (Hrsg.)*: Handbuch Data Mining im Marketing, Braunschweig / Wiesbaden: Gabler, S. 427-463.

*Hettich, Stefanie / Hippner, Hajo / Wilde, Klaus D. (2000)*: Customer Relationship Management (CRM), in: WISU, Das Wirtschaftsstudium, Heft 10, 2000, S. 1346-1366.

*Hippner, Hajo (2004)*: CRM – Grundlagen, Ziele und Konzepte, in: *Hippner, Hajo und Wilde, Klaus D. (Hrsg.)*: Grundlagen des CRM – Konzepte und Gestaltung, Wiesbaden: Gabler, S. 13-41.

*Hippner, Hajo / Küsters, Ulrich / Meyer, Matthias / Wilde Klaus D. (2001)*: Handbuch Data Mining im Marketing, Braunschweig / Wiesbaden: Vieweg.

*Hippner, Hajo / Leber, Martina / Wilde, Klaus D. (2004)*: Kundeninformation als Basis des CRM, in: *Hippner, Hajo und Wilde, Klaus D. (Hrsg.)*: IT-Systeme im CRM, Wiesbaden: Gabler, S. 151-182.

*Hippner, Hajo / Merzenich, Melanie / Wilde, Klaus D. (2002)*: Handbuch Web Mining im Marketing – Konzepte, Systeme, Fallstudien, Braunschweig / Wiesbaden: Vieweg.

*Hippner, Hajo / Rentzmann, René / Wilde, Klaus D. (2004)*: Aufbau und Funktionalitäten von CRM-Systemen, in: *Hippner, Hajo und Wilde, Klaus D. (Hrsg.)*: IT-Systeme im CRM, Wiesbaden: Gabler, S. 13-42.

*Hippner, Hajo und Wilde, Klaus D. (2004)*: Grundlagen des CRM – Konzepte und Gestaltung, Wiesbaden: Gabler.

*Hippner, Hajo und Wilde, Klaus D. (2004a)*: IT-Systeme im CRM, Wiesbaden: Gabler.

*Hippner, Hajo und Wilde, Klaus D. (2004b)*: Management von CRM-Projekten – Handlungsempfehlungen und Branchenkonzepte, Wiesbaden: Gabler.

*Hoffman, Donna L. und Novak, Thomas P. (1996)*: Marketing in Hypermedia Computer-Mediated Environments: Conceptual Foundations, in: Journal of Marketing, Vol. 60, No. 3, S. 50-68.

*Homburg, Christian und Sieben, Frank (2005)*: Customer Relationship Management (CRM) – Strategische Ausrichtung statt IT-getriebenem Aktivismus, in: *Bruhn, Manfred und Homburg, Christian (Hrsg.)*: Handbuch Kundenbindungsmanagement, 5. Aufl., Wiesbaden: Gabler, S. 435-462.

*Homburg, Christian und Stock, Ruth (2000)*: Kundenorientierte Mitarbeiter – Ein neuer Ansatz für Führungskräfte, Arbeitspapier M48, Institut für Marktorientierte Unternehmensführung, Universität Mannheim, Mannheim.

*IBM Consulting Group (1999)*: Das e-Business Prinzip – Von Spinnern, Visionären und Realisten – Idee und Funktionsweise der neuen Wirtschaft, Frankfurt a. M.: Frankfurter Allgemeine Buch.

*Johnson, Eric J. / Moe, Wendy W. / Fader, Peter S. / Bellman, Steven / Lohse, Gerald L. (2004)*: On the Depth and Dynamics of Online Search Behavior, in: Management Science, Vol. 50, No. 3, S. 299-308.

*Jolson, Marvin A. (1997)*: Broadening the Scope of Relationship Selling, in: The Journal of Personal Selling & Sales Mangement, Vol. 17, No. 4, S. 75-88.

*Kaplan, Robert S. und Norton, David P. (1996)*: Using the Balanced Scorecard as a Strategic Management System, in: Harvard Business Review, Vol. 74, No. 1, S. 75-85.

*Kenny, David und Marshall, John F. (2000)*: Contextual Marketing: The Real Business of the Internet, in: Harvard Business Review, Vol. 78, No. 6, S. 119-125.

*Kiefer, Gabriele und Winkler, Petra (1997)*: Kunde und Mitarbeiter: Herausforderungen und Chancen durch Database Marketing, in: *Link, Jörg / Brändli, Dieter / Schleuning, Christian / Kehl, Roger E. (Hrsg.)*: Handbuch Database Marketing, Ettlingen: IM, S. 131-140.

*Kimball, Ralph und Merz, Richard (2000)*: The Data Webhouse Toolkit: Building the Web-Enabled Data Warehouse, New York: Wiley.

*Klemperer, Paul (1987)*: Markets with Consumer Switching Costs, in: The Quarterly Journal of Economics, Vol. 102, Issue 2, S. 375-294.

*Kobsa, Alfred / Koenemann, Jürgen / Pohl, Wolfgang (2001)*: Personalised Hypermedia Presentation Techniques for Improving Online Customer Relationships, in: The Knowledge Engineering Review, Vol. 16, No. 2, S. 111-155.

*Koch, Diana und Arndt, Dirk (2004)*: Rechtliche Aspekte bei CRM-Projekten, in: *Hippner, Hajo und Wilde, Klaus D. (2004)*: Management von CRM-Projekten – Handlungsempfehlungen und Branchenkonzepte, Wiesbaden: Gabler, S. 197- 222.

*Koster, Martijn (1994)*: A Standard for Robot Exclusion, erhältlich unter: http://www.robotstxt.org/wc/norobots.html, abgerufen am: 23.08.2004.

*Kotler, Philip und Bliemel, Friedhelm (1998)*: Marketing-Management, Stuttgart: Schäffer-Poeschel.

*Kotler, Philip / Jain, Dipak / Maesincee, Suvit (2001)*: Nine Major Shifts in the New Economy, in: *Eggert, Andreas und Fassott, Georg (Hrsg.)*: Electronic Customer Relationship Management, Stuttgart: Schäffer-Poeschel, S. 15-24.

*Krafft, Manfred und Bromberger, Jörg (2001)*: Kundenwert und Kundenbindung, in: *Albers, Sönke / Clement, Michel / Peters, Kay / Skiere, Bernd (Hrsg.)*: Marketing mit interaktiven Medien, 3. Aufl., Frankfurt a. M.: Frankfurter Allgemeine Buch, S. 160-174.

*Kroeber-Riel, Werner und Weinberg, Peter (1999)*: Konsumentenverhalten, 7. Aufl., München: Vahlen.

*Kuchinskas, Susan (2000)*: One-to-(N)one? The Internet's Once-Rosy Promise of Truly Personalized Marketing Seems to Be Wilting, erhältlich unter: http://www.business2.com/b2/web/articles/0,17863,528192,00.html, abgerufen am: 08.01.2005

*Kugeler, Martin (2002)*: Supply Chain Management und Customer Relationship Management – Prozessmodellierung für Extended Enterprises, in: *Becker, Jörg / Kugeler, Martin / Rosemann, Michael (Hrsg.)*: Prozessmanagement – Ein Leitfaden zur prozessorientierten Organisationsgestaltung, 3. Aufl., Berlin u. a.: Springer, S. 469-508.

*Lampe, Frank (1999)*: Marketing und Electronic Commerce, Braunschweig / Wiesbaden: Vieweg.

*Langheinrich, Marc (2001)*: P3P – Ein neuer Standard für Datenschutz im Internet, in: Digma - Zeitschrift für Datenrecht und Informationssicherheit, Vol. 1, April 2001, S. 32-34.

*Lihotzky, Nikolai (2003)*: Kundenbindung im Internet – Maßnahmen und Erfolgswirksamkeit im Business-to-Consumer-Bereich, Wiesbaden: Deutscher Universitäts-Verlag.

*Link, Jörg (2001)*: Customer Relationship Management – Erfolgreiche Kundenbeziehungen durch integrierte Informationssysteme, Berlin / Heidelberg / New York: Springer.

*Link, Jörg / Brändli, Dieter / Schleuning, Christian / Kehl, Roger E. (1997)*: Handbuch Database Marketing, Ettlingen: IM.

*Link, Jörg und Hildebrand, Volker G. (1997)*: Grundlagen des Database Marketing, in: *Link, Jörg / Brändli, Dieter / Schleuning, Christian / Kehl, Roger E. (Hrsg.)*: Handbuch Database Marketing, Ettlingen: IM, S. 15-36.

*Link, Jörg und Tiedtke, Daniela (2001a)*: Erfolgreiche Praxisbeispiele im Online-Marketing – Strategien und Erfahrungen aus unterschiedlichen Branchen, Berlin / Heidelberg / New York: Springer.

*Link, Jörg, und Tiedtke, Daniela (2001b)*: Von der Corporate Site zum Database Online Marketing – Grundlagen und Entwicklungsperspektiven, in: *Link, Jörg und Tiedtke, Daniela (Hrsg.)*: Erfolgreiche Praxisbeispiele im Online-Marketing – Strategien und Erfahrungen aus unterschiedlichen Branchen, Berlin / Heidelberg / New York: Springer, S. 1-25.

*Look-Wagner, Oliver (2001)*: Rechtliche Klarstellungen für den E-Commerce – Workshop Online-Recht Teil 3, in: eCRM Profi, Jg. 2, Heft 6/7, S. 46-49.

*Masand, Brij und Spiliopoulou, Myra (2000)*: Web Usage Analysis and User Profiling – International WEBKDD'99 Workshop, Berlin.

*McKenna, Regis (1985)*: Market Positioning in High Technology, in: California Management Review, Vol. 27, No. 3, 1985, S. 82-108.

*McKenna, Regis (1997)*: Real Time: Preparing for the Age of the Never Satisfied Customer, Cambridge: Harvard Business School Press.

*Meyer, Kirsten (1997)*: Internet und strategisches Umweltmanagement – Krisenabwehr durch Stakeholder-orientierte Kommunikation, Wiesbaden: Gabler, Edition Wissenschaft.

*Meyer, Matthias / Weingärtner, Stefan / Jahke, Thilo / Lieven, Oliver (2001)*: Web Mining und Personalisierung in Echtzeit, Schriften zur Empirischen Forschung und Quantitativen Unternehmensplanung – Ludwig-Maximillians-Universität München, Heft 5/2001.

*Moon, Youngme (1999)*: Interactive Technologies and Relationship Marketing Strategies, in: Harvard Business School, Note 9-599-101, 17. Mai, Reprint R002I0.

*Murray, Kyle B. und Häubl, Gerald (2002)*: The Fiction of No Friction: A User Skills Approach to Cognitive Lock-In, in: *Broniarczyk, Susan M. und Nakamoto, Kent (Hrsg.)*: Advances in Consumer Research XXIX, Valdosta: Association for Consumer Research, S. 11-18.

*Netcraft (2005)*: November 2005 Web Server Survey, erhältlich unter: http://news.netcraft.com/archives/web_server_survey.html, abgerufen am: 01.12.2005.

*NCSA (1995)*: TransferLog Directive, erhältlich unter: http://hoohoo.ncsa.uiuc.edu/docs/setup/httpd/TransferLog.html, abgerufen am: 13.08.2004.

*O.V. (1989-90)*: IT-Sicherheitskriterien, PDF-Version erhältlich unter: http://www.bsi.de/zertifiz/itkrit/itgruend.pdf, abgerufen am: 05.04.2005.

*O.V. (2004)*: Internet Privacy Standards – Das Datenschutz-Zertifikat für Online-Dienste – Vergabe, Lizenzen, Gutachterakkreditierung, PDF-Version erhältlich unter: http://www.datenschutz-nord.de/produkte/ips/Formale_Anforderungen_gesamt.pdf, abgerufen am: 06.01.2005.

*O.V. (2005)*: Montreux Declaration – The protection of personal data and privacy in a globalised world: a universal right respecting diversities, 27th Interantional Conference of Data Protection and Privacy Commissioners, Montreux, erhältlich unter: http://www.privacyconference2005.org/fileadmin/PDF/montreux_declaration_e.pdf, abgerufen am: 05.10.2005.

*Payne, Adrian und Rapp, Reinhold (1999)*: Handbuch Relationship Marketing, München: Vahlen.

*Peppers, Don und Rogers, Martha (1997)*: Enterprise One to One Future: Tools for Competing in the Interactive Age, New York: Doubleday.

*Peppers, Don und Rogers, Martha (1999)*: The One to One Manager – Real World Lessons in Customer Relationship Management, New York: Currency and Doubleday,(Paperback Edition 2002).

*Peppers, Don / Rogers, Martha / Dorf, Bob (1999)*: The One to One Fieldbook, New York: Currency and Doubleday.

*Picot, Arnold / Reichwald, Ralf / Wigand, Rolf T. (2003)*: Die grenzenlose Unternehmung, 5. Auflage, Wiesbaden: Gabler.

*Piller, Frank Thomas (1998)*: Kundenindividuelle Massenproduktion: die Wettbewerbsstrategie der Zukunft, München, Wien: Hanser.

*Pippow, Ingo / Eifert, Dietmar / Müller, Günter (2003)*: One-to-one Marketing and Customer Loyalty in Electronic Commerce – An Empirical Analysis, IIG-Berichte 2/03.

*Porter, Michael E. (1980)*: Competitive Strategy – Techniques for Analyzing Industries and Competitors, New York: Free Press.

*Porter, Michael E. (1990)*: The Competitive Advantage of Nations, London: Macmillan Press.

*Porter, Michael E. (1996)*: What is strategy?, in: Harvard Business Review, Vol. 74, No. 6, S. 61-78.

*Porter, Michael E. (2001)*: Strategy and the Internet, in: Harvard Business Review, Vol. 79. No. 3, S. 63-78.

*Pritzl, Rudolf und Lauer, Alexander (2003)*: Kundenbindung und Loyalitätsmanagement, in: *Fink, Dietmar (Hrsg.)*: Management Consulting Fieldbook – Die Ansätze der großen Unternehmensberater, München: Vahlen, S. 333-368.

*Proceedings of CHI Human Factors in Computing Systems (2001)*: New York: ACM Press.

*Reichardt, Christian (2000)*: One-to-one Marketing im Internet – Erfolgreiches E-Business für Finanzdienstleister, Wiesbaden: Gabler.

*Reichheld, Frederick F. (1996)*: The Loyalty Effect, Boston: Bain.

*Reichheld, Frederick F. / Markey, Robert G. Jr. / Hopton, Christopher (2000)*: The Loyalty Effect – The Relationship Between Loyalty and Profits, in: European Business Journal, Vol. 12, No. 3, S. 134-139.

*Reichheld, Frederick F. und Sasser, W. Earl Jr. (1990)*: Zero Defections: Quality Comes to Services, in: Harvard Business Review, Vol. 68, September-October, S. 105-111.

*Reichheld, Frederick F. und Schefter, Phil (2000)*: E-Loyalty – Your Secret Weapon on the Web, in: Harvard Business Review, Vol. 78, No. 4, S. 105-113.

*Reichmann, Thomas / Fritz, Burkhard / Nölken, Dirk (1993)*: EIS-gestütztes Controlling: Schnittstelle zwischen Controlling und Informationsmanagement, in: *Scheer, August-Wilhelm (Hrsg.)*: Handbuch Informationsmanagement, Wiesbaden: Gabler, S. 463-489.

*Riemer, Kai (2002)*: Personalisierung am Beispiel des Internet-Handels, in: *Ahlert, Dieter / Becker, Jörg / Knackstedt, Ralf / Wunderlich, Maren (Hrsg.)*: Customer Relationship Management im Handel – Strategien, Konzepte, Erfahrungen, Berlin, Heidelberg, New York: Springer, S. 103-127.

*Rigby, Darrell / Reichheld, Frederick F. / Berez, Steve (2002)*: Custom Fit, in: Optimize, December 2002, S. 26-36.

*Royce, Winston W. (1970)*: Managing the Development of Large Software Systems, Reprinted from Proceedings IEEE WESCON, 9th International Conference on Software Engineering, Monterey, S. 328-338.

*Ruhland, Johannes und Kirchner, Kathrin (2003)*: Geo-Informationssysteme und ihre betriebswirtschaftliche Anwendung, in: WISU, Das Wirtschaftsstudium, Heft 10, 2003, S. 1244-1254.

*Säuberlich, Frank (2001)*: Web Mining: Effektives Marketing im Internet, in: *Wiedmann, Klaus-Peter und Buckler, Frank (Hrsg.)*: Neuronale Netze im Marketing-Management, Wiesbaden: Gabler, S. 103-121.

*Säuberlich, Frank (2002)*: Vorverarbeitung von Web-Daten – Pre-Processing, in: *Hippner, Hajo / Merzenich, Melanie / Wilde, Klaus D. (Hrsg.)*: Handbuch Web Mining im Marketing – Konzepte, Systeme, Fallstudien, Braunschweig / Wiesbaden: Vieweg, S. 107-123.

*Scheer, August Wilhelm (1993)*: Handbuch Informationsmanagement, Wiesbaden: Gabler.

*Schleuning, Christian (1997)*: Die Analyse und Bewertung der einzelnen Interessenten und Kunden als Grundlage für die Ausgestaltung des Database Marketing, in: *Link, Jörg / Brändli, Dieter / Schleuning, Christian / Kehl, Roger E. (Hrsg.)*: Handbuch Database Marketing, Ettlingen: IM, S. 143-157.

*Schmidt-Thieme, Lars und Gaul, Wolfgang (2002)*: Aufzeichnung des Nutzerverhaltens – Erhebungstechniken und Datenformate, in: *Hippner, Hajo / Merzenich, Melanie / Wilde, Klaus D. (Hrsg.)*: Handbuch Web Mining im Marketing – Konzepte, Systeme, Fallstudien, Braunschweig / Wiesbaden: Vieweg, S. 35-52.

*Schneider, Gary P. (2004)*: Electronic Commerce – The Second Wave, 5. Auflage, Boston: Thomson Course Technology.

*Schneider-Hufschmidt, Matthias / Kühme, Thomas / Malinowski, Uwe (1993)*: Adaptive User Interfaces: Principle and Practice, Amsterdam: North Holland.

*Schwede, S. (2000)*: Vision und Wirklichkeit von CRM, in: Information Management & Consulting, Jg. 15, Nr. 1, S. 7-11.

*Schwetz Wolfgang (2000)*: Customer Relationship Management – Mit dem richtigen CAS/CRM-System Kundenbeziehungen erfolgreich gestalten, Wiesbaden: Gabler.

*Schwickert, Axel und Beiser, Armin (1999)*: Web Site Controlling, Arbeitspapiere WI, Nr. 7/1999, Lehrstuhl für Allg. BWL und Wirtschaftsinformatik, Johannes Gutenberg-Universität Mainz.

*Schwickert, Axel und Wendt, Peter (2000)*: Controlling-Kennzahlen für Web Sites, Arbeitspapiere WI, Nr. 08/2000, Lehrstuhl für Allg. BWL und Wirtschaftsinformatik, Johannes Gutenberg-Universität Mainz.

*Shani, David und Chalasani, Sujana (1992)*: Exploiting Niches Using Relationship Marketing, in: The Journal of Consumer Marketing, Vol. 9, No. 3, S. 33-42.

*Shapiro, Carl und Varian, Hal R. (1999)*: Online zum Erfolg – Strategien für das Internet-Business, München: Langen/Müller.

*Silberer, Günter / Wohlfahrt, Jens / Wilhelm, Thorsten (2002)*: Mobile Commerce – Grundlagen, Geschäftsmodelle, Erfolgsfaktoren, Wiesbaden: Gabler.

*Smith, Ellen Reid (2001)*: Seven Steps to Building E-Loyalty, in: Medical Marketing and Media, Vol. 36, No. 3, 2001, S. 94-102.

*Smith, Marc A. (1992)*: Voices from the WELL: The Logic of the Virtual Commons, Master Thesis, Department of Sociology, U. C. L. A., Los Angeles.

*Sommerville, Ian (2001)*: Software Engineering, 6. Aufl., München: Pearson Studium.

*Sonntag, Stefan (2001)*: Kundenbindung im neuen Jahrtausend – Multi-Channel Management im Rahmen von CRM als Differenziator am Markt, in: *Link, Jörg (Hrsg.)*: Customer Relationship Management – Erfolgreiche Kundenbeziehungen durch integrierte Informationssysteme, Berlin / Heidelberg / New York: Springer, S. 59-74.

*Spiliopoulou, Myra (2001)*: Web Usage Mining: Data Mining über die Nutzung des Web, in: *Hippner, Hajo / Küsters, Ulrich / Meyer, Matthias / Wilde, Klaus D. (Hrsg.)*: Handbuch Data Mining im Marketing, Braunschweig / Wiesbaden: Vieweg, S. 489-510.

*Srivastava, Jaideep / Cooley, Robert / Deshpande, Mukund / Tan, Pang-Ning (2000)*: Web Usage Mining: Discovery and Applications of Usage Patterns from Web Data, in: ACM SIGKDD (Special Interest Group on Knowledge Discovery and Data Mining), Vol. 1, Issue 2, S. 12-23.

*Stauss, Bernd (1999)*: Kundenzufriedenheit, in: Marketing ZFP (Zeitschrift für Forschung und Praxis), Jg. 21, Nr. 1, S. 5-24.

*Steinke, Arnold (1997)*: Die marktabdeckende, globale Kundendatenbank, in: *Link, Jörg / Brändli, Dieter / Schleuning, Christian / Kehl, Roger E. (Hrsg.)*: Handbuch Database Marketing, Ettlingen: IM, S. 117-128.

*Stolpmann, Markus (2000)*: Kundenbindung im E-Business, Bonn: Galileo Press.

*Tan, Pang-Ning und Kumar, Vipin (2000)*: Modeling of Web Robot Navigational Patterns, in: Workshop on Web Mining for E-Commerce – Challenges and Opportunities (WebKDD2000), August 20, 2000, Boston, MA, USA.

*Terlutter, Ralf und Diehl, Sandra (2002)*: Schaffung von Vertrauen in die Dienstleistungsqualität beim Internetshopping, in: *Bruhn, Manfred und Stauss, Bernd (Hrsg.)*: Electronic Services – Dienstleistungsmanagement Jahrbuch 2002, Wiesbaden: Gabler, S. 433-460.

*Thurner, Bernd (2002)*: Einbindung von Zusatzinformationen – Nutzerregistrierung und Online-Umfragen, in: *Hippner, Hajo / Merzenich, Melanie / Wilde, Klaus D. (Hrsg.)*: Handbuch Web Mining im Marketing – Konzepte, Systeme, Fallstudien, Braunschweig / Wiesbaden: Vieweg, S. 55-74.

*Treiblmaier, Horst und Dickinger, Astrid (2005)*: Potenziale und Grenzen der internetgestützten Datenerhebung im Rahmen des Customer Relationship Management, in: *Ferstl, Otto K. / Sinz, Elmar J. / Eckert Sven / Isselhorst, Tilman (Hrsg.)*: Wirtschaftsinformatik 2005 – eEconomy, eGovernment, eSociety, Heidelberg: Physica, S. 191-208.

*Vogt, O. J. (1998)*: Relationship Management bei IBM, in: *Belz, Christian / Brademann, Erika / Fuchs, Hans Joachim (Hrsg.)*: Management von Geschäftsbeziehungen – Konzepte, integrierte Ansätze, Anwendungen in der Praxis, St. Gallen: Ueberreuter, S. 169-182.

*Wall, Friederike (2002)*: Vom Electronic Business zum „Electronic Controlling", in: *Gabriel, Roland und Hoppe, Uwe (Hrsg.)*: Electronic Business – Theoretische Aspekte und Anwendungen in der betrieblichen Praxis, Heidelberg: Physica, S. 327-345.

*Wamser, Christoph (2000a)*: Electronic Commerce – Grundlagen und Perspektiven, München: Vahlen.

*Wamser, Christoph (2000b)*: Electronic Commerce – theoretische Grundlagen und praktische Relevanz, in: *Wamser, C. (Hrsg.)*: Electronic Commerce – Grundlagen und Perspektiven, München: Vahlen, S. 3-27.

*Wehrli, Hans Peter und Heiniger, Yvonne (2002)*: Co-Design – Integration des Kunden in die Wertschöpfungskette, in: *Bruhn, Manfred und Stauss, Bernd (Hrsg.)*: Electronic Services – Dienstleistungsmanagement Jahrbuch 2002, Wiesbaden: Gabler, S. 209-223.

*Wehrli, Hans Peter und Wirtz, Bernd W. (1997)*: Mass Customization und Kundenbeziehungsmanagement – Aspekte und Gestaltungsvarianten transaktionsspezifischer Marketingbeziehungen, in: Jahrbuch der Absatz- und Verbrauchsforschung, Jg. 43, Nr. 2, S. 116-138.

*Wehrmeister, Dierk (2001)*: Customer Relationship Management – Kunden gewinnen und an das Unternehmen binden, Köln: Deutscher Wirtschaftsdienst.

*Weihofen, Christina (2004)*: Potenziale des Internet für das elektronische Kundenbeziehungsmanagement (eCRM) am Beispiel der Raiffeisen-Warengenossenschaft, Dissertation, Bonn.

*Welsch-Lehmann, Frank-Michael (2001)*: Personalisierung, in: *Albers, Sönke / Clement, Michel / Peters, Kay / Skiere, Bernd (Hrsg.)*: Marketing mit interaktiven Medien, 3. Aufl., Frankfurt a. M.: Frankfurter Allgemeine Buch, S. 131-144.

*Wiedmann, Klaus-Peter und Buckler, Frank (2001)*: Neuronale Netze im Marketing-Management, Wiesbaden: Gabler.

*Wiedmann, Klaus-Peter / Buxel, Holger / Siemon, Nadine (2004)*: Customer Management Scorecard – Integriertes Steuerungsinstrument eines effektiven Kundenmanagement, in: Science Factory, Jg. 6, Nr. 3, S. 9-16.

*Wirtz, Bernd W. (2000)*: Electronic Business, Wiesbaden: Gabler.

*Wirtz, Bernd W. und Lihotzky, Nikolai (2001)*: Internetökonomie, Kundenbindung und Portalstrategien, in: Die Betriebswirtschaft, Jg. 61, Nr. 3, S. 285-305.

*Wirtz, Bernd W. und Olderog, Torsten (2002)*: Kundenbindungsmanagement für elektronische Dienstleistungen, in: *Bruhn, Manfred und Stauss, Bernd (Hrsg.)*: Electronic Services – Dienstleistungsmanagement Jahrbuch 2002, Wiesbaden: Gabler, S. 513-535.

*Wittkötter, Meike und Steffen, Marion (2002)*: Customer Value als Basis des CRM, in: *Ahlert, Dieter / Becker, Jörg / Knackstedt, Ralf / Wunderlich, Maren (Hrsg.)*: Customer Relationship Management im Handel – Strategien, Konzepte, Erfahrungen, Berlin / Heidelberg / New York: Springer.

*Zaïane, Osmar R. (1998)*: From Resource Discovery to Knowledge Discovery on the Internet, Technical Report, Simon Fraser University, August 1998, erhältlich unter: ftp:/ftp.fas.sfu.ca/pub/cs/TR/1998/CMPT1998-13.ps, abgerufen am: 24.09.2004.

*Zaïane, Osmar R. (1999)*: Resource and Knowledge Discovery from the Internet and Multimedia Repositories, Dissertation, School of Computing Science, Simon Fraser University, Burnaby, British Columbia.

## Internetlinks

*http://www.amazon.de*, abgerufen am: 16.08.2004.
*http://www.amazon.jp*, abgerufen am: 10.02.2006.
*http://www.bsi.de*, abgerufen am: 19.10.2005.
*http://www.bugnosis.org*, abgerufen am: 23.08.2004.
*http://www.cookiecentral.com*, abgerufen am: 16.08.2004.
*http://crm-expo.com,* abgerufen am: 14.11.2005.
*http://www.emnid.de*, abgerufen am: 18.08.2004.
*http://www.epanel.emnid.de*, abgerufen am: 18.08.2004.
*http://www.epanel.emnid.de*, abgerufen am: 18.08.2004.
*http://www.future-store.org*, abgerufen am: 26.09.2005.
*http://www.google.de*, abgerufen am: 05.01.2005.
*http://www.huk24.de*, abgerufen am: 04.11.2005.
*http://www.ibm.com*, abgerufen am: 05.01.2005.
*http://www.ivw.de*, abgerufen am: 1.12.2005.
*http://www.microsoft.com*, abgerufen am: 05.10.2005.
*http://www.geizhals.de*, abgerufen am: 08.01.2005.
*http://www.gmx.de*, abgerufen am: 19.08.2004.
*http://msdn.microsoft.com*, abgerufen am: 18.10.2005.
*http://privacybird.com/*, abgerufen am: 05.01.2005.
*http://www.preisvergleich.de*, abgerufen am: 08.01.2005.
*http://www.spiegel.de*, abgerufen am: 05.10.2004.
*http://www.sugarcrm.com*, abgerufen am: 15.11.2005.
*http://www.truste.org*, abgerufen am: 06.01.2005.
*http://www.w3.org*, abgerufen am: 6.12.2005.

## Anhang A – Softwareprodukte zur Webloganalyse

Die folgenden Produkte wurden für die Programmevaluation im Rahmen des Kapitels 4.6 verwendet:

- *123 LogAnalyzer* (http://www.123loganalyzer.com)
- *Absolute Log Analyzer* (http://www.bitstrike.com)
- *Advanced Log Analyzer* (http://www.abacre.com)
- *Alter Wind Log Analyzer* (http://www.alterwind.com)
- *Azure Web Log* (http://www.azuredesktop.com)
- *Deep Log Analyzer* (http://www.deep-software.com)
- *eiQ LogAnalyzer* (http://eiqnetworks.com)
- *eWebLog Analyzer* (http://www.esoftys.com)
- *Nihuo Web Log Analyzer* (http://www.loganalyzer.net)
- *Sawmill* (http://www.sawmill.net)
- *Surfstats* (http://www.surfstats.com)
- *WebLog Expert* (http://www.weblogexpert.com)

# Anhang B – PHP-Dokumente der Webpräsenz

| PHP-Dokument | Beschreibung |
|---|---|
| anmelden.php | Über dieses Dokument findet die Anmeldung auf der Webseite statt. Eine Anmeldung ist nicht zwingend notwenig, um die angebotenen Dienste in Anspruch zu nehmen. |
| anmelden-englisch.php | Entspricht dem Dokument anmelden.php, die Kommunikationsführung findet jedoch in englischer Sprache statt. |
| computerpools.php | Dieses Dokument stellt Informationen über die Computerräume bereit, die durch die Abteilung für Wirtschaftsinformatik betreut werden. |
| datenschutz.php | Dieses Dokument beinhaltet die Datenschutzerklärung der Webseite. Hier werden detaillierte Informationen über die protokollierten Daten und deren Verwendung gegeben. |
| diplomarbeiten.php | Auf der Seite diplomarbeiten.php ist zum einen eine Liste mit am Lehrstuhl für Wirtschaftsinformatik erfolgreich abgeschlossenen Diplomarbeiten zu finden. Zum anderen finden sich Angaben und Hilfestellungen zur Erstellung von Diplom- und Seminararbeiten in deutscher und englischer Sprache. |
| downloads.php | Dieses Dokument bietet eine Liste mit möglichen Downloads. Bei den zum Download angebotenen Dokumenten handelt es sich im Wesentlichen um Unterrichtsunterlagen für die Veranstaltungen des Lehrstuhls für Wirtschaftsinformatik. |
| fmoll.php | Dieses Dokument bietet Informationen zum Teilprojekt des F-MoLL (Freiburg – Mobilität in Lehre und Lernen) Gesamtprojektes. Bei F-MoLL handelt es sich um ein vom Bundesministerium für Bildung und Forschung gefördertes Projekt mit dem Ziel, neue Medien in Lehre und Lernen zu integrieren. |
| impressum.php | Dieses Dokument beinhaltet das Impressum und den Haftungsausschluss der Webseite. |
| index.php | Hierbei handelt es sich um die Homeseite der Webpräsenz. Auf ihr werden aktuelle Mitteilungen rund um den Lehrstuhl für Wirtschaftsinformatik bereitgestellt. |
| kontakt.php | Dieses Dokument beinhaltet die notwendigen Informationen, um mit dem Lehrstuhl für Wirtschaftsinformatik in Kontakt treten zu können. |
| lageplan.php | Dieses Dokument stellt Informationen zur Anreise an den Lehrstuhl für Wirtschaftsinformatik zur Verfügung. |
| lageplan2.php | Dieses Dokument bietet weitere Informationen zur Anreise. |
| passwort.php | Über dieses Dokument kann ein vergessenes Passwort für den Loginvorgang per Mail angefordert werden. |

| PHP-Dokumente | Beschreibung |
|---|---|
| publikationen.php | Dieses Dokument gibt einen Überblick über die Veröffentlichungen der (ehemaligen) Mitarbeiter des Lehrstuhls für Wirtschaftsinformatik. |
| registrieren.php | Über dieses Dokument kann sich ein Besucher registrieren. Durch den gewählten Loginnamen und das zugehörige Passwort kann sich ein Benutzer bei einem erneuten Besuch der Webseite identifizieren. |
| registrieren-englisch.php | Entspricht dem Dokument registrieren.php, die Kommunikationsführung findet jedoch in englischer Sprache statt. |
| start.php | Dieses Dokument stellt die Einstiegsseite dar, auf der Informationen über die Verwendung der Protokolldaten zur wissenschaftlichen Auswertung zu finden sind. |
| team.php | Dieses Dokument bietet einen Überblick über die aktuellen und die ehemaligen Mitarbeiter des Lehrstuhls für Wirtschaftsinformatik. |
| veranstaltungen.php | Dieses Dokument beinhaltet Informationen über die verschiedenen Veranstaltungen des Lehrstuhls für Wirtschaftsinformatik. |
| wlan.php | Dieses Dokument stellt Informationen über die Standorte der Access Points des Wireless LAN der Universität Freiburg bereit. |

# Anhang C – Top50-Dokumentkombinationen der Assoziationsanalyse

| Warenkorb | Häufigkeit | Support (in %) |
|---|---|---|
| index.php + downloads.php | 3084 | 25,44 |
| index.php + veranstaltungen.php | 2508 | 20,69 |
| index.php + team.php | 1689 | 13,93 |
| downloads.php + veranstaltungen.php | 1181 | 9,74 |
| index.php + downloads.php + veranstaltungen.php | 1026 | 8,46 |
| index.php + diplomarbeiten.php | 579 | 4,78 |
| team.php + veranstaltungen.php | 552 | 4,55 |
| index.php + kontakt.php | 531 | 4,38 |
| veranstaltungen.php + info05-teil1.pdf | 509 | 4,20 |
| index.php + team.php + veranstaltungen.php | 507 | 4,18 |
| team.php + kontakt.php | 476 | 3,93 |
| team.php + downloads.php | 462 | 3,81 |
| downloads.php + gwi04-05-teil3.pdf | 454 | 3,75 |
| downloads.php + gwi04-05-teil4.xls | 441 | 3,64 |
| index.php + publikationen.php | 440 | 3,63 |
| index.php + info05-teil1.pdf | 433 | 3,57 |
| index.php + veranstaltungen.php + info05-teil1.pdf | 433 | 3,57 |
| index.php + team.php + downloads.php | 432 | 3,56 |
| index.php + team.php + kontakt.php | 432 | 3,56 |
| downloads.php + diplomarbeiten.php | 405 | 3,34 |
| veranstaltungen.php + diplomarbeiten.php | 398 | 3,28 |
| team.php + diplomarbeiten.php | 386 | 3,18 |
| registrieren.php + downloads.php | 379 | 3,13 |
| index.php + downloads.php + diplomarbeiten.php | 378 | 3,12 |
| kontakt.php + veranstaltungen.php | 377 | 3,11 |
| index.php + wlan.php | 376 | 3,10 |
| index.php + veranstaltungen.php + diplomarbeiten.php | 371 | 3,06 |
| index.php + gwi04-05-teil3.pdf | 365 | 3,01 |
| index.php + downloads.php + gwi04-05-teil3.pdf | 365 | 3,01 |
| index.php + team.php + diplomarbeiten.php | 364 | 3,00 |
| team.php + downloads.php + veranstaltungen.php | 362 | 2,99 |
| index.php + index.php (login) | 360 | 2,97 |

| Warenkorb | Häufigkeit | Support (in %) |
|---|---|---|
| index.php + veranstaltungen.php + index.php (login) | 360 | 2,97 |
| index.php + computerpools.php | 356 | 2,94 |
| index.php + gwi04-05-teil4.xls | 352 | 2,90 |
| index.php + downloads.php + gwi04-05-teil4.xls | 352 | 2,90 |
| index.php + kontakt.php + veranstaltungen.php | 352 | 2,90 |
| team.php + publikationen.php | 345 | 2,85 |
| index.php + team.php + downloads.php + veranstaltungen.php | 345 | 2,85 |
| index.php + lageplan.php | 344 | 2,84 |
| team.php + kontakt.php + veranstaltungen.php | 334 | 2,76 |
| downloads.php + veranstaltungen.php + diplomarbeiten.php | 333 | 2,75 |
| index.php + team.php + publikationen.php | 331 | 2,73 |
| team.php + lageplan.php | 325 | 2,68 |
| downloads.php + kontakt.php | 324 | 2,67 |
| downloads.php + publikationen.php | 323 | 2,66 |
| veranstaltungen.php + wlan.php | 323 | 2,66 |
| downloads.php + wlan.php | 322 | 2,66 |
| index.php + team.php + kontakt.php + veranstaltungen.php | 319 | 2,63 |
| lageplan.php + veranstaltungen.php | 318 | 2,63 |

## Anhang D – Source Code (Entscheidungsbaumverfahren)

Das erste Beispiel enthält Code, mit dem die Clickstreamdaten für die Analyse vorbereitet werden. Vor Ausführung des Codes existieren zwei Tabellen in der relationalen Datenbank mit den Bezeichnungen entscheidungsbaum1 und entscheidungsbaum2. Die Tabelle entscheidungsbaum1 enthält die Clickstreams der Sessions, die eindeutig einem Benutzer zugeordnet werden können. Die Tabelle entscheidungsbaum2 enthält die Clickstreams aller Sessions. Um die doppelten Einträge herauszufiltern und die Trainings- und Testmenge zu erstellen, könnte theoretisch auch ein SQL-Script verwendet werden. Jedoch verringert sich durch die Verwendung des Javaprogramms die Laufzeit deutlich, da keine Kartesischen Produkte angelegt werden müssen.

```java
import java.sql.*;

public class DecisionTreePrep {

    public static void createRootTables()
    {
        try{
            Connection conn;
            Statement stmt;
            Statement stmt2;
            ResultSet res;

            Class.forName("com.mysql.jdbc.Driver").newInstance
              ();
            conn =
              DriverManager.getConnection("jdbc:mysql://localho
              st/logfile", "logfile", "logfile");
            stmt = conn.createStatement();
            stmt2 = conn.createStatement();

            //Die Anzahl der Sessions, die einem Benutzer
              zugeordnet werden können, wird ermittelt. Die
              Sessions werden in einem
            //String-Array abgelegt.
            System.out.print("Basisanalysetabellen werden
              erstellt: ");
            res = stmt.executeQuery("SELECT COUNT(*) FROM
              entscheidungsbaum1");
            res.next();
            String[] session = new String[res.getInt(1)];
```

```
res = stmt.executeQuery("SELECT session FROM
  entscheidungsbaum1");
for (int i = 0; res.next(); i++){
    session[i] = res.getString(1);
}

//Aus der Tabelle entscheidungsbaum1, die zu
  Beginn alle Sessions und zugehörigen Clickstreams
  enthält, werden
//die Einträge gelöscht für die ein Benutzer
  identifiziert werden kann.
res = stmt.executeQuery("SELECT session FROM
  entscheidungsbaum2");
while (res.next()) {
    for (int i = 0; i < session.length; i++){
        if (res.getString(1).equals(session[i]))
            stmt2.executeUpdate("DELETE FROM
              entscheidungsbaum2 WHERE session = '"
              + session[i] + "'");
    }
}

//Die Datenbanktabellen für die Trainings- und
  Testmenge werden erstellt.
stmt.executeUpdate("DROP TABLE IF EXISTS
  entscheidungsbaum_training");
stmt.executeUpdate("DROP TABLE IF EXISTS
  entscheidungsbaum_test");
stmt.executeUpdate("CREATE TABLE IF NOT EXISTS
  entscheidungsbaum_training (session VARCHAR (50),
  clickstream TEXT, klasse TINYINT)");
stmt.executeUpdate("CREATE TABLE IF NOT EXISTS
  entscheidungsbaum_test (session VARCHAR (50),
  clickstream TEXT, klasse TINYINT)");

//Die Anzahl der identifizierbaren Sessions wird
  ermittelt und zufällig ausgewählte Sessions
  werden in die
//Tabellen für die Trainings- und Testmenge
  geschrieben.
```

```
    res = stmt.executeQuery("SELECT COUNT(*) FROM
      entscheidungsbaum1");
    res.next();
    int identifiedSessions = res.getInt(1);

    res = stmt.executeQuery("SELECT session,
      clickstream FROM entscheidungsbaum1 ORDER BY
      RAND()");
    for (int i = 0; res.next(); i++){
        if (i < (int)(identifiedSessions/2))
            stmt2.executeUpdate("INSERT INTO
              entscheidungsbaum_training VALUES ('" +
              res.getString(1)+ "', '" +
              res.getString(2) + "', 1)");
        else
            stmt2.executeUpdate("INSERT INTO
              entscheidungsbaum_test VALUES ('" +
              res.getString(1)+ "', '" +
              res.getString(2) + "', 1)");
    }

    res = stmt.executeQuery("SELECT session,
      clickstream FROM entscheidungsbaum2 ORDER BY
      RAND()");
    for (int i = 0; res.next(); i++){
        if (i < 163)
            stmt2.executeUpdate("INSERT INTO
              entscheidungsbaum_training VALUES ('" +
              res.getString(1)+ "', '" +
              res.getString(2) + "', 0)");
        else if (i < 327)
            stmt2.executeUpdate("INSERT INTO
              entscheidungsbaum_test VALUES ('" +
              res.getString(1)+ "', '" +
              res.getString(2) + "', 0)");
    }

    res.close();

}catch (Exception e){
    System.out.println(e.toString());
}
```

```
            System.out.println("abgeschlossen.");
        }
    }
```

Das zweite Beispiel enthält den Source Code, der den eigentlichen Entscheidungsbaum entsprechend den Erklärungen in Kapitel 6.4.2.2 erstellt.

```
import java.sql.*;
import java.util.Vector;

public class DecisionTree {

    public static void growTree(String host, String user,
      String password){
        DecisionTreePrep.createRootTables();
        try{
            Connection conn;
            Statement stmt;
            Statement stmt2;
            ResultSet res;

            boolean continueGrowth = true; //Abbruchsbedingung
              für das Erstellen des Entscheidungsbaums
            int group1 = 0; //Gibt die Anzahl der Elemente der
              Klasse 1 an
            int group2 = 0; //Gibt die Anzahl der Elemente der
              Klasse 2 an


Class.forName("com.mysql.jdbc.Driver").newInstance();
            conn =
              DriverManager.getConnection("jdbc:mysql://localho
              st/logfile", "logfile", "logfile");
            stmt = conn.createStatement();
            stmt2 = conn.createStatement();

            //Ermitteln der Anzahl der Objekte in der
              Trainingsmenge.
              res = stmt.executeQuery("SELECT COUNT(*) FROM
              entscheidungsbaum_training");
            res.next();
```

```
int trainingObjects = res.getInt(1);
System.out.println("Anzahl der Objekte in der
  Trainingsmenge: " + trainingObjects);

//Ermitteln der Anzahl der unterschiedlichen
  Dokumente.
res = stmt.executeQuery("SELECT COUNT(*) FROM
  dokumente");
res.next();
int numberOfDocuments = res.getInt(1);
System.out.println("Anzahl der unterschiedlichen
  Dokumente: " + numberOfDocuments);

//Die Datenbanktabelle mit dem entschlüsselten
  Clickstream für die Trainingsmenge wird erstellt.
String sql = "";
stmt.executeUpdate("DROP TABLE IF EXISTS
  entscheidungsbaum_clickstream");
sql = sql.concat("CREATE TABLE
  entscheidungsbaum_clickstream (session
  VARCHAR(50), klasse TINYINT");
for (int i = 1; i <= numberOfDocuments; i++){
    sql = sql.concat(", attribut" + i + "
      TINYINT");
}
sql = sql.concat(")");
stmt.executeUpdate(sql);

boolean[] documentUsed = new
  boolean[numberOfDocuments+1];
res = stmt.executeQuery(("SELECT session,
  clickstream, klasse FROM
  entscheidungsbaum_training"));
while (res.next()){
    documentUsed =
      DecisionTree.checkDocument(res.getString(2),
      numberOfDocuments);
    sql = "INSERT INTO
      entscheidungsbaum_clickstream VALUES ('" +
      res.getString(1) + "', " + res.getInt(3);
    for (int i = 1; i <= numberOfDocuments; i++){
        if (documentUsed[i])
```

```
                    sql = sql.concat(", 1");
            else
                    sql = sql.concat(", 0");
        }
        sql = sql.concat(")");
        stmt2.executeUpdate(sql);
}

//Die Datenbanktabelle für das Ergebnis der
  Entscheidungsbaumanalyse wird erstellt.
System.out.print("Datenbanktabelle für Ergebnis
  erstellen: ");
stmt.executeUpdate("DROP TABLE IF EXISTS
  entscheidungsbaum_ergebnis");
stmt.executeUpdate("CREATE TABLE entscheidungsbaum
  ergebnis (query TEXT, knotenindex INTEGER,
  vorherigerknoten INTEGER, paralleler_knoten
  INTEGER, gini index FLOAT, anzahl klasse1
  INTEGER, anzahl klasse2 INTEGER)");
System.out.println("abgeschlossen.");

//Für die Wurzel des Entscheidungsbaums wird der
  Gini-Index ermittelt.
res = stmt.executeQuery("SELECT klasse FROM
  entscheidungsbaum_training");
while(res.next()){
    if(res.getInt(1)==1)
        group1++;
    else if(res.getInt(1)==0)
        group2++;
    else
        System.out.println("Achtung: Klasse kann
            für Element nicht ermittelt werden.");
}

//Der Entscheidungsbaum wird erstellt.
Vector decisionTree = new Vector(); //beinhaltet
  die DecisionNode-Objekte des Entscheidungsbaums
DecisionNode dn = new DecisionNode();
boolean[] attributes = new
  boolean[numberOfDocuments+1];
for (int i = 1; i <= numberOfDocuments; i++)
```

```
            attributes[i] = true;
//Attribute, die nicht in die Analyse einbezogen
  werden sollen, werden folgend definiert.
//Es handelt sich um Dokumente, die zur Anmeldung
  und Registrierung verwendet werden.
res = stmt.executeQuery("SELECT aa, support FROM
  temp1");
while (res.next()){
    double minSupport = 0.01;
    for (int j = 1; j <= numberOfDocuments; j++){
        if (j < 10){
            if ((res.getString(1).equals("000" +
            j)) && (res.getFloat(2) >
            minSupport))
                attributes[j] = false;
        }
        else if (j < 100){
            if ((res.getString(1).equals("00" +
            j)) && (res.getFloat(2) >
            minSupport))
                attributes[j] = false;
        }
        else if (j < 1000){
            if ((res.getString(1).equals("0" + j))
            && (res.getFloat(2) > minSupport))
                attributes[j] = false;
        }
    }
}
attributes[3] = true;
attributes[4] = true;
attributes[8] = true;
attributes[11] = true;
attributes[12] = true;
int count = 0;
for (int i = 1; i <= numberOfDocuments; i++){
    if(!attributes[i])
        count++;
}
System.out.println("Anzahl der verwendeten
  Dokumente: " + count);
```

```
res = stmt.executeQuery("SELECT COUNT(*) FROM
  entscheidungsbaum_training WHERE klasse = 1");
res.next();
stmt2.executeUpdate("INSERT INTO
  entscheidungsbaum_ergebnis VALUES ('SELECT * FROM
  entscheidungsbaum_clickstream', 0, -1, -1," +
  DecisionTree.getGiniIndex(group1, group2) + ", "
  + res.getInt(1) + ", " + (trainingObjects-
  res.getInt(1)) + ")");
decisionTree.add(new DecisionNode("SELECT * FROM
  entscheidungsbaum_clickstream ", true,
  attributes, 0, -1, 0,
  DecisionTree.getGiniIndex(group1, group2),
  res.getInt(1), (trainingObjects-res.getInt(1))));
int index = 0; //aktueller Index, an dem sich die
  Baumentwicklung befindet
System.out.print("Entscheidungsbaum wird
  erstellt:");

while (continueGrowth){
    System.out.print(".");
    dn =
      (DecisionNode)decisionTree.elementAt(index);
    if (dn.getTreeLock()){
        //Knotenpaar erstellen, ja oder nein.
        DecisionNode[] resultNodes = new
          DecisionNode[2];
        resultNodes[0] = new DecisionNode();
        resultNodes[1] = new DecisionNode();
        resultNodes =
          DecisionTree.createNewNodes(dn,
          numberOfDocuments, decisionTree);
        boolean meaningfulSplit =
          DecisionTree.checkSplit(dn,
          resultNodes[0], resultNodes[1],
          trainingObjects);

        if (meaningfulSplit){
            //Bei möglichem Split werden die
              beiden neuen Knoten in Baum
              übernommen und der Index auf den
              letzten Knoten gesetzt.
```

```
                decisionTree.add(resultNodes[0]);
                decisionTree.add(resultNodes[1]);
                index = (decisionTree.size()-1);
            }
            else{
                //Blockiere den Knoten
                dn.setTreeLock(false);
                decisionTree.setElementAt(new
                   DecisionNode(dn.getSetOfElements(),
                   dn.getTreeLock(),
                   dn.getAttributesUsed(),
                   dn.getNodeIndex(),
                   dn.getPreviousNode(),
                   dn.getParallelNode(),
                   dn.getGiniIndex(), dn.getClass1(),
                   dn.getClass2()), index);
            }


        }
        else{
            //erste Ja-Schachtelung in der
              Programmstruktur.
            if (dn.getParallelNode() != 0){
                index = dn.getParallelNode();
                dn =
                  (DecisionNode)decisionTree.elementAt(
                  index);

                if (dn.getTreeLock()){
                    //Paralleler Knoten ist nicht
                      blockiert, Index auf parallelen
                      Knoten setzen.
                    index = dn.getNodeIndex();
                }
                else{
                    //Vorgängerknoten wird blockiert,
                      der Index wird auf den
                      Vorgängerknoten gesetzt.
                    index = dn.getPreviousNode();
                    dn =
                      (DecisionNode)decisionTree.element
                      At(index);
```

```
                        dn.setTreeLock(false);
                        decisionTree.setElementAt(new
                         DecisionNode(dn.getSetOfElements()
                         , dn.getTreeLock(),
                         dn.getAttributesUsed(),
                         dn.getNodeIndex(),
                         dn.getPreviousNode(),
                         dn.getParallelNode(),
                         dn.getGiniIndex(), dn.getClass1(),
                         dn.getClass2()), index);
                    }
                }
                else{
                    continueGrowth = false;
                    System.out.println("");
                    System.out.println("Entscheidungsbaumge
                      nerierung abgeschlossen.");
                }

            }
        }
    }

    //Datenbanktabelle mit allen Knoten wird erstellt.
    System.out.print("Ergebnistabelle wird erstellt:
      ");
    for (int i = 1; i < decisionTree.size(); i++){
        dn = (DecisionNode)decisionTree.elementAt(i);
        String query = dn.getSetOfElements();
        int node = dn.getNodeIndex();
        int prNode = dn.getPreviousNode();
        int paNode = dn.getParallelNode();
        double gi = dn.getGiniIndex();
        int c1 = dn.getClass1();
        int c2 = dn.getClass2();

        sql = "INSERT INTO entscheidungsbaum_ergebnis
          VALUES ('" + query + "', " + node + ", "  +
          prNode + ", " + paNode + ", " + gi + ", " +
          c1 + ", " + c2 + ")";
        stmt.executeUpdate(sql);
    }
    System.out.println("abgeschlossen.");
```

```java
//Datenbanktabelle für spätere Klassifikation von
  Elementen wird erstellt.
System.out.print("Regeltabelle wird generiert: ");
stmt.executeUpdate("DROP TABLE IF EXISTS
  entscheidungsbaum_regeln");
 stmt.executeUpdate("CREATE TABLE
  entscheidungsbaum_regeln (query TEXT, gini_index
  FLOAT, anzahl_klasse1 INTEGER, anzahl_klasse2
  INTEGER, vorhersage TINYINT)");

res = stmt.executeQuery("SELECT COUNT(DISTINCT
  vorheriger_knoten) FROM
  entscheidungsbaum_ergebnis");
res.next();
int[] previousNode = new int[res.getInt(1)];
res  = stmt.executeQuery("SELECT DISTINCT
  vorheriger_knoten FROM
  entscheidungsbaum_ergebnis");
for (int i = 0; res.next(); i++){
    previousNode[i] = res.getInt(1);
}

res = stmt.executeQuery("SELECT query,
  knotenindex, vorheriger_knoten, gini_index,
  anzahl_klasse1, anzahl_klasse2 FROM
  entscheidungsbaum_ergebnis");
while(res.next()){
    boolean rule = true;
    for (int i = 0; i < previousNode.length; i++){
        if (res.getInt(2) == previousNode[i])
            rule = false;
    }
    if (rule){
        stmt2.executeUpdate("INSERT INTO
          entscheidungsbaum_regeln VALUES ('" +
          res.getString(1) + "', " +
          res.getFloat(4) + ", " + res.getInt(5) +
          ", " + res.getInt(6) + ", NULL)");
    }
}
```

```java
            res = stmt.executeQuery("SELECT query, gini_index,
               anzahl_klasse1, anzahl_klasse2 FROM
               entscheidungsbaum_regeln");
            while(res.next()){
               if(res.getInt(3) >= res.getInt(4))
                  stmt2.executeUpdate("UPDATE
                     entscheidungsbaum_regeln SET vorhersage =
                     1 WHERE query = '" + res.getString(1) +
                     "'");
               else
                  stmt2.executeUpdate("UPDATE
                     entscheidungsbaum_regeln SET vorhersage =
                     0 WHERE query = '" + res.getString(1) +
                     "'");
            }

            System.out.println("abgeschlossen.");


      }catch (Exception e){
         System.out.println(e.toString());
      }
      DecisionTreeClassify.classifyTestMembers();
      System.out.println("Analyse beendet.");
}

public static double getGiniIndex(int userIdentified, int
 userAnonymous){
      //Diese Methode berechnet den Gini-Index für eine
         Objektmenge.
      int totalUser = userIdentified + userAnonymous;
      double probabilityIdentified =
         (1.0*userIdentified)/(1.0*totalUser);
      double probabilityAnonymous =
         (1.0*userAnonymous)/(1.0*totalUser);
      double giniIndex =
         2*probabilityIdentified*probabilityAnonymous;
      return giniIndex;
}

public static double getWeightedAverageOfDiversity(double
 giniIndex1, double giniIndex2, int member1, int member2){
```

```
    //Diese Methode berechnet den gewichteten Gini-Index
      für die beiden Objektmengen einer Verästelung
    //des Entscheidungsbaums.
    int totalMember = member1 + member2;
    double weightedAverage =
    ((giniIndex1*member1)+(giniIndex2*member2))/totalMembe
    r;
    return weightedAverage;
}

public static boolean[] checkDocument(String clickstream,
 int documents){
      //Diese Methode überprüft, ob Einzeldokumente in
        einem Clickstream vorhanden sind.
    boolean[] check = new boolean[documents+1];
    String compareString = "";

    for (int i = 1; i <= documents; i++)
        check[i] = false;

    for (int i = 0; i < clickstream.length(); i = i+4){
        for (int j = 1; j <= documents; j++){
            if (j < 10)
                compareString = "000" + j;
            else if (j < 100)
                compareString = "00" + j;
            else if (j < 1000)
                compareString = "0" + j;
            if (clickstream.substring(i,
              i+4).equals(compareString))
                check[j] = true;
        }
    }
    return check;
}

public static DecisionNode[] createNewNodes(DecisionNode
 relevantNode, int documents, Vector tree){
    DecisionNode[] result = new DecisionNode[2];
    result[0] = new DecisionNode();
    result[1] = new DecisionNode();
    boolean[] checkDocuments;
```

```java
checkDocuments = relevantNode.getAttributesUsed();
String sql;
int group1a, group1b, group2a, group2b;
int documentBest = 0;
double gini1, gini2, giniTotal;
double giniBest1 = 0.5;
double giniBest2 = 0.5;
double giniBestTotal = 0.5;
int group1aBest = 0;
int group1bBest = 0;
int group2aBest = 0;
int group2bBest = 0;

try{
    Connection conn;
    Statement stmt;
    ResultSet res;

    Class.forName("com.mysql.jdbc.Driver").newInstance
     ();
    conn =
      DriverManager.getConnection("jdbc:mysql://localho
      st/logfile", "logfile", "logfile");
    stmt = conn.createStatement();

    stmt.executeUpdate("DROP TABLE IF EXISTS
      entscheidungsbaum_temp");
    stmt.executeUpdate("CREATE TABLE
      entscheidungsbaum_temp AS " +
      relevantNode.getSetOfElements());

    for (int i = 1; i <= documents; i++){
        if(!checkDocuments[i]){
            sql = "SELECT klasse, attribut" + i + "
              FROM entscheidungsbaum_temp";
            res = stmt.executeQuery(sql);
            group1a = 0;
            group1b = 0;
            group2a = 0;
            group2b = 0;

            while(res.next()){
```

```
                if ((res.getInt(1) == 1) &&
                  (res.getInt(2) == 1))
                    group1a++;
                else if ((res.getInt(1) == 0) &&
                  (res.getInt(2) == 1))
                    group1b++;
                else if ((res.getInt(1) == 1) &&
                  (res.getInt(2) == 0))
                    group2a++;
                else if ((res.getInt(1) == 0) &&
                  (res.getInt(2) == 0))
                    group2b++;
            }
            gini1 = DecisionTree.getGiniIndex(group1a,
              group1b);
            gini2 = DecisionTree.getGiniIndex(group2a,
              group2b);
            giniTotal =
              DecisionTree.getWeightedAverageOfDiversit
              y(gini1, gini2, (group1a+group1b),
              (group2a+group2b));
            if(giniTotal < giniBestTotal){
                giniBestTotal = giniTotal;
                giniBest1 = gini1;
                giniBest2 = gini2;
                group1aBest = group1a;
                group1bBest = group1b;
                group2aBest = group2a;
                group2bBest = group2b;
                documentBest = i;
            }
        }
    }
}
checkDocuments[documentBest] = true;
 result[0].setSetOfElements(DecisionTree.createSQL(
   relevantNode.getSetOfElements(), documentBest,
   1));
result[0].setTreeLock(true);
result[0].setAttributesUsed(checkDocuments);
result[0].setNodeIndex(tree.size());
 result[0].setPreviousNode(relevantNode.getNodeInde
   x());
```

```
            result[0].setParallelNode(relevantNode.getNodeInde
               x()+2);
            result[0].setGiniIndex(giniBest1);
            result[0].setClass1(group1aBest);
            result[0].setClass2(group1bBest);

            result[1].setSetOfElements(DecisionTree.createSQL(
               rele vantNode.getSetOfElements(), documentBest,
               0));
            result[1].setTreeLock(true);
            result[1].setAttributesUsed(checkDocuments);
            result[1].setNodeIndex(tree.size()+1);
            result[1].setPreviousNode(relevantNode.getNodeInde
               x());
            result[1].setParallelNode(relevantNode.getNodeInde
               x()+1);
            result[1].setGiniIndex(giniBest2);
            result[1].setClass1(group2aBest);
            result[1].setClass2(group2bBest);

            stmt.executeUpdate("DROP TABLE IF EXISTS
               entscheidungsbaum_temp");
        }catch (Exception e){
            System.out.println(e.toString());
        }

        return result;
}

public static boolean checkSplit(DecisionNode root,
 DecisionNode child1, DecisionNode child2, int
 totalObjects){
        double differenceOfDiversity, giniRoot, giniChild1,
           giniChild2;
        int membersChild1, membersChild2;
        double limit = 0.001; //Limit für das Abbrechen eines
           Astes
        double relevance = 0.001; //Minimale relative Anzahl
           an Objekten in einem Knoten (gemessen an der
           Trainingsmenge)
        int minObjects = (int)(relevance*totalObjects);
    //Minimale absolute Anzahl an Objekten in einem Knoten
```

```
            giniRoot = root.getGiniIndex();
            giniChild1 = child1.getGiniIndex();
            giniChild2 = child2.getGiniIndex();
            membersChild1 = child1.getClass1() +
              child1.getClass2();
             membersChild2 = child2.getClass1() +
              child2.getClass2();

            differenceOfDiversity = giniRoot -
            DecisionTree.getWeightedAverageOfDiversity(giniChild1,
            giniChild2, membersChild1, membersChild2);

            if((differenceOfDiversity > limit) && (membersChild1
            >= minObjects) && (membersChild2 >= minObjects))
                return true;
            else
                return false;
        }

        public static String createSQL(String sqlPrevious, int
         attributeNumber, int attributeValue){
            String sql = sqlPrevious;
            if
             (sqlPrevious.endsWith("entscheidungsbaum_clickstream
             "))
                sql = sql.concat("WHERE attribut" +
             attributeNumber + " = " + attributeValue + " ");
            else
                sql = sql.concat("AND attribut" + attributeNumber
                   + " = " + attributeValue + " ");
            return sql;
        }

}
```

Das dritte Beispiel enthält den Source Code des Teils, der für den Test des erstellten Entscheidungsbaums zuständig ist.

```
import java.sql.*;

public class DecisionTreeClassify {
```

```java
public static void classifyTestMembers(){
    
    try{
        Connection conn;
        Statement stmt;
        Statement stmt2;
        Statement stmt3;
        ResultSet res;
        ResultSet res2;
        
        Class.forName("com.mysql.jdbc.Driver").newInstance
           ();
        conn =
           DriverManager.getConnection("jdbc:mysql://localho
           st/logfile", "logfile",     "logfile");
        stmt = conn.createStatement();
        stmt2 = conn.createStatement();
        stmt3 = conn.createStatement();
        
        System.out.print("Testmenge für Klassifikation
           vorbereiten: ");
        //Ermitteln der Anzahl der unterschiedlichen
           Dokumente.
         res = stmt.executeQuery("SELECT COUNT(*) FROM
           dokumente");
        res.next();
        int numberOfDocuments = res.getInt(1);
        
        //Die Datenbanktabelle mit dem entschlüsselten
           Clickstream für die Trainingsmenge wird erstellt.
        String sql = "";
        stmt.executeUpdate("DROP TABLE IF EXISTS
           entscheidungsbaum_klassifikation");
         sql = sql.concat("CREATE TABLE
           entscheidungsbaum_klassifikation (session
           VARCHAR(50), klasse TINYINT, vorhersage1 FLOAT,
           vorhersage2 FLOAT");
        for (int i = 1; i <= numberOfDocuments; i++){
            sql = sql.concat(", attribut" + i + "
              TINYINT");
        }
```

```
sql = sql.concat(")");
stmt.executeUpdate(sql);

boolean[] documentUsed = new
   boolean[numberOfDocuments+1];
 res = stmt.executeQuery(("SELECT session,
   clickstream, klasse FROM
   entscheidungsbaum_test"));
while (res.next()){
    documentUsed =
      DecisionTree.checkDocument(res.getString(2) ,
      numberOfDocuments);
    sql = "INSERT INTO
      entscheidungsbaum_klassifikation VALUES ('" +
      res.getString(1) + "', " + res.getInt(3) + ",
      0, 0";
    for (int i = 1; i <= numberOfDocuments; i++){
        if (documentUsed[i])
            sql = sql.concat(", 1");
        else
            sql = sql.concat(", 0");
    }
    sql = sql.concat(")");
    stmt2.executeUpdate(sql);
}

System.out.println("abgeschlossen");
System.out.print("Klassifizieren der Elemente der
  Testmenge:");

res = stmt.executeQuery("SELECT COUNT(*) FROM
  entscheidungsbaum_regeln");
res.next();
if (res.getInt(1) == 1){
    System.out.println("");
    System.out.println("Bei den gegebenen
      Restriktionen kann kein Entscheidungsbaum
      erstellt werden.");
    System.exit(0);
}
```

```
res = stmt.executeQuery("SELECT query, vorhersage,
  anzahl_klasse1, anzahl_klasse2 FROM
  entscheidungsbaum_regeln");
while(res.next()){
    sql = "SELECT * FROM
      entscheidungsbaum_klassifikation
      ".concat(res.getString(1).substring(44));
    res2 = stmt2.executeQuery(sql);
    while(res2.next()){
        if (res.getInt(2) == 1)
            stmt3.executeUpdate("UPDATE
              entscheidungsbaum_klassifikation SET
              vorhersage1 = IFNULL(vorhersage1,
              0)+1*" +
              (1.0*res.getInt(3)/(res.getInt(3)+res
              .getInt(4))) + " WHERE session ='" +
              res2.getString(1) + "'");
        else if (res.getInt(2) == 0)
            stmt3.executeUpdate("UPDATE
              entscheidungsbaum_klassifikation SET
              vorhersage2 = IFNULL(vorhersage2,
              0)+1*" +
              (1.0*res.getInt(4)/(res.getInt(3)+res.
              getInt(4))) + " WHERE session ='" +
              res2.getString(1) + "'");
    }
    System.out.print(".");
}

System.out.println(" abgeschlossen.");

//Untersuchung der Güte der Klassifikation
double classifiedObjects = 0;
double correctClassification = 0;
double wrongClassification = 0;
double unknownClassification = 0;
res = stmt.executeQuery("SELECT klasse,
  vorhersage1, vorhersage2 FROM
  entscheidungsbaum_klassifikation");
while(res.next()){
    classifiedObjects++;
    if (res.getFloat(2) == res.getFloat(3))
```

```
                    unknownClassification++;
                else if ((res.getFloat(2) > res.getFloat(3))
                  && (res.getInt(1) == 1))
                    correctClassification++;
                else if ((res.getFloat(2) < res.getFloat(3))
                  && (res.getInt(1) == 0))
                    correctClassification++;
                else
                    wrongClassification++;
            }
            System.out.println("Richtige Klassifikation: " +
              (correctClassification/classifiedObjects)*100 +
              "%");
            System.out.println("Falsche Klassifikation: " +
              (wrongClassification/classifiedObjects)*100 +
              "%");
            System.out.println("Klassifikation nicht möglich:
              " + (unknownClassification/classifiedObjects)*100
              + "%");


        }catch (Exception e){
            System.out.println(e.toString());
        }
    }

}
```

Das letzte Beispiel enthält den Source Code der Klasse DecisionNode. Ein Objekt dieser Klasse beinhaltet alle notwendigen Informationen über einen Ast des Entscheidungsbaums.

```
public class DecisionNode {
    private String setOfElements; //beinhaltet den SQL-Befehl,
      mit dem die Elementmenge am Gabelungspunkt ermittelt
      werden kann.
    private boolean treeLock; //false wenn es sich um ein Blatt
      des Baumes handelt, true wenn der Baum weitergeführt
      wird.
    private boolean[] attributesUsed; //gibt für einen Knoten
      die bisher verwendeten Attribute an.
    private int nodeIndex; //gibt den Index des Knoten an.
```

```java
private int previousNode; //gibt den Index des Vorgänger-
Knoten im Entscheidungsbaum an.
private int parallelNode; //gibt den Index des parallelen
Knoten an.
private double giniIndex; //gibt den GiniIndex des Knoten
an.
private int class1; //gibt die Anzahl der Elemente der
ersten Klasse an.
private int class2; //gibt die Anzahl der Elemente in der
zweiten Klasse an.

//leerer Standardkonstruktor
DecisionNode(){

}

//erweiterte Konstruktoren
DecisionNode(String str1, boolean bl1, boolean[] bl2, int
i, int prn, int pn, double gi, int k1, int k2){
    setOfElements = str1;
    treeLock = bl1;
    attributesUsed = bl2;
    nodeIndex = i;
    previousNode = prn;
    parallelNode = pn;
    giniIndex = gi;
    class1 = k1;
    class2 = k2;
}


public String getSetOfElements(){
    return setOfElements;
}

public void setSetOfElements(String str){
    setOfElements = str;
}

public boolean getTreeLock(){
    return treeLock;
}
```

```java
public void setTreeLock(boolean bl){
    treeLock = bl;
}

public boolean[] getAttributesUsed(){
    return attributesUsed;
}

public void setAttributesUsed(boolean[] bl){
    attributesUsed = bl;
}

public void setAttribute(int index, boolean value){
    attributesUsed[index] = value;
}

public int getNodeIndex(){
    return nodeIndex;
}

public void setNodeIndex(int index){
    nodeIndex = index;
}

public int getPreviousNode(){
    return previousNode;
}

public void setPreviousNode(int dn){
    previousNode = dn;
}

public int getParallelNode(){
    return parallelNode;
}

public void setParallelNode(int dn){
    parallelNode = dn;
}

public double getGiniIndex(){
```

```java
        return giniIndex;
    }

    public void setGiniIndex(double value){
        giniIndex = value;
    }

    public int getClass1(){
        return class1;
    }

    public void setClass1(int value){
        class1 = value;
    }

    public int getClass2(){
        return class2;
    }

    public void setClass2(int value){
        class2 = value;
    }

}
```

**Informationsmanagement und strategische Unternehmensführung**

Herausgegeben von
Prof. Dr. Franz Schober und Prof. Dr. Johannes Ruhland

Band 1    Thomas Wittmann: Wissensentdeckung in Datenbanken mit adaptiven Regelsystemen. Entwicklung eines Data Mining Methodenbaukastens auf Basis von Neuro-Fuzzy Systemen. 2000.

Band 2    Thomas Wittmann / Matthias Hunscher / Peter Kischka / Johannes Ruhland: Data Mining. Entwicklung und Einsatz robuster Verfahren für betriebswirtschaftliche Anwendungen. 2000.

Band 3    Robert Nothhelfer: Lernprozesse in Organisationen. Theorie und Praxis am Beispiel einer Wirtschaftsprüfungsgesellschaft. 2001.

Band 4    Uwe Leimstoll: Informationsmanagement in mittelständischen Unternehmen. Eine mikroökomische und empirische Untersuchung. 2001.

Band 5    Markus Raupp: Netzwerkstrategien und Informationstechnik. Eine ökonomische Analyse von Strategien in Unternehmensnetzwerken und deren Wirkungen auf die Ausgestaltung der zwischenbetrieblichen Informations- und Kommunikationssysteme. 2002.

Band 6    Franz Schober / Markus Raupp: Coordination Strategies for Interorganizational Networks. A Strategic Framework Based on Network Structure. 2003.

Band 7    Stefan-Philipp Zimmermann: Entscheidung unter MOOSy. Konzeption, prototypische Implementierung und exemplarische Anwendung eines objektorientierten Modellmanagementsystems zur Unterstützung diskreter Simulation. 2004.

Band 8    Karin Armbruster Reif: E-Commerce in Multikanalunternehmen. Eine ökonomische Analyse von Hybridstrategien im Business-to-Consumer-Bereich. 2005.

Band 9    Wendy Gersten: Zielgruppenselektion für Direktmarketingkampagnen. Scoringmodellierung bei unterrepräsentierter Zielgruppe unter Verwendung supplementierender Datenbestände. 2005.

Band 10   Thomas Mayer: Personalisierungsstrategien im E-Commerce. Die Webloganalyse als Instrument der Personalisierung im Rahmen des eCRM. 2007.

www.peterlang.de

Sven Franzen

# Die Bedeutung von Spielauffassungen in vertikalen marktstrategischen Kooperationen

**Eine verhaltensorientiert spieltheoretische Untersuchung der Kooperationshemmnisse zwischen Hersteller und Handel**

Frankfurt am Main, Berlin, Bern, Bruxelles, New York, Oxford, Wien, 2005.
XIX, 244 S., zahlr. Tab. u. Graf.
Strategisches Marketingmanagement. Herausgegeben von Roland Mattmüller.
Bd. 1
ISBN 3-631-53906-1 · br. € 45.50*

Seitdem die Konsumgüterindustrie als Folge der Handelskonzentration einem zunehmenden Druck ausgesetzt ist, versucht sie, die Geschäftsbeziehung durch Kooperationsangebote zu harmonisieren. In diesem Zusammenhang haben insbesondere die Konzepte des *Efficient Consumer Response* Beachtung gefunden, wobei in der aktuellen Diskussion eine „Neuausrichtung" hin zu marktstrategischen Kooperationen gefordert wird. Allerdings enttäuschen die erreichten Umsetzungsergebnisse sowohl die Hersteller als auch den Handel. Vor diesem Hintergrund untersucht die Arbeit auf Basis der verhaltensorientierten Spieltheorie und mit Hilfe explorativer Empirie die marktstrategischen Kooperationsmöglichkeiten zwischen Hersteller und Handel. Ausgehend von den individualstrategischen Zielsystemen stehen dabei insbesondere die Auswirkungen des geforderten offenen Informationsaustausches im Mittelpunkt der Analyse.

*Aus dem Inhalt:* Die Spieltheorie als theoretische Leitidee der Untersuchung · Der *Efficient Consumer Response* – Ansatz als Kooperationskonzept zwischen Hersteller und Handel · uvm.

Frankfurt am Main · Berlin · Bern · Bruxelles · New York · Oxford · Wien
Auslieferung: Verlag Peter Lang AG
Moosstr. 1, CH-2542 Pieterlen
Telefax 00 41 (0) 32 / 376 17 27

*inklusive der in Deutschland gültigen Mehrwertsteuer
Preisänderungen vorbehalten
**Homepage http://www.peterlang.de**

www.ingramcontent.com/pod-product-compliance
Ingram Content Group UK Ltd.
Pitfield, Milton Keynes, MK11 3LW, UK
UKHW021836210426
5322IPUK00021B/310